Carmel

카르멜로 가는 길

브로드웨이의 연극배우에서 이스라엘 카르멜의
목사가 되기까지 기적의 여정

데이비드 데이비스 지음

Brad Books

초판 인쇄	2019년 5월 15일
지은이	데이비드 데이비스
옮긴이	고병현
표지 디자인	김종선
내지 디자인	정예진
발행인	이금선
발행처	브래드북스
출판 등록	2011년 5월 13일(신고 번호 제2011-000085호)
주소	경기도 고양시 일산동구 백마로 502번길 116-18
전화	031-926-2722
홈페이지	www.bradtv.co.kr	이메일 bradfilm123@gmail.com
ISBN	979-11-958931-6-4

이 책의 저작권은 저자에게 있으며 판권은 브래드북스에 있습니다.
이 책은 저작권법에 의하여 보호를 받는 저작물로 무단 전재와 무단 복제를 금합니다.

독자평

"책을 손에서 놓을 수가 없었다… 극적이고 감동적이다."
북아일랜드, 마가레트

"이 책은 하나님의 옛 백성 이스라엘을 향한 그분의 마음을 투영하고 있다… 많은 이들에게 은혜가 될 것이다."
남아공, 말콤

"이렇게 놀라운 책을 써 주셔서 감사하다. 데이비드의 사역을 위해 기도하고 있다."
싱가포르

"데이비드의 책은 내 부르심을 좇도록 도전을 주었다."
YWAM, 데이비드

"책을 손에 쥔 순간부터 끝까지 내려놓을 수가 없었다."
미국, 존

"이 책을 받았을 때 얼마나 큰 기쁨과 격려가 되었던지!
주님께서 데이비드를 카르멜산으로 인도해 주신
이야기를 읽으며 정말 신이 났다."

잉글랜드, 메리

"이 책이 나를 사로잡은 이유가 무엇이었는지 말로 표현하기
어렵다. 평평 울고 싶었고, 더 집중하며 기도하고 싶었다…
하나님의 마음을 보여 준 책이었다."

남아공, 젠

"이 책은 우리와 교회의 많은 형제 자매들에게 은혜가 되었다."

잉글랜드, 론

"하루 만에 책을 다 읽었다. 그리고 주님께서 심령을 감동시키사 많
은 눈물을 흘리게 하셨을 뿐 아니라, 평생 지속될 영향을
미친 것 같다… 이 책은 기도가 삶이 되게 했다."

잉글랜드, 폴린

"이 책은 슬로바키아와 체코 공화국의 교회들에 하나님의 축복을 전
하는 위대한 도구가 될 것이다. 이곳의 언어로 출판되어야 한다."

스타니슬라프(슬로바키아어판 번역/출판자)

"빌과 나는 이 책을 읽고 너무나 큰 영감을 받아, 우리가 출판하는
뉴질랜드 소식지를 통해 판매하고자 더 많이 주문했다."

뉴질랜드, 레이첼

추천사

〈카르멜로 가는 길〉은 기적의 이야기이며 우리가 사는 바로 이 시점, 마지막 때가 되기까지 공개될 수 없던 이야기다.

이스라엘에서 예언은 급속하게 성취되고 있다. 승리의 집과 카르멜 공동체는 하나님께서 그리스도 재림 이전에 이스라엘에서 행하겠다고 하신 강력한 역사들에 대한 약속 성취의 일환으로 성령께서 세우셨다.

이스라엘을 사랑하는 모든 친구들은 하나님의 인도하심, 그분의 은혜와 성령의 운행하심에 전율을 느낄 것이다. 엘리야가 주님께 제단을 세우고 바알의 모든 거짓 선지자들을 쳐 죽인 바로 그 산에서 말이다.

데이비드와 카렌 데이비스 부부는 마지막 때 카르멜산의 놀라운 증인으로서의 역할을 선구적으로 감당하며 주님께 강력한 쓰임을 받고 있다.

무엇보다도 이 책은 하나님께서 이스라엘과의 언약을 잊지 않으셨다는 살아 있는 증거가 될 것이다.

데이비드 윌커슨
(타임 스퀘어 교회 창립 목사)

프롤로그

스커드 미사일 공습 사이렌이 한밤중의 정적을 깼다. 나는 일어나 침대 위에 앉았다. 미사일이었다! 카렌에게 소리쳤다. "일어나! 가스 마스크를 들고 방공호로 달려가야 돼." 우리는 침대에서 뛰어나와 추리닝을 걸치고 운동화를 끌며, 뒷문으로 달려갔다. 카렌은 칠흑 같은 어둠 속으로 들어갔고 나는 멈추어 문을 잠갔다. 이스라엘 당국은 국민들에게 사이렌이 울리고 나면 스커드 미사일이 하이파에 떨어지기까지 4분이 걸릴 것이라고 말했다. 내가 열쇠를 갖고 더듬기리는 동안, 엄청난 폭발이 있었다. 발 아래의 카르멜산은 진동했다. 나는 거의 쓰러질 뻔했다. 하이파만은 대낮처럼 밝아졌고 나는 겁에 질려 소리쳤다. "달려!" 우리는 방공호를 향해 계단을 뛰어 내려갔다. 또 한번의 귀청이 터질 듯한 굉음이 있었다. 또다시 산이 흔들렸고, 한낮처럼 환해졌다. 마침내 우리는 비틀거리며 방공호로 들어갔다.

그곳엔 혼돈과 소음이 있었다. 아버지가 아기를 작은 플라스틱 천막 안에 넣으려 하자 아기는 소리를 질렀다. 한 중년의 아랍인 부부는 경찰견 "로키"와 함께 옹송그려 있었다. 겨우 마스크를 쓰고 나서 우리는 서로 쳐다보며 앉았는데 모두가 동굴 속의 이상

한 동물 떼같이 보였다. 나는 기도해본적이 없는 사람처럼 기도했다 . 하나님의 음성을 듣고자 성경을 들고 히브리서 12장 26절을 읽었다. "… 이제는 약속하여 이르시되 내가 또 한번 땅만 아니라 하늘도 진동하리라 하셨느니라" 하나님께서는 이스라엘과 당신의 몸을 흔들고 계셨다. 그리고 분명 내 존재를 가장 깊은 곳까지 흔들고 계셨다.

카르멜로 가는 길

차례

독자평 • 4

추천사 • 6

프롤로그 • 7

01 브로드웨이 • 15

02 이스라엘 • 33

03 카렌 • 51

04 타임 스퀘어 교회 • 69

05 다락방 • 93

06 부르심 • 103

07 예루살렘 • 125

08 카르멜산 • 139

09　역경의 골짜기는 소망의 문 • 153

10　카르멜의 전쟁 • 173

11　승리의 집 • 187

12　카르멜 공동체 • 203

13　마약 전쟁 • 221

14　엘리야의 영과 능력 • 249

15　여호와의 제단을 회복하며 • 275

에필로그 • 291

후기 • 293

CHAPTER
01

브로드웨이

CHAPTER 01
브로드웨이

　브로드웨이의 한 극장에서 나는 커튼콜에 무대에 올라 인사를 하고 있다. 관객들의 박수가 끊이지 않는다. 그리고 그들은 일어나 소리치기 시작한다. "브라보! 브라보!" 배우의 꿈이 현실이 되는 순간이다. 마지막 순간에 주연을 맡은 영화배우 리차드 기어가 아파서 못 나온다고 연락을 해 왔다. 전석이 스탠드인 브로드웨이 극장의 금요일 밤 공연을 내가 대신 맡게 된 것이다. 2막은 리허설도 한번 못 해 본 채로 말이다. 너무나 많은 돈이 걸려 있었기에 제작자들은 내게 공연을 해 달라고 간청했다. 브로드웨이 극장계에서는 소문이 빨리 돈다. 공연의 절반을 리허설도 안 해 본 대역 배우가 출연해 쇼를 살려 낸 것이다! 무대 문 앞에는 사인을 요청하는 이들이 기다리고 있었다. 나는 극장 내 식당인 사디스로 향했다.

사람들은 나를 가리키며 속삭였다. "그 사람이야."

    그날 밤 나는 늦은 시간까지 그리니치 빌리지에 위치한 아파트에서 잠을 청해 봤지만 잘 수가 없었다. 침실의 어둠 가운데 내 머리 속에 둥둥 떠다니는 생각이 있었다. '아무런 의미도 없어.' 비참하고 고독하고 공허했다. 나는 울기 시작했고, 멈출 수가 없었다. 그 모든 갈등과 공부, 훈련의 시간을 보냈지만 이게 무슨 의미인가? 그 밤의 영광은 너무나 일시적이고 너무나 무의미하게 느껴졌다. 내가 만든 세상은 더 이상 아무 의미가 없었고 상실감에 울다 지쳐 잠이 들었다.

    고등학교 때 나는 미식축구를 하면서 항상 대학 팀에서 뛰고 싶어 했지만, 키가 너무 작았다. 10학년 초반에는 발목뼈가 부러져서 한 시즌 내내 쉬어야 했다. 그러나 거기서 멈출 순 없었다. 고등학교 졸업 이후 해병대에 들어가 웨이트 트레이닝을 하며 또다시 미식축구를 했다. 3년 후 나는 미식축구를 하기 위해 노스캐롤라이나주에 있는 웨이크 포레스트 대학교에 다녔다. 거기서 반대편 발목뼈가 부러졌고, 다시는 미식축구를 하지 못하리라는 것을 깨달았다. 그 대신 연극 무대에서 연기를 시작했고, 연기에 완전히 빠졌다. 드디어 내가 할 일을 발견한 것이었다. 학부를 마친 뒤 메릴랜드 대학교에서 연극 전공으로 석사 학위를 받았다.

    60년대 말, 나는 훈련과 교육을 더 받기 위해 디트로이트로 이사했다. 그곳에 위치한 고전 레퍼토리 극단에서 두 시즌 동안 공연하며, 디트로이트 시내의 웨인 스테이트 대학교에서 연극학 박사를 마쳤다. 1968년, 인종 폭동으로 디트로이트 시내는 불바다가 되었다. 주 방위군이 동원되어 사태를 진정시켰지만 대학교는 폐쇄되었고 우리는 그 도시를 탈출하여 캐나다로 피했다.

인종 문제는 내 영혼 가운데 많은 질문들을 불러일으켰고 연극에 있어서 세운 목표들을 달성하도록 자극을 주었다. 나는 햄릿에 대한 박사 학위 논문을 썼다. 셰익스피어는 내 안의 신전 가운데 우두머리 신이 되었다. 그 신들 가운데에는 에우리피데스, 안톤 체호프, 유진 오닐 등이 있었다. 두 시즌 동안 지역 극장 공연과 두 단과 대학 강의를 마치고 나서 링컨 센터 포드햄 대학교의 공연 예술 담당으로 제의를 받아 뉴욕으로 거주지를 옮겼다.

내 꿈은 학문적 연극과 직업적 연극을 결합하는 것이었다. 그것이 두 세계 모두에서 최고가 되는 방법 같았다. TV 드라마나 브로드웨이, 혹은 브로드웨이 외의 무대에서 공연을 하는 동시에 수업도 할 수 있었다. 포드햄 대학교에서는 공연 예술 대학 학장으로 선출되어, 스스로 강의를 개설할 자유를 얻었다. 내 목표는 아티스트들과 함께 작업하여 사회에 영향을 미치고 변화를 일으키는 발언을 함으로 사회 문제들 가운데 선도적 위치에 서는 것이었다.

인종 문제는 내 영혼에 도전이 되었다. 나는 미국의 인종 차별을 강력히 고발하는 찰스 풀러의 〈한 병사의 이야기〉에서 연기했는데, 흑인이 쓴 극본으로는 두 번째로 퓰리처상을 수상한 작품이었다. 나는 다른 여러 작품들에서 니그로 앙상블사와 협업하며 연출자로 수차례 상을 받았다.

수년간 나는 인간의 괴로움을 깊이 이해하고자 애를 써 왔다. 셰익스피어가 가장 심오한 통찰력을 갖고 있었다고 믿었다. 그의 작품을 가르쳤고, 연출했고, 연기도 했다. 또 연기자에게 있어 최고의 역할인 햄릿을 연기하는 특권도 누려 보았다. 햄릿이라는 캐릭터에는 열정, 우아함, 풍부한 감성 등 모든 게 다 있다. 햄릿은 의미를 향해 궁극의 탐구를 한 사람이다. 그러나 그는 어떤 답도 찾지 못했고 그의 마지막 대사는 "나머지는 침묵뿐"이다.

공연의 막이 올라갈 때 연기자들을 자주 괴롭히는 것은 끔찍한 공허감이다. 햄릿을 연기하던 내게도 있었던 일이다. 공연이 끝난 다음 날, 나는 극장으로 돌아갔다. 거기엔 아무도 없었다. 무대 배경들은 사라졌고 공허의 파도가 덮쳐 왔다. 모두 끝이었다. 모든 것이 가식이었고, 이제는 추억으로 남을 뿐이었다. 라이브 극장에서 연기를 하는 환상적인 순간 뒤에는 항상 비참한 현실을 마주하곤 했다. 그 때문에 그토록 많은 술을 마셨던 것이다.

많은 경우 공연이 끝난 후 몇 잔의 술을 마셔야만 했다. 나는 "프로"이고 나름의 기준이 있는 사람이었기 때문에 공연 전에는 절대로 술을 마시지 않았다. 가르치고 연기하는 가운데 나는 "탁월함"과 "예술의 순수성"을 표방했고 연극이 최고 형태의 예술이라고 생각했다. 왜냐하면 다른 모든 것을 종합하는 것이었기 때문이다.

하지만 어느 날 밤, 다른 연기자와 무대에 올랐을 때 진실에 정곡이 찔렸다. 우리는 앞선 수개월 동안 함께 연극을 해 왔다. 내가 대사를 하고 있는데, 그가 아주 이상하게 나를 쳐다보는 것이었다. 불현듯 나는 내 것이 아닌 그의 대사를 했음을 깨달았다. 생각할 수도 없는 일을 저질렀다. 공연 전에 맥주를 몇 잔 마셨던 것이다. 열다섯 살 때부터 술을 마시고 취해 왔지만, 나는 나 자신에 대한 진실을 부인해 왔다. 나는 알코올 중독이었던 것이다.

겉으로는 여전히 모든 것을 가진 듯했다. 나는 아름다운 마크 헬린저 극장에서 열리는 토니상 시상식에 가는 리무진에서 턱시도 차림으로 샴페인을 마시고 있었다. 그럼에도 불구하고 성공과 알코올은 나를 만족시키지 못해서 나는 관계를 통한 의미와 평안을 찾고 있었다. 새로 여자 친구를 만날 때마다 '이 사람이다!'고 생각했다. 그러나 그 사람에게 상처를 주거나 상처를 받는 일이 있고 나면, 틀어진 관계는 절망으로 끝나 버렸다. 뉴욕은 세상에서 가장 고독한 도시였다. 나는 종종 침대 위에 웅크린 채 외로움에 대해 생각하지 않으려 하곤 했다.

한번은 극중에서 정신과 의사 "에쿠우스" 역할을 맡았다. 그 역시 삶의 의미를 찾아 헤매는 남자였다. 그의 마지막 대사는 "내 입속엔 이렇게 날카로운 쇠사슬이 있는데, 절대 밖으로 나오질 않아"였다. 그는 진리를 찾지 못해 묶여 있는 처지였던 것이다. 이해가 됐다.

마침내 그 모두 노력에도 불구하고 내 인생은 여전히 아무 의미가 없다는 깨달음에 산산이 깨어진 나는 의식적으로 하나님을 찾기 시작했다. 그리니치 빌리지에 있는 작고 사랑스러운 옛 교회에 여러 차례 방문했고, 몇 주 후 목사님과 따로 만날 약속을 했다. 그 목사님께 사역자가 되어야 할 것 같은 느낌이 든다고 이야기하며 신학교에 다니는 것에 대해 물어봤다. 그랬더니 이 잘생긴 신사는 내게 동성애자냐고 물었다. 그는 자신이 동성애자이며, 자신의 교회에 나오는 많은 사람도 그렇다고 했다. 내가 아니라고 하자 그는 내게 직업을 유지하라고 했다. 그것이 이미 "사역"이라는 이유였다.

그의 대답에 만족감을 얻지 못한 나는 계속해서 탐구를 해 나갔다. 나는 워싱턴 스퀘어에 위치한, 유서 깊은 그리니치 빌리지 교회에 출석하기 시작했다. 이 교회는 예술, 특히 아방가르드 연극에 관여하고 있다는 평판이 있었다. 목사님은 성경을 가지고 설교하지 않고 T.S. 엘리엇, W.H. 오든 등 시인들의 자료를 썼다. 교회에 가는 것이 강의를 듣는 것 같았다. 그곳의 리더십으로 부임한 한 여성 사역자는 자신이 레즈비언이라고 확실히 밝혔다. 그녀에게 하나님의 젠더는 여성이었다.

한 달에 한 번, 우리는 예배 말미에 "아가페 사랑의 잔치"를 했다. 모두가 와인과 음식을 가져와 함께 애찬을 나누는 것이었다. 좋았다. 그리고 종종 취하게 됐다. 어느 주일 아침 "아가페 잔치"를 시작했을 때, 사역자는 평소 답지 않게 성경을 인용했는데 고린도전서 11장 23-24절 말씀이었다. "주 예수께서 잡히시던 밤에 떡을 가지사 축사하시고 떼어 이르시되 이것은 너희를 위하는 내 몸이니 이것을 행하여 나를 기념하라 하시고" 하나님의 말씀이 내 심령을 붙들었고 내 안의 무언가가 깨어졌다. 뺨 위로 눈물이 주르르 흐르기 시작했다.

어느 주일 아침 예배 후, 같이 교회를 다니고 있던 내 배우 친구가 대화 좀 할 수 있냐고 물어 왔다. 우리는 길을 건너 워싱턴 스퀘어의 공원 벤치에 앉았다. 그는 오순절 이야기를 기초로 하여 독창적인 극작품을 만들고 다른 공연자, 배우, 가수, 뮤지션 및 무용수들과 협업하고 싶다고 말했다.

"오순절에 무슨 일이 있었는데?" 나는 물었다.

"성령이 오셨잖아." 그는 대답했다. "그걸 분석하고 각색해서 무대에 올리고 싶어. 정의를 내리고 연관성 있게 만들어 보자."

나는 큰 흥미를 느꼈다. 수년간 여러 창작 연극 이벤트를 만드는 데에 관여해 왔기 때문이다. 그는 내게 오순절에 있었던 일의 기록을 읽어 보라고 제안하며, 사도행전 2장에 나온다고 알려 주었다.

그날 오후 집으로 돌아와 성경을 찾았다. 내 책장에 셰익스피어와 헬라 문학, 위대한 철학자들, "위대한 사상" 시리즈들이 모여 있는 가운데 오래된 검은 성경 한 권이 꽂혀 있었다. 꺼내어 먼지를 털었다. 겉표지 안쪽에는 웨이크 포레스트 대학교를 다닐 당시의 기숙사 주소가 써 있었다. 대학교 신입생이었던 20여 년 전, 나는 구약과 신약 수업을 들어야만 했다. 그 이후로 그 책을 열어 보지 않았던 것이다. 나는 앉아서 사도행전 2장을 찾아 읽었다.

먼저 내 눈길을 끈 것은 베드로 사도에게 일어난 급진적 변화였다. 그가 허풍쟁이로 지내다가 예수를 부인한 것을 알고 있었다. 그런데 이제 겁쟁이였던 이 사람이 예수와 그의 십자가, 부활에 대한 비범한 연설을 한 것이다. 그뿐만 아니라 3천 명이 그가 한 말을 믿었다. 베드로는 유대 신지자 요엘이 한 예언의 성취로 하나님의 성령이 자신과 다른 제자들에게 부어졌다고 설명했다. 그는 이 능력이 "모든 먼 데 사람(행 2:39)"에게도 주어졌다고 말했다. 내 안의 배우의 자아가 동요하고 있었다. 새롭게 된 이 사람 베드로를 연기하고 싶었다. 나는 내 배우/감독 친구에게 전화를 해 말했다. "내가 베드로를 할 수 있다면, 나도 같이할게."

우리는 좀 이상한 리허설을 했다. 이 기이한 그룹에 흑인 가스펠 가수가 동참했는데 그녀와 내 친구는 끊임없이 말다툼을 했다. 내 친구는 우리가 "우주의 영"과 접촉해야 한다고 주장했고 그녀는 예수님께 기도해야 한다고 주장했다. 뉴에이지와 "옛적 종교"의 충돌이었다. 나는 듣기만 했다. 그러면서 베드로라는 이 거칠고 교만

한 유대인 어부의 "내면으로 들어가려" 애썼다. 그는 어떻게 걷고 어떻게 말했을까? 그의 오순절 연설을 준비하면서 이렇게 생각하기 시작했다. '이게 사실이라면, 그리고 성령의 능력이 지금도 유효한 것이라면, 나에겐 이것이 필요해.' 베드로는 그걸로 다른 사람이 되었다. 어쩌면 나도 그렇게 될 수 있을지 몰랐다. 작품은 산산조각이 났다. 그게 어떤 "영"이었는지, 혹은 그것을 어떻게 극으로 표현할 것인지에 대해 의견의 일치가 이뤄지지 않았다. 그러나 나는 이 변화된 사람 베드로에 꽂혔다.

몇 달이 지나면서 나는 내 연극과 학생들 중 "거듭난" 이들에게 오순절, 성경, 예수에 대해 이야기하기 시작했다. 그중 한 명은 성령 충만한 교회를 찾아야 한다고 말했지만 나는 그게 무슨 뜻인지 전혀 몰랐다. 어느 날, 다른 학생이 내 사무실 로비에 앉아 있었다. 약속을 하고 온 것도 아니고 나는 너무 바빠서 이야기를 나눌 시간이 없었다. 마침내 저녁 5시쯤 그를 만나게 됐다.

"무슨 일로 왔니?" 내가 물었다.

"찾고 계신 것을 어디서 찾을 수 있는지 알아요." 그가 말했다.

"나는 너를 거의 모르는데." 나는 대답했다. "내가 뭘 필요로 하는지 어떻게 아니?"

"제 친구들 중에 공연 쪽에서 일하면서 성령이 부어지는 집회에 참석하는 애들이 있어요."

"어디니?" 갑자기 관심이 생긴 나는 물었다.

그는 타임 스퀘어의 한 레코딩 스튜디오에서 수요일마다 모인다고 말했다. 수요일은 브로드웨이의 주간 공연 날이다. 예수님을 믿는 배우, 가수, 무용수들은 오후 2시에 공연을 하고 5시 반에 모임을 갖고, 다시 저녁 공연을 위해 극장으로 돌아올 수 있는 것이었다.

그날이 수요일이었다. 시계를 봤더니 5시 15분이었다. 나는 그 학생을 바라봤다.

그리고 말했다. "가자."

우리는 링컨 센터를 빠져나와 9번가와 60번가 모퉁이로 걸어 택시에 올라탔다.

"9번가와 41번가가 교차하는 곳이요." 내 젊은 친구가 택시 기사에게 말했다.

러시아워였다. 차들이 꼬리를 물고 정체되어 있어, 링컨 터널까지 거북이걸음이었다. 우리는 거의 움직이지 못했다. 10분이 지났지만 겨우 58번가였다. 나는 기사에게 1달러를 주고 택시에서 내렸다. 모퉁이에 서 있는데, 해야 할 일이 생각나서 사무실로 되돌아가기 시작했다. 그런데 무언가가 나를 막았다. 나는 망설였다.

"걷자." 나는 말했다.

날은 어두워지고 있었고 우리는 빠르게 9번가로 걸어갔다. 15분 후, 우리는 41번가에 기꺼워졌다. 그곳은 사람들이 박스 안에서 사는 곳이고 마약 중독자들과 매춘부들이 일하는 구역이다. 그 거리를 떠나 2층의 스튜디오 계단을 올라가는데, 노랫소리가 들려왔다. 방에 들어갔더니 150명 가량의 사람들이 보였다. 흑인과 백인이 섞여 모두 노래하고 있었다. 그러나 단순한 노래가 아니었다. 하나님을 찬양하고 예배하고 있었으며, 하나님의 임재가 그 방에 충만했다. 아는 얼굴의 배우들이 여럿 있었다. 한 사람이 나를 중간 즈음으로 안내했는데, 나는 일어설 수가 없었다. 털썩 무릎을 꿇었다.

그리고 그때였다. 나는 예수님을 만났다. 그분은 밝은 빛, 오로지 빛이셨다. 그분의 임재 안에 나는 너무나 더럽게 느껴졌다. 나는 십계명을 모두 어겼고, 무겁고 참을 수 없는 죄책감에 박살 난 느낌이었다. 주님으로부터 기어 도망치고 싶었다. "죄송해요, 죄송해요."라고 계속 말씀드렸다. 놀랍게도 나를 누르던 무게감이 불현듯 사라졌다. 그때 나는 용서받았다는 것을 알았다. 나를 있는 그대로 받아 주신 것이었다. 나는 울음을 멈출 수 없었다. 나를 그곳으로 데려간 학생이 나를 빤히 쳐다보고 있었고, 다른 모두는 노래하고 있었다.

찬양이 끝나자 나는 겨우 의자 하나에 몸을 기댔다. 한 흑인 청년이 말씀을 시작했다. 그가 하는 모든 말은 나를 위해 하는 것 같았고, 그의 한 마디 한 마디가 내 심령을 관통했다. 그는 어떻게 나에 대해 알았을까? 나는 성령이 그를 통해 내게 말씀하는 것을 깨달았다. 베드로와 같이 그도 새로운 사람이었다. 그는 급진적으로 변화되었다. 정말이었다! 베드로에게 일어났던 일이 이 사람에게도 일어난 것이었다. 내게 말하고 있는 이 브로드웨이 공연자에게 말이다.

모임이 끝난 후 나는 설교자를 포함한 여러 사람에게 자기소개를 했다. 설교자와 악수를 하면서 그의 위 혹은 안에 있는 성령을 찾고자 그를 뚫어지게 보았다. 주변을 둘러보다가 내가 있어야 할 곳으로 왔다는 걸 깨달았다. 브로드웨이의 이 스튜디오에서 나는 예수님을 만난 것이다.

모든 게 변했다. 나는 더 이상 영화, 연극, TV 쇼, 광고 오디션을 보려고 뉴욕의 거리를 헐레벌떡 뛰어 돌아다니지 않았다. 그 대신 다락방에 있는 음악 스튜디오로 급히 뛰어가 성경 공부를 하고 예배를 드렸다. 내 성장 배경은 이러한 변화를 맞도록 전혀 나를 준비시켜 주지 않았다. 수년간의 교육과 지식 탐구도 내 텅 빈 마음을 채워 주지 못했지만 이제 나는 내 이해를 초월하는 강 같은 평화를 내면에 체험하고 있었다. 사막에서 오아시스를 발견한 사람 같았다. 이 "생명수"를 향한 계속적인 갈급함이 있었다. 예수님을 아무리 채워 넣어도 부족하게 느껴졌다. 나는 진리를 발견했음을, 아니 진리이신 분을 만났음을 알았다. 그분께서 나를 찾아 주신 것이었다. 예수님은 살아 계셨다. 밝은 빛을 발하며 영원 가운데 살아 계셨다.

나는 4복음서를 읽었다. 수년간 극장에서 정신적으로, 또 물리적으로 우리가 일하는 상연 속으로 나 자신과 다른 이들을 집어넣는 훈련을 해 왔다. 우리는 그 캐릭터와 주어진 환경을 살아 내야 했다. 그것을 "마법의 만약"이라고 불렀다. "만약" 내가 이 환경 속의 이 캐릭터라면 어떻게 했을까? 이제 나는 마태복음을 읽으면서 예수님과 갈릴리 호숫가를 걷는 그 장면에 있는 것 같았다. 고기를 잡는 베드로와 요한을 보시고 이렇게 말씀하시는 게 들렸다. "나를 따르라. 내가 너희를 사람 낚는 어부가 되게 하리라." 주님과 그 장면들을 주욱 지나가는 것 같았다. 그분은 더 이상 과거 속의 역사적 인물이 아니었다. 지금 함께하셔서 내게 말씀하고 계셨다. 주님의 말씀은 살아서 내 영혼을 관통했다.

"탕자"의 비유는 나를 깊이 감동시켰다. 그 속에서 예수님은 자신의 길이 잘못되었음을 깨닫는, 반항적인 청년의 이야기를 들려주신다. 인생과 유산을 탕진해 버린 청년은 아버지께 돌아가 용서를 구하기로 결심한다. 그러나 도착 전에 아버지는 그가 오는 것을 보고 먼 길을 달려가 그를 꼭 끌어안고 입 맞추며 인사한다. 누가복음 15장 24절은 가슴 찢기는 사랑 가득한 아버지의 기쁨 어린 외침을 기록하고 있다. "이 내 아들은 죽었다가 다시 살아났다. 잃어버렸다가 되찾았다." 나는 이 아버지가 자신을 실망시킨 아들을 다시 받아 주고 달려서 마중을 나갔다는 것이 믿기 어려웠다. 중동의 통짜 옷을 입은 아버지가 아들을 마중하러 달려가는 모습이 상상이 안 됐다. 예수님이 그런 의미로 하신 이야기인지 확인을 하려고 세 가지 번역을 살펴봤다. 정말 그랬다. 그리고 난 평생 이기심과 죄로 예수님께 얼마나 많은 상처를 드렸는지 깨달았다. 사람들은 나를 사랑하다가 그쳤고 나도 그들을 사랑하다가 멈췄다. 하지만 예수님은 아니었다. 주님께서는 언제나 나를 사랑하시고, 기다리시고, 내가 집에 돌아오기를 고대하셨다. 대학교 사무실 책상에 이런 카드를 걸어 두었다.

"이 내 아들은 죽었다가 다시 살아났으며 내가 잃었다가 다시 얻었노라"

내 성격과 생활 방식은 바뀌기 시작했다. 예수님을 알게 되기 전, 나는 나밖에 몰랐다. 사실 수년간 자아실현이 인생 최고의 목표라고 가르치기까지 했다. 인본주의가 종교였고 나 자신이 스스로의 신이었다. 그러나 이제 나는 뉴욕 거리 위의 잃어버린 영혼들을 돌아보기 시작했다. 처음으로 마약 중독자들, 알코올 중독자들, 혼잣말을 해 대는 정신 분열 환자들의 얼굴을 보았다. 가난한 노숙자들은 박스로 만든 집에 사는데, 어떤 이들은 털 코트와 턱시도를 입고 리무진에 올라탔다. 나는 가난한 사람들을 돕고 싶었다. 내가 가진 것을 주고 싶었지만, 어떻게 해야 할지 몰랐다. 내 말도 달라지기 시작했다. 입에서 나오는 더러운 것들을 인식할 때마다 부끄러웠고, 그것이 주님께 가증한 것임을 알았다.

어느 날 스튜디오에서 가진 집회 가운데, 한 외부 전도자이자 싱어가 메시지를 전한 뒤 회중들에게 앞으로 나와 기도를 받으라고 초청했다. 그가 내게 손을 얹었을 때 어떤 일이 일어났다. 일어설 수가 없는 것이었다. 무릎을 꿇은 채 주체할 수 없이 통곡했다. 리더 중 한 명이 내게 휴지를 건넸다. 그리고 또 건네주었다. 마침내 한 통을 전부 주었다. 나는 일어나 보려 했지만, 되지 않았고 완전히 무가치한 사람으로 느껴졌다. 내가 할 수 있는 것이라곤 예수님께 감사, 또 감사를 드리는 것뿐이었다. 얼마나 오랫동안 그랬는지 모르겠다. 시간이 멈춘 듯했다. 나는 주님의 영광스러운 임재 안에 있었고 그걸로 족했다. 감사가 기쁨으로 변하면서 새로운 언어로 예수님을 찬양하기 시작했다. 그건 마치 사랑의 언어 같았는데, 주님과 더 친밀하게 대화할 수 있게 된 것 같았다. 내가 박사 학위를 가진 사람이라는 건 중요치 않았다. 타임 스퀘어의 한 스튜디오 바닥에 무릎을 꿇고 휴지를 통째로 붙들고, 알 수 없는 언어로 말하는 게 내 모습이었다. 후에 나는 첫 번째 유월절에 베드로와 120명에게 일어났던 역사가 내게 임한 것임을 깨닫게 됐다. 나는 주님의 말씀에 따라 성령으로 충만해진 것이었다. 그랬다. 이 은사는 오늘날에도 유효한 것이었다.

나는 아직도 내가 술을 마신다는 것이 거슬렸다. 알코올 중독자 협회에서는 내가 음주를 중단한다고 해도 평생 알코올 중독으로 살게 될 것이라고 했다. "브로드웨이 오순절"의 체험이 있은 지 얼마 안 된 어느 날 밤, 나는 TV로 미식축구 경기를 보며 친구들과 맥주를 마시고 있었다. 아주 불편했고 기분이 좋지도 않았다. 그 밤 잠이 들기 전에 예수님께 술을 끊고 싶다고 너무 죄송하고 도와 달라고 말씀드렸다. 다음 날 아침 일어났을 때, 술을 마시고픈 마음이 사라졌다. 그날부터 알코올이 들어 있는 음료를 마시고 싶던 적도, 마신 적도 없다. 나는 전적인 자유를 얻었고 더 이상 알코올 중독자가 아니었다. 예수님께서 기도를 들으시고 응답해 주신 것이었다.

그해 봄, 우리 모임은 바하마로 가는 "찬양 크루즈"에서 다른 교회와 함께했다. 공연 사업을 하는 이 다인종의 그룹은 그 배의 나이트클럽에서 집회를 가졌다. 노래가 얼마나 굉장했던지! 예배가 얼마나 볼 만했던지! 이 브로드웨이의 싱어들은 주님을 찬양하는 법을 아는 사람들이었다.

뉴욕을 떠나기 전 나는 크루즈에서 세례를 받을 수 있을지 물었다. 세례를 공부하면서 물속에 잠길 때 내 "옛 사람" 즉 옛 생활 방식이 "주님과 함께 장사됨"을 공포하는 것이며 또 "그리스도께서 아버지의 영광으로 죽은 자 가운데서 살아나신 것과 같이" 나도 "새 생명 가운데서 행해야" 하는 것(롬 6:4)임을 이해하게 됐다.

세례를 받는 날 동이 트기 직전, 나는 천국에 계신 어머니가 그 배에 전화를 하고 계신 꿈을 꾸었다. 꿈에서 내 친구가 전화를 받았다.

"데이비드 있어요? 천국에 있는 데이비드 엄마에요."

"친구들과 해변에 있어요." 친구가 대답했다.

어머니가 대답하셨다.

"내가 세례 때 함께할 거라고 전해 주세요."

잠에서 깼을 때 내가 앉아 있던 객실보다 꿈이 더 실제적으로 느껴졌다. 그리고 어머니가 정말 천국에 계심을 알 수 있었다!

10년도 더 전에 남동생이 전화를 걸어 내게 60세 되신 어머니에게 심근 경색이 왔다고 말했다. 어머니는 워싱턴 DC에 위치한 조지타운 병원에 계셨고 의사들은 어머니가 회복될 것으로 예상했다. 어머니와 아버지는 조지타운 대학교 채플에서 결혼을 하셨는데, 아버지가 거기서 대학원을 나오셨기 때문이었다. 어머니는 고등학교 교사직을 은퇴하려던 참이었다.

나는 로드아일랜드주 프로비던스에서 연극을 하고 있었다. 항공료가 없었기에 워싱턴으로 차를 몰고 가기로 했다. 연극 감독에게 당장 떠나야 한다고 설명했고, 감독은 그날 내 역할을 맡아 줄 대역을 준비했다. 8시간이나 차로 달려서야 늦은 오후 조지타운 병원에 도착했다.

"데이비스 씨 어디 계신지 알 수 있을까요?" 나는 불안 가득한 눈으로 의사에게 물었다.

"아, 돌아가셨습니다." 의사는 말했다.

"언제요?" 나는 물었다.

"두 시간쯤 됐나요." 그리고 그는 떠났다.

나는 공중전화 부스에 들어가서 흐느꼈다. 어머니에게 사랑한다고 그리고 나 때문에 아프게 해 드려 죄송하다고 말하고 싶었는데 너무 늦은 것이었다. 남동생은 어머니가 마지막으로 이런 말씀을 남기셨다고 전해 줬다. "데이비드가 오고 있어 너무 기쁘구나."

아름다운 여름날 바하마 제도의 한 해변에서, 나는 아브라함이라는 배우 그리고 루크라는 형제와 함께 세례를 받았다. 루크는 나중에 에이즈로 사망했다. 물에서 나오면서 미식축구 패드가 어깨와 몸에서 떨어져 물속으로 들어가는 느낌을 받았다. 해변으로 다시 걸어 나오면서 50명이 넘는 우리 일행이 노래하며 예수님을 찬양하고 있는 걸 보았다. 그들 뒤로 카리브해의 태양이 지고 있어서 사람들의 얼굴을 볼 순 없었다. 나는 해변에 무릎을 꿇고 그들을 올려다 봤다. 내게 새로운 가족이 생긴 것이었다. 이 사람들이 새로운 나의 형제요, 자매였다. 나의 어머니, 아버지, 형은 모두 세상을 떠났고, 수년간 나는 가족을 갈망해 왔다. 이제 자비로우신 하나님께서 새 가족을 주신 것이다.

이후 섬에서 해먹에 누워서 새 가족을 주신 하나님께 감사하기 시작했다. 내게 무슨 일이 일어난 건가 헤아려 보려 애썼다. 그리고 이것이 전환점이라는 걸 알았다. 기도하는데, 성령께서 이스라엘로 가야만 한다는 느낌을 주셨다. 예수님이 사셨던 성지 말이다. 그 생각을 멈출 수가 없었다. 그리고 그건 곧 강렬한 갈망으로 변했다. 뉴욕으로 돌아온 즉시 이스라엘행 비행기를 예약했다. 며칠 후 나는 텔아비브 벤구리온 공항에 도착해 있었다.

CHAPTER
02

이스라엘

CHAPTER 02

이스라엘

처음으로 내가 향한 곳은 예루살렘이었다. 거룩한 도성으로 올라가며 창밖을 내다보니, 원만한 경사의 아름다운 유대 언덕이 나를 사로잡았다. 예루살렘 여정을 끝내며 나는 이 대로에서 벌어졌을 고대와 현대의 전쟁들을 떠올렸다. 앗시리아, 바벨론, 로마, 십자군, 투르크, 대영 제국 등. 불타 버린 탱크와 언덕 길가에 흩어져 있는 군용차들이 1948년 이스라엘이 독립 전쟁 중에 이 길에서 싸웠을 것을 떠올리게 했다.

역사는 내 핏줄에 흐르고 있었다. 우리 부모님은 모두 미국의 유산에 깊은 연대감을 가지고 계셨다. 역사가인 아버지는 조지 워싱턴, 에이브러햄 링컨 같은 미국의 영웅 이야기를 해 주시길 좋아하셨다. 우리는 여름휴가로 종종 게티즈버그 같은 남북 전쟁의 전장에 가곤 했다. 어머니는 미국 독립 전쟁의 영웅이자 초기 대통령인 윌리엄 헨리 해리슨의 후손이라는 것을 자랑스러워하셨다.

이후 나는 홀로 유럽을 다니며, "역사의 쾌감"이라 부를 만한 탐험과 공부를 했다. 특히 민주주의의 탄생지인 그리스와 그리스 제도에 흥미를 느꼈다. 내가 보기에 민주주의는 인류 최고의 업적이었다. 아테네에 위치한 디오니소스 극장 앞에 서서 이런 생각을 했던 기억이 난다. 디오니소스는 그리스 신화에 나오는 포도주, 섹스의 신이다. '모든 게 여기서 시작된 거지.'

예루살렘으로 가는 택시에 앉아 나는 전혀 다른 체험을 하고 있었다. 그리스에서는 진리, 영원을 갈망하며 갈구했는데 사람이 제시할 수 있는 것만을 발견했다. 이제 진리이신 분을 알게 됐다. 탐구는 끝났다. 내 마음의 부르짖음은 이 영원한 진리를 더 깊이 이해하고 그분께서 친히 계시하신 참하나님을 아는 것이었다.

예루살렘을 맨 처음 보았을 때 무언가 아주 감동적인 게 있었다. 이 도시는 3천 년 동안 세계의 이목이 집중된 곳이었다. 이곳을 탐색하여 내 삶에 갖는 의미를 이해하고 싶었다.

다윗왕이 이곳에서 통치했다. 그의 아들 솔로몬이 참유일신이신 하나님께 이곳에 성전을 지어 드렸다. 예수님께서 십자가에 달리시고 부활하신 곳이 이곳이다. 이곳에서 승천하셨으며, 감람산으로 재림하실 것이다. 그곳에 내가 온 것이다! 하나님께서 나를 이스라엘과 예루살렘으로 이끄사 당신과 단둘이 있게 하셨다는 느낌을 받았지만, 나를 위해 어떤 계획을 갖고 계신지는 전혀 몰랐다.

이스라엘에서의 첫날 밤을 위해 5성급 호텔에 방을 예약했다. 첫날 밤을 보낸 후에 어디로 가서 머물지에 대해 하나님께서 보여 주실 것을 믿기로 결심했다. 호텔 방 침대에 누워 성경을 읽고 "황금성", "진리의 도시" 예루살렘으로 인도하심에 감사했다. 나는 영적 순례를 위해 이곳에 온 것이지, 관광을 하고 역사적 유적에 감탄하기 위해 온 것이 아님을 깨달았다. 그런 날들은 지난 것이었다. 나는 하나님의 음성을 듣고 아무 방해 없이 그분의 영과 더 깊이 연결되기를 갈망했다. 하지만 여전히 주님 앞에 더럽게 느껴졌다.

대학 시절부터 나는 섹스와 포르노에 중독되어 있었다. 그건 60년대 성 혁명 중에 <플레이보이> 잡지로부터 시작된 것 같다. 그 모든 것으로부터 자유롭고 싶었는데, 특히 지금이 그랬다. 예수님께 부도덕의 세월에 대해 죄송하다고, 이제 자유롭고 정결해지고 싶다고 말씀드렸다. 다시는 다른 여자를 보고 음욕을 품거나 더러운 사진을 보고 싶지 않다고 말씀드렸다. 침대에 누워 성경을 편 채로 가슴에 대고, 주님께 의로움을 구했다. 무언가가 걷어졌다. 예루살렘의 호텔 방에서 예수님은 성 중독으로부터 나를 자유롭게 해 주신 것이다.

다음 날 아침 호텔에서 체크아웃을 하고, 몇몇 현지 기독교인들의 추천에 따라 YMCA에서 일주일을 머무르기로 했다. 킹 데이비드 호텔과 올드시티를 바라보고 있는, 아름다운 옛 중동식 건물의 "Y"는 모든 곳을 걸어갈 수 있는 거리에 있었다. 나는 즉시로 올드시티로 출발했다.

복잡하고 좁은 거리와 골목들을 처음으로 헤매고 다니면서 주님께 발걸음을 인도해 주시기를 기도했다. 유대인, 아랍인, 관광객들이 돌로 된 회랑들을 바삐 다니며 거래를 하고, 물건을 팔고 있었다. 이런 부산스러운 활동 가운데, 내 생각은 겟세마네 동산으로 향했고 나는 방향을 그쪽으로 돌렸다. 다메섹문으로 올드시티를 나온 뒤 성벽 외곽을 돌아 기드론 골짜기로 내려갔다. 거기서부터 감람산의 아래쪽 경사를 가파르게 올라가기 시작했다. 올드시티를 바라보고 있는 겟세마네에 도착했을 때, 한 수도사가 나를 동산으로 안내했는데 그곳에서 한적한 모퉁이를 찾았다. 나는 혼자였다.

아주 오래된 올리브나무 아래 앉아 바로 이 동산에서 겪으신 예수님의 고통에 대한 복음서의 기록을 읽었다. 나는 예수님께서 기도하시면서 제자들도 기도하기를 갈망하셨다는 것에 충격을 받았다. 주님께서는 그 중대한 시간에 그들이 기도해야만 하는 것을 아셨지만, 그들은 오히려 잠이 들었다. 홀로 남겨진 예수님께서는 아버지께 부르짖으셨다. 주님의 육신은 십자가로 가길 원치 않았다. 이 죄 없는 분께서는 세상 죄를 져야 한다는 생각에 움츠러들었다. 하지만 주님께서는 당신의 뜻을 내려놓고 십자가를 선택하셨다. 세상을 바꾼 그 결정이 바로 여기서 이뤄진 것이었다.

베드로처럼 나도 주님께 말씀드렸다. "전 도망가지 않을 거에요." 그러나 그날 밤에 대해 솔직하게 생각해 보니, 나도 도망갔을 것이라는 것을 깨달았다. 주님께서는 내 외로움을 아시고 당신의 사랑으로 채워 주고 계셨다. 오랫동안 동산에 있다가 올드시티로 돌아가는데, 더 이상 혼자라는 느낌이 들지 않았다.

올드시티의 성벽에 들어서서, 비아 돌로로사를 걸었다. 예수님께서 골고다로 십자가를 지고 가시다가 이 "슬픔의 길"에서 쓰러지셨다고 전해진다. 다시 한번 나는 예수님의 십자가를 둘러싼 사건들을 읽어 보았다. 그들은 그분에 대해 거짓말을 하고 침을 뱉고, 때리고, 벗기고, 가시 면류관을 씌웠다. 그리고 결국에는 십자가에 못 박았다. 그 외로운 십자가에서 주님께서는 아버지께 저들을 용서해 달라고, 나를 용서해 달라고 부탁하셨다. 거기서 나는 예수님께 당신과 같이 되게 해 달라고 구했다.

그 후 나는 예루살렘의 신자들 모임에 가기 시작했다. 주일 아침, 올드시티 욥바문에 있는 크라이스트 처치 모임을 마친 뒤, 간식을 먹고 있었다. 그때 백발의 할머니가 나타나 자기소개를 해 왔다. 그녀를 다른 모임들에서 본 기억이 났다. 그녀는 자신이 미국에서 왔고 예루살렘의 한 병원에서 간호사로 봉사하고 있다고 했다. 그녀는 올드시티의 아랍인 가정을 방문할 것인데 함께 가겠느냐고 물어봤다.

나는 올드시티의 복잡한 미로를 새 친구 베티와 함께 걸었다. 우리는 오래된 석조 아치길로 들어가는, 잠겨 있는 쇠문 앞에 멈췄다. 입구 역할을 하는 작고 낮은 쇠문이 약간 열려 있었다. 한번에 한 사람밖에 들어갈 수 없었다. 베티는 이것을 "바늘구멍"이라고 부른다고 설명해 줬다. 과거에는 이 작은 문을 침략자와 강도로부터 보호하기 위한 목적으로 주로 사용했다고 한다. 예수님께서는 마태복음 19장 24절에서 이런 문을 지칭하여 말씀하신 것이었다. "다시 너희에게 말하노니 낙타가 바늘귀로 들어가는 것이 부자가 하나님의 나라에 들어가는 것보다 쉬우니라 하시니"

베티와 내가 그 좁은 문에 들어가기 위해 한 사람씩 몸을 굽혀 들어가 보니 안뜰이 나왔다. 옛 돌계단을 걸어 올라가 중년의 아랍 부부와 15세 된 그들의 딸 사브리나를 만나게 됐다.

이브라힘과 프리다는 거실로 우리를 안내했다. 낮고 오목한 천장 때문에 방은 동굴 같은 느낌이 들었고, 오래된 동양적 가구와 많은 책들, TV 수상기가 놓여 있었다.

하지만 아랍 사람들은 집안의 형편과 관계없이 손님에게 최고의 대접을 한다. 프리다는 우리에게 가장 냄새 좋고 풍미 있는 마클루비라는 음식을 선보였다. 아랍어로 "거꾸로"라는 뜻을 가진 요리였다. 닭고기, 콜리플라워, 쌀에 강한 향신료들을 많이 넣고 요리한 후 그릇 전체를 뒤집는 음식이었다. 우리는 마음껏 먹고 달콤한 블랙 아랍 커피를 마셨다.

중동에서 식사를 함께한다는 것은 먹는 사람들 간에 우호적 관계가 있음을 상징하는 것이다. 함께 먹고 난 후에야 문제를 꺼내 논의를 할 수 있다.

우리는 영어로 대화했다. 이브라힘은 본래 요르단 출신이었다. 그와 아내는 예루살렘 그리스 정교회에 출석하며 성장했다.

프리다는 유방암이 있어 죽음이 두렵다고 했다. 그녀는 예수님을 알고 과거에 치유를 경험한 적도 있다고 했다. 이보다 몇 년 전, 이브라힘과 사브리나는 예수님이 프리다에게 나타나 바로 그 방에서 그녀의 등을 치유해 주셨다고 이야기했다.

헤어지기 전 베티는 가족을 위해 기도해 줬다. 프리다는 다음 날 내게 찾아와 그녀의 치유를 위해 기도해 주겠냐고 물었다. 나는 깜짝 놀랐다. 다른 이의 치유를 위해 기도해 본 적이 없기 때문이었다. 망설이던 나는 프리다를 위해 기도해 주기로 결정했다.

다음 날 아침, 나는 욥바문 근처 다윗의 망대로 가서 올드시티 성벽에 올라가 기도했다. 워크맨에 워십 테이프들을 넣어 무장하고 아침 내내 주님께 기도하며 찬양했다. 유다서 1장 20절에 순종하고자 영어와 방언으로 기도했다. "너희의 지극히 거룩한 믿음 위에 자신을 세우며 성령으로 기도하며" 나는 프리다를 치유해 주시기를 구하며, 예루살렘에서 치유하셨던 사람들을 예수님께 상기시켜 드렸다. 얼마가 지났을까? 성령 안에서 날아오르는 느낌이 들었다. 내 안에 엄청난 믿음의 확신이 생겨, 예수님께서 프리다를 치유하시리라는 걸 믿게 됐다.

나는 점심시간에 "바늘구멍"을 통과해 안뜰로 들어가, 계단을 올랐고 작은 거실을 반갑게 마주했다. 물론 프리다, 이브라힘과 함께 또 한번 놀라운 식사를 했다. 식사를 마친 프리다는 내게 기도를 요청했다. 그녀는 예수님이 치유해 주실 것을 믿는다고 말했다.

나는 그녀의 어깨에 손을 얹고 예수님의 이름으로 기도하기 시작했다. 오래 하진 않았다. 그저 그녀를 치유해 주시고, 유방에서 암 덩어리를 없애 주시기를 주님께 구했다. 그녀는 울며 내게 감사했고, 그렇게 헤어졌다.

나는 다시 한번 비아 돌로로사로 내려가, 나메섹문을 지나 올드시티를 나갔다. 이번에는 정원 무덤으로 향하는 길이었다. 정원 무덤은 많은 사람들이 1세기 당시 예수님의 임시 묘지였을 거라고 믿는 곳을 포함한다. 그 곁에는 바위 절벽이 하나 있는데, 여러 동굴이 그 측면으로 들어가는 형태라 해골 같은 모습이다. 예수님이 십자가에 달리신 골고다는 히브리어로 "해골의 곳"이라는 뜻이다.

번잡하고 더러운 동예루살렘 한가운데 있는 정원 무덤은 고요한 장소다. 정원 무덤과 겟세마네는 예루살렘에서 내가 예수님께 대해 가장 친밀하게 느끼는 두 곳이다. 예루살렘에서 마지막 오후를 보내고 다음 날 아침 갈릴리로 가서 여정의 마지막 주를 보내고 싶었다.

거기 앉아 예수님의 무덤에서 있었던 일에 대한 복음서의 기록을 조용히 읽었다. 막달라 마리아가 그 주일 아침 아직 컴컴할 때에 무덤으로 왔다. 많은 로마 병사들이 봉인하고 경비했던 무덤 입구의 거대한 돌이 굴러가 있었다. 마리아는 베드로에게 달려가 이야기했고, 베드로와 요한은 무덤으로 달려왔다. 그들은 무덤에 들어가 봤고 텅 빈 것을 발견했다. 두 명의 제자들이 집으로 갔지만 마리아는 머물러 울고 있었다. 마리아가 정원사라고 생각한 한 남자가 그녀에게 물었다. "여인이여, 왜 웁니까? 무엇을 찾고 있습니까?" 그리고 그분은 그녀의 이름을 불렀다. "마리아야." 예수님이셨다. 그분이 살아 계셨다! 그곳에 있음이 얼마나 귀한 것이었을까! 정원 무덤으로 기념되는 장소가 실제 그곳이든 아니든 상관없었다. 예수님께서는 죽음에서 부활해 살아 계셨다. 이것은 "마법 같은 만약"도 "의지적으로 불신을 중지시키는 것"도 아니었다. 내 인생을 영원히 바꿔 놓은 역사적 사건이었다.

다음 날 아침 7시경, 전화가 울렸다. 베티였는데 신이 난 목소리였다.

"데이비드, 갈릴리로 떠나기 전에 연락이 되어 다행이네요."

"왜요, 무슨 일이에요?"

"프리다가 나았어요!" 흥분을 해서 소리쳤다.

"무슨 말이죠? 어떻게 알았어요?" 나는 기절할 듯이 물었다.

"데이비드가 떠난 후 프리다가 병원에 가서 엑스레이 촬영을 해 봤는데 종양이 사라졌어요. 의사가 기적이라고 해요."

"정말이에요?" 나는 확인했다.

"내가 직접 의사와 이야기했어요. 프리다가 나았다고요!" 베티는 다시 말했다. "오, 그리고 당신을 위해 티베리아스 갈릴리 해변에 있는 스코틀랜드 호스피스 게스트 하우스를 예약했어요." 또 말했다. "거기 방이 있어요. 아주 마음에 들 거에요. 출근이 늦겠네요. 어쨌든 연락이 돼서 기뻐요! 할렐루야! 잘 가요." 그리고 전화를 끊었다.

침대에 앉아 있는데 주님께서 어제나 오늘이나, 영원토록 동일하시다는 게 믿어졌다.

예루살렘에서 차를 타고, 흔히 서안 지구라고 알려진 사마리아를 거쳐 예수님의 고향 나사렛으로 향했다. 1987년에 시작된 아랍인들의 봉기 "인티파다"가 있기 전에는 팔레스타인 영토들도 상대적으로 안전했다. 성경에서 세겜으로 불리는 나블루스 외곽에 있는 야곱의 우물에 들렀다. 바로 거기서 지치고 목마르신 예수님께서 사마리아 여인을 만나셨던 것이다. 매일 우물로 물을 기르러 왔어야 했던 사마리아 여인은 그날 우물가에서 "생명의 물" 심지어 "영생하도록 솟아나는 샘물(요 4:14)"을 약속하는 유대인 예수님을 만나게 된다. 예수님께서 이 가난하고 방황하는 여인의 일생에 대해 모두 말하자, 그녀는 메시아가 오실 것을 알았다고 고백한다. 예수님께서는 그때 그녀에게 당신을 계시하신다. "네게 말하는 내가 그라(요 4:26)" 유대인들은 사마리아인과 상종하지 않았지만, 예수님께선 하셨다. 인종 간의 장벽을 허무시고 다른 이들이 가지 않을 곳에 가신 것이다.

야곱의 우물에서 북쪽으로 여정을 이어 가며 모든 것을 눈과 마음에 담기 위해 창문을 내렸다. 젊은 이스라엘 군인이 히치하이킹을 하고 있었다. 그 친구를 태워 줄까 했지만 그는 자동 소총을 지니고 있었다. 나는 이스라엘 군인들이 무기에 대해 너무 부주의하는 것 같아서 마음에 들지 않았다. 식당에서나 버스에서 군인들은 자신들의 총구가 사람을 겨누고 있는데도 개의치 않는 듯한 모습을 보았기 때문이다. 나에게 총구가 겨누어진 것도 한두 번이 아니었다. 장전이 되어 있지 않았다는 것은 알았지만, 해병대에서 우리는 죽일 의도가 있을 경우가 아니면 결코 사람에게 총을 겨누지 말라고 배웠다. 사실 미국 해병대는 그러한 것만 위반해도 엄청난 기합을 받는다.

이스라엘 군인의 희미해져 가는 모습을 백미러로 바라보고 있는데, 성령께서 돌아가 그를 태우라고 내게 말씀하셨다. 나는 기관 단총이 내 얼굴을 향한 채로 그가 앞자리에 타는 게 싫었다. 아합과 이세벨이 거짓 신에게 성전을 지어 바쳤던 사마리아를 지나가면서, 하나님께 고집부리고 있는 내 모습을 발견했다. 나는 절대 못 돌아가겠다고 우겼고, 그게 하나님께 불순종하는 것임도 알고 있었다.

30분 후, 나는 완전히 길을 잃어버렸고 지도를 도저히 알아볼 수 없는 상태였다. 한 무슬림 마을로 들어가 차에서 내려서 거기 있는 한 남자에게 지도를 보여 줬다. 나는 그에게 나사렛으로 가고 싶다고 했다. 그는 멍한 표정으로 나를 바라보더니, 기다리라는 손짓을 한 채 걸어가며 서서히 멀어졌다. 나는 그 마을의 광장으로 보이는 곳에서 기다렸다. 얼마가 흘렀을까, 그가 손에서 기름을 닦아 내며 걷는 한 자동차 수리공과 함께 어슬렁거리며 나타났다. 그는 내 지도를 잡아 들고 보더니, 머리를 긁적였다.

나는 또렷이 말했다. "나사렛이요. 나사렛... 예수님... 예수님이 살던 나사렛이요." 나는 천천히 반복해서 말했다.

그는 날 빤히 쳐다봤다. 장사꾼 등 여러 사람들이 무리를 짓기 시작했다. 나는 그 군인을 태우지 않은 내 자신에게 너무나 짜증이 났다.

"주님, 여기서 나가게 해 주세요."라고 조용히 기도했다. 사마리아 아랍 마을에 나 홀로 서 있었던 것이다. 길 잃은 미국인이 신기해서 모두가 구경 나온 것 같았다. 어떤 사람이 아랍 커피를 가져다 줬다. 우리는 모두 커피를 마시고 마주 보고 웃었다.

커피를 함께 마신 뒤, 지도를 연구하고 있던 남자가 말했다. "오! 나쩨레트!", "맞아요, 맞아요!" 나는 안도했다. "나쩨레트!"

그는 나사렛을 가리키며 그리로 가기 위해 어느 도로를 타야 하는지 알려 줬다. 어떻게 된 건지 나는 주요 도로에서 10여 km나 벗어나 있었다. 나는 그들에게 감사를 전하며 하나하나 익수했다. 작별 인사를 하고 먼지 가득한 좁은 뒷길로 차를 몰았다. 나는 그때부터 히치하이킹을 하는 모든 이스라엘 군인을 태워 주겠다고 주님께 약속드렸다. 그리고 실제로 그렇게 했다. 또 모든 이들에게 유대인 메시아에 대해 전하는 것도 잊지 않았다.

오후 늦게 나사렛에 이르렀다. 그곳은 어둡고 우울한 마을이었고 마치 저주 아래 있는 듯 보였다. 예수님께서 그들의 불신 때문에 많은 기적을 베풀지 않으신 것이 떠올랐다. 회당 안에 있던 어떤 사람들은 낭떠러지에서 주님을 떨어뜨리려 했다. 레바논과 시리아에서 온 사람들에게 엘리야와 엘리사가 사역했다는 설교를 하셨기 때문이었다. "예수께서 그들 가운데로 지나서 가시니라(눅 4:30)"는 말씀은 안타깝게 느껴졌다. 주님의 고향에서 자신들이 기다려 온 메시아를 놓쳤기 때문이다.

젊은 시절 예수님께서는 나사렛을 떠나서 당신의 공생애를 시작하신 갈릴리 바다로 가셨다. 나도 이제 그곳으로 향했다. 해가 질 무렵, 길모퉁이를 돌았고 갈릴리의 황금빛 언덕들을 둘러싼 은빛 푸른 바다가 빛나는 것을 보았다. 기대감에 내 영은 벅찼다.

나는 베티가 예약해 준 스코틀랜드 호스피스에서 지냈다. 바다를 내려다보는 건물들은 약 백 년 정도 된 것이었다. 본래 그 건물은 스코틀랜드에서 온 기독교인들이 병원으로 썼다. 병원을 세운 의사가 늪 같은 땅에 유칼립투스나무들을 심었는데 그것이 땅을 바꾸어 놓았다. 그는 아랍인과 유대인들을 대상으로 일했고, 많은 핍박을 받은 랍비를 주님께 인도했다. 스코틀랜드에서 온 의사와 그 아내는 바로 내 방 아래의 땅에 묻혔다.

영광스러운 여러 날 동안 갈릴리를 탐험했다. 어느 오후, 바다를 내려다보는 팔복산 언덕에 홀로 앉아 산상 수훈을 읽고 있었다. 이 말씀을 하신 바로 그곳 말이다. 나는 그렇게 살기를 갈망했다. 원수를 사랑하고, 오 리를 가자고 하면 십 리를 가고, 두 주인이 아닌 오직 주님만 섬기는 삶 말이다. 나는 주님의 나라를 먼저 구하고 싶다고, 의에 굶주리고 목말라 있다고 말씀드렸다. 마음이 청결하여 주님을 더 보고 싶었다. 주님께서는 마태복음 7장 13절로 응답해 주셨다. "좁은 문으로 들어가라 멸망으로 인도하는 문은 크고 그 길이 넓어 그리로 들어가는 자가 많고" 브로드웨이에서 나를 취해 주신 주님께 감사드리며 좁은 길을 걸을 수 있도록 도와 달라고 구했다.

갈릴리 바다의 북쪽 끝에는 가버나움 유적지가 있다. 베드로, 그리고 나중엔 예수님께서도 그 어촌에 사셨다. 거기서 아직도 남아 있는 옛 회당의 기초를 보며, 예수님께서 행하신 기적들을 읽고 묵상했다. 주님께서는 문둥병자와 손발 마른 자들을 고치셨다. 말씀 한마디로 귀신을 쫓으시고 온갖 질병들을 치유하셨다(마 9:35 참조).

오래된 돌 위에 앉아 있는데 한 이스라엘 투어 가이드와 독일 관광객 부부가 차에서 내렸다. 가이드는 예수님께서 회당장의 죽은 딸을 살리신 이야기를 성경에서 읽어 주며 회당의 흔적들을 가리키기까지 했다. 나는 놀랐다. 유대인이 독일인에게 신약을 읽어 주고 있다니! 그 가이드는 성경을 덮고 말했다. "저는 유대인이에요. 그러니까 물론 이걸 믿진 않죠." 고민과 슬픔이 나를 크게 덮쳤다. 어떻게 진리와 저토록 가까우면서도 먼 위치에 있을 수 있을까, 나는 주님께서 당신의 친백성을 이렇게 찾아오실까 궁금했다.

어느 아침, 나는 부활하신 예수님께서 베드로와 다른 제자들이 돌아와 물고기를 잡던 곳에 나타나신 그 해변에 앉아 미명을 맞고 있었다. 예수님께서는 해변에 앉아 배에 탄 제자들을 부르셨다. "그물을 배 오른편에 던지라 그리하면 잡으리라(요 21:6)" 잡은 물고기들을 끌어 들이는 제자들의 모습을 상상해 보니 웃음이 나왔다. 주님이심을 알게 된 베드로는 바다에 몸을 던져 수영해서 예수님께 향한다. 해변에서 예수님과 생선을 먹다니 얼마나 대단한 조찬이었을까! 크게 웃고 있다 보니 누군가 내 뒤에 서 있는 게 느껴졌다. 돌아보니 한 노년의 프란치스코회 사제가 나를 쳐다보고 있었다.

"예수님 너무 좋지 않아요?" 내가 기쁨에 차서 말했다. 영어를 이해했는지는 모르겠지만 그는 획 돌아서서 떠나 버렸다.

여기에서 예수님께서 베드로에게 당신을 사랑하는지 물어보셨다. "내 양을 먹이라."

거기 앉아 주님께서 베드로에게 하신 말씀을 읽는데, 예수님께서 내게도 말씀하고 계심을 깨달았다.

> "내가 진실로 진실로 네게 이르노니 네가 젊어서는 스스로 띠 띠고 원하는 곳으로 다녔거니와 늙어서는 네 팔을 벌리리니 남이 네게 띠 띠우고 원하지 아니하는 곳으로 데려가리라(요 21:18)"

이스라엘 일정이 끝나 가고 있었다. 다음 날 아침 일찍 미국으로 돌아가야 했다. 변화된 사람으로서 말이다. 갈릴리를 가로질러 서쪽의 지중해를 향해, 그리고 항구 도시 하이파를 향해 차를 몰았다. 카르멜(갈멜)산에서 기도하고 싶었기 때문이다.

주님께 드린 약속을 지키고자 나는 카르멜산으로 가는 길을 친절히 알려 준, 착한 이스라엘 군인을 태웠다. 그는 내게 총을 겨누지 않았다. 나는 그에게 예수님이 유대인이셨으며 성경이 그분이 유대인의 메시아이심을 증명해 준다고 설명했다. 자칭 "기독교인"이라고 하는 많은 사람들이 실제로 예슈아(예수님의 히브리어 이름)를 따르진 않았다고 말했다. 그들이 그분의 이름으로 유대인들에게 끔찍한 일들을 해서 미안하다고도 했다. 그에게 직접 예슈아에 대해 알아볼 것을 권했고 그는 그러겠노라 대답했다.

나는 카르멜산 북쪽 끝자락의 스텔라 마리스라는 곳에 앉아 지중해를 내려다보며 이스라엘로 인도하신 하나님께 감사했다. 주님과 너무나 가깝게 느껴졌다. 일어나는 모든 일을 이해할 순 없었지만 의미심장한 것임은 알았다. 내 마음에 뭔가가 일어나고 있었기 때문이다. 이스라엘이 집 같은 느낌을 받기 시작했다.

운전하여 떠나기 시작했을 때, 2주 만에 처음으로 영어 뉴스를 들을 생각에 라디오를 틀어 보았다. 주파수를 맞추려 하는데 갑자기 영어로 한 노래가 들려왔다.

풍성한 바리톤 음성으로 "다 이루었다"는 예수님의 십자가상 마지막 말씀을 노래하고 있었다. 그 음악은 차를 가득 채웠고 목소리에 화음이 더해져 계속 "다 이루었다"를 반복했다. 나는 카르멜산 도로 한편에 차를 멈추었다. 그 목소리가 누군지 생각난 것이다! 성령으로 세례를 받았을 때 내게 손을 얹은 아치 데니스였던 것이다. 나는 주체할 수 없이 눈물을 흘리기 시작했다. 하나님께서는 내가 아는 사람의 목소리를 라디오에서 들려주심으로 카르멜산에서 내게 말씀하고 계셨던 것이다. 노래가 끝났고, 방송국은 신호가 끊어진 듯했다. 북쪽으로 50km 떨어진 레바논에서 오는 신호였을까? 신경 쓰지 않았다. 상관이 없었다. 하나님의 임재가 차 안에 있었기 때문이다. 깊은 곳에서 홍수가 난 것처럼 눈물이 쏟아지기 시작했다. 천천히 카르멜산을 내려가 바다로 운전해 가면서, 이게 다 무슨 의미였을까 고심했다.

CHAPTER
03

카렌

대학교의 가을 학기가 시작됐을 때 나는 주님으로 인해 너무나 흥분됐다. 친한 친구이자 내가 속한 공동체의 장로인 벤 하니를 연기 교수로 채용했던 것이다. 수상 경력이 있는 배우이자 가수인 하니는 학생들에게 자신을 쏟아붓는, 가르침의 은사가 남다른 사람이기도 했다. 우리는 함께 학생들에게 부흥이 있기를 기도했다.

새로워진 내 삶은 내가 관여된 모든 것에 영향을 미쳤다. 나는 동료들에게 복음을 전하기 시작했다. 극에서 성경을 자주 인용한 셰익스피어와 복음을 접목시키려는 시도도 했다. 나는 <리어왕>의 "거듭난" 버전을 감독했다. 우리는 대학교에서 가스펠 콘서트를 열었고 수많은 학생들이 주님께로 나아왔다. 친구들도 내 안에 일어난 급진적 변화를 보았고, 나는 기회가 주어질 때마다 복음을 전했다.

어느 오후 나는 가장 친한 찰리와 함께 소호의 선술집에 앉아 있었다. 찰리는 아주 능력 있는 화가였는데 우리는 여러 연극 작품에서 협력했다. 그는 수년간 알코올 중독으로 살아온 상태였다. 그는 맥주를 마시며 말보로를 피웠고 나는 콜라를 홀짝였다. 나는 그에게 예수님을 만난 이야기, 술과 담배로부터 자유로워진 이야기를 들려줬다.

"그런 구닥다리 죄 같은 걸 믿는다고 말하진 말아라, 응?" 그는 쏘아붙였다. 잠시 후 찰리는 바에서 뛰쳐나가 웨스트 브로드웨이 한가운데서 외쳤다. "나한테서 떨어져! 저리 사라져!"

나는 매일 성경 공부를 하고 또 브롱스에서 신학교도 다녔다. 하나님의 말씀은 모험과 계시가 충만했다. 나는 레코딩 스튜디오에서 열리는 모임을 한번도 빠지지 않았다. 때로 철야 기도 집회도 참여했다. 기도가 힘든 일이라는 걸 알게 되어, 기도 모임에서 난 성경만 읽었다.

겨울이 됐을 때 교회에서 65세의 한 흑인 여성과 시간을 보내기 시작했다. "잭슨 어머니"라고 불리던 어마 리 잭슨은 우리 교회 최고령 교인이었다. 그녀는 많은 "신자들"에게 영적 어머니였다. 사실 그녀는 내가 세례받았던 바하마 해변에 함께 있었던 사람이다. 그 날 나는 하나님께서 내게 새 어머니를 주셨음을 알았다.

나는 점심시간에 이 새로운 잭슨 어머니를 자주 만났다. 주로 잭슨이 이야기를 했고 나는 들었다. 버지니아주 리치먼드에서 자라는 동안 잭슨의 어머니가 하나님 말씀을 가르쳐 주셨다고 한다. 잭슨을 통해 놀라운 하나님의 사랑과 강력한 기도의 능력에 대한 이야기를 많이 들었다. 1929년에 시작된 대공황기에 잭슨의 가족은 먹을 게 없는 경우가 많았다고 한다. 잭슨의 어머니가 상을 차리고 아이들을 앉힌 뒤 기도를 하면 누군가가 칠면조, 닭고기 혹은 감자 한 봉지를 들고 문을 두드렸다고 한다. 그렇게 주님은 한번도 실망시키신 일이 없다고 했다.

잭슨의 알코올 중독 오빠는 수년간 뉴욕 길거리에서 살았다. 잭슨은 그를 위한 중보를 그치지 않았다. 어느 날, 할렘에 위치한 그녀의 아파트에 오빠가 찾아왔다. 그가 씻도록 하고, 함께 기도하자 오빠는 주님을 영접했고 머지않아 알코올에서 완전히 자유로워졌다.

잭슨은 또한 유방암을 치유받았다. 골프공만큼 큰 종양이 주님의 치유를 통해 사라진 것이다. 나는 예루살렘의 프리다에 대한 이야기를 들려드리며, 프리다가 치유를 받았음을 확인해 준 베티의 편지가 왔다고 했다.

"물론이지. 예수님은 치유해 주셔." 잭슨은 어깨를 으쓱했다.

나는 내 생일인 2월 5일보다 한 주 앞선 주중 모임에서 주님께 그날을 기념할 방법을 보여 달라고 했다. 눈을 뜨자 잭슨 어머니가 생각났고 식사를 대접하기로 결심했다.

예배가 끝나고 물었다. "다음 주 제 생일에 저녁 식사를 함께 하실래요?"

"오, 그러면 영광이지." 어머니가 대답했다. 바로 옆엔 어머니와 함께 방을 쓰고 있는 35세의 여성이 있었다. 유대인 신자인 카렌은 패션계에서 일했으며 교회 예배 팀에서 노래했다. 그녀와 어머니는 아주 특이한 단짝이었다. 이 호리호리하고 젊은 구두 모델이자 싱어는, 흰 리복 운동화를 신고 뉴욕을 뛰어다니는 65세의 어마 리 잭슨과 짝을 이뤄 다니며 서로를 "어머니"와 "딸"로 불렀다. 둘은 불가분해 보였다.

"카렌 씨, 제 생일 저녁 식사에 함께해 주시겠어요?" 나는 예의상 물어봤다. "네, 감사해요." 그녀는 우아하게 대답했다.

생일날, 나는 그리니치 빌리지에서 72번가 서부로 지하철을 타고 갔는데, 그곳에서 어머니와 카렌이 방 2칸짜리 작은 아파트에 같이 살고 있었다. 인터폰을 눌렀더니 둘이 함께 내려왔다. 추운 날씨에 콜럼버스가의 여러 블록을 걸어, 자연사 박물관 건너편 박물관 카페에 이르렀다. 카렌은 내게 앤드류 머레이의 <그리스도와 같이>를 건네줬다. 웨이트리스가 주문을 받는 동안 책은 테이블 위에 놓여 있었다. 웨이트리스가 책을 알아보고 한마디 하자, 우리 셋은 동시에 그녀에게 예수님을 소개하기 시작했다.

식사를 하는 동안 잭슨 어머니가 유별나게 조용한 것을 감지했다. 어머니는 자신에게 "수다의 은사"가 있다는 말씀을 종종했었다. 카렌은 자신이 성경에서 본 깊은 것들에 대해 이야기하기 시작했다. 나는 이 여인이 예수님 사랑에 푹 빠져 있음을 깨달았다. 그녀는 내게는 관심이 없고 주님께만 관심이 있었다. 그것이 산뜻하기도 했고 무장 해제가 되는 느낌도 있었다. 수작을 걸고, 밀고 당기는 게임이 전혀 없었다. 카렌은 그러한 청렴함, 그리고 굉장한 지성과 깊이가 있어 보였다.

테이블 맞은편의 이 아름다운 여성을 바라보면서 나는 그날까지 거의 깨닫지 못했던 아주 이상한 일이 일어나고 있음을 알았다. 영

가운데 이런 음성을 들은 것이다. "이 사람이 네 아내다." 나는 그저 그녀를 바라보았다. 그러다가 미소 지으며 커피를 마시는 어머니를 쳐다봤다. 우리는 식당을 나왔고, 나는 카렌과 어머니 사이에서 걸었다. 우리는 두 사람이 사는 집 문 앞에 멈췄다.

"카렌 씨, 다시 만날 수 있을까요?"

"그럼요. 다시 만나면 좋겠네요." 그녀는 미소 지으며 거리낌 없이 대답했다.

우리는 다음번 데이트 약속을 했다. 작별 인사를 한 뒤 혼란스러운 상태로 지하철역을 향해 걸었다. 하나님께서 예비해 두신 여인을 만난 것이었다.

며칠 후, 우리는 조용한 레스토랑에서 촛불을 마주하고 앉았다. 나는 카렌의 남다른 이야기를 듣게 되었다.

"저는 디트로이트의 중산층 유대인 가정에서 자랐어요. 유대절기마다 회당에 가긴 했지만, 저희 집안의 진짜 종교는 인본주의였죠. 지적 성취와 교육을 가장 큰 것으로 여겼어요. 아마 저희 중에 아무도 아브라함, 이삭, 야곱의 하나님을 믿진 않았을 것 같은데, 어머니는 모르겠네요. 저희 아버지는 자동차 엔지니어세요. 어머니는 제가 대학교에 다닐 때 암으로 돌아가셨죠. 제 형제 두 명 중 한 명은 19세에 약물 과다 복용으로 죽었고 다른 한 명은 뉴욕에서 재즈 뮤지션이자 정신과 의사로 일하고 있어요.

저는 자라면서 클래식 음악 훈련을 받았고 나중엔 필라델피아 미술 학교에서 회화를 공부했어요. 그 후 미술 업계에서 일하고 싶어서 여기 뉴욕으로 왔죠. 그 후 보컬 트레이닝과 작곡 워크숍을 통해 음악적 역량을 계속 개발했고, 하이패션 회사인 찰스 주르당의 신발 모델로 일하면서 살고 있어요.

수년간 저는 영원한 진리를 탐구했죠. 제 영혼을 동요시키는 음악과 미술의 아름다움과 조화에는 창조의 영이신 하나님이 계시다는 것을 믿었어요. 이 힘에 다가가고자, 다양한 뉴에이지와 오컬트를 행하는 곳에 깊이 빠졌어요. 이런저런 기술을 여러 해 동안 시도해 보아도, 마음속에 공허함이 느껴졌죠. 그 빈 자리를 남성과의 낭만적 관계를 통해 채우려고 했는데, 많은 실망만 떠안게 됐죠.

어느 날, 지치고 닳은 제 모습을 보고, 이제 인생을 살아갈 수 있는 해답이 없음을 깨달았어요. 같은 건물에 살던 친구네 집 문을 두드리며, 제게 어떤 조언을 해 줄 수 있기를 기대했죠. 카밀이 문을 열어 줬어요. "잠시 시간 있니? 이야기할 사람이 필요해." 저는 물었어요.

카밀과 저는 2년 동안 친하게 지냈었죠. 카밀은 인생을 잘 사는 듯 보였어요. 어린이 TV 시리즈 '세사미 스트리트'에 나오는 배우이자 코미디언으로, 〈머펫 영화〉에서 새로운 캐릭터들을 만들어 냈죠. 카밀에겐 명상을 하거나 주문을 외거나 '내면의 평화'에 대해 이야기하는 친구들과 다른 평화가 있었어요. 때로는 성경을 들고 다니는 걸 보며 어떻게 저렇게 세련되고 지적인 사람이 그런 구닥다리 책에 관심이 있을 수 있을까 궁금했어요.

이따금씩 카밀이 가스펠 콘서트 티켓을 줘서 가곤 했어요. 항상 음악에 큰 감동을 받아 노래가 끝날 때까지 내내 울었죠. '이 사람들은 영혼이 살아 있어!' 저는 생각했어요. 그러나 예수님을 영접하라고 초청하면 막 달려 나갔다가도 '난 유대인이지. 나와는 아무 상관없는 일이야.'라고 혼잣말을 했죠.

그날 카밀의 집에 앉은 저는 친구에게 마음을 쏟아 놨어요. 카밀은 그냥 듣기만 했죠. 이야기가 끝났을 때, 저는 카밀에게 조언해 줄 것이 있냐고 물었어요.

"기도하고 싶니?"라고 묻더라고요.

"해 본 적이 없는데." 저는 잠깐 생각하다가 대답했어요. "뭐 어때? 다른 건 다 해 봤는데. 해 보자."

카밀은 한 단어 한 단어 따라하도록 간단한 기도를 인도해 줬어요. 저는 하나님께 도움을 구하며 제 스스로를 구원할 수 없음을 인정했죠. 또 예수님께 제 죄를 용서해 달라고 구했어요. 죄가 무언지는 제대로 몰랐지만요. 그러고는 예수님께 제 마음에 와 달라고 부탁했어요. 속으로 주님께서 또 다른 '주인'이실지도 모르겠다고 생각했어요. 기도를 끝냈을 때, 카밀에게 말했어요. "그런데 카밀, 이게 유일한 길일 리는 없잖아!" 전 친구를 꾸짖었어요.

카밀은 그냥 절 보고 말했어요. "유일해."

그 순간 진리의 영이 칼처럼 제 마음을 찔렀어요. 제가 이전에 갖고 있던 모든 생각들과 소중한 철학들을 관통하면서 말이죠. 설명할 순 없었지만 진리를 들었음을 알 수 있었어요. 이건 '혈과 육'이 계시해 준 게 아니었죠.

갑자기 전날 밤에 꾼 꿈이 생각났어요. 꿈에서 밝은 빛이 있는 방 안에 있었는데, 얼마의 시간이 흐르자 빛이 흐릿해졌죠. 그러다가 밝은 빛이 있는 다른 방이 보여서 들어가 봤어요. 얼마 후, 또 같은 일이 일어났죠. 방방마다 돌아다녔는데 항상 결과는 같았어요. 마침내 찬란한 햇빛이 있는 열린 공간으로 나오게 됐어요. 그랬더니 갑자기 뉴욕 시내의 가장 가난한 구역으로 장면이 바뀌더군요. 어린이들 여럿이 무릎을 꿇고 빵을 달라고 구걸했어요. 다음으로 본 것은 커튼이 위에서부터 아래로 찢어지는 모습이었고, 그때 전 깼어요.

그날 아침 꿈이 도저히 이해가 가지 않아 잊어버렸어요. 이제 저는 그것이 제 인생, 모든 사람을 비춰 주는 '참된 빛'을 향한 오랜 탐구를 보여 주는 것임을 이해했죠(요 1:9 참조).

그때까지 신약을 읽어 본 적이 없었기 때문에 예수님께서 "나는 세상의 빛이라(요 8:12)" 혹은 "나는 하늘에서 내려온 살아 있는 떡이니(요 6:51)"라고 말씀하신 줄 몰랐어요. 어린 아이들과 같이 되지 않으면 하나님 나라에 들어갈 수 없다는 말씀(마 18:3)을 하신 것도요. 저는 예수님께서 유월절에 십자가에서 죽으셨을 때, 예루살렘 성전의 휘장이 위에서부터 아래로 찢어졌다는 것도 몰랐어요. 속죄일인 욤 키푸르에 대제사장이 아니면 누구도 그 휘장을 지나 지성소로 들어갈 수 없었다는 것도 몰랐어요.

저는 하나님의 크신 사랑과 자비로, 많은 극심한 절망을 겪게 하셨다는 걸 이해해요. 제 자아가 죽고 겸손해져서 하나님께 돌아올 수 있도록 하시기 위해서요. 하나님의 어린양 예수님의 대속의 피를 통해, 유대인인 제 마음에 쳐 있던 휘장이 제해졌죠. 예레미야 29장 13절에서 "너희가 온 마음으로 나를 구하면 나를 찾을 것이요 나를 만나리라"고 말씀하시잖아요.

그날 떠나기 전에 카밀은 제게 신약 성경을 줬어요. 읽어 보면 하나님께서 저의 많은 질문들에 대답을 해 주시고 예수님이 어떤 분이셨는지를 확증해 주실 것이라고 장담하면서요. 집으로 돌아와 마태복음을 읽기 시작했죠. 책이 너무나 유대적이라는 것에 주목하게 됐어요. 예수님은 유대인이셨고, 그분의 초대 제자들도 그랬죠. 저는 게걸스럽게 성경 말씀을 먹었어요. 이후 몇 주 동안 구약과 신약이 완전히 하나의 책이라는 것을 보았어요. 신약이 구약의 약속을 성취한 것이었죠.

생애 처음으로 유대인이라는 게 어떤 의미인가, 그리고 하나님께서 한 백성을 불러내사 하나님을 알게 하시고 나머지 인류에 하나님을 전하며, '이방의 빛'이 되도록 하셨다는 것을 깨닫기 시작했죠.

이스라엘의 메시아 예수님을 계속해서 부르는데, 하나님의 사랑이 제 마음에 흐르기 시작했어요. 옛 상처들이 바래지고 새로운 기쁨과 평안이 그 자리를 차지했죠. 더 이상 인간의 사랑을 노래하는 낭만적 음악을 부를 수 없었어요. 세상을 향해 거짓된 소망의 메시지를 조장하니까요. 이제 제 갈망은 제 삶의 참사랑 되신, 제 영혼의 가장 깊은 곳을 만지시고 치유하신 그분의 사랑을 노래하는 것이었죠…"

나는 촛불을 통해 카렌을 바라보며 그녀의 이야기에 진한 감동을 받았다. 사랑에 빠지고 있었다. 그것은 너무나 다르고, 너무나 순결하고, 너무나 깨끗하고, 너무나 옳았다.

5주 후, 나는 카렌에게 프러포즈를 하기로 했다. 그리고 잭슨 어머니와 상의했다. 처음에는 센트럴 파크의 마차에서 프러포즈를 하면 낭만적일 것이라고 생각했는데, 어머니와 나는 더 좋은 계획을 생각해 냈다. 식사 후에 나는 카렌에게 긴히 물어볼 것이 있다고 말했다. 턱시도를 갖춰 입고 선물을 잔뜩 챙긴 나는 그리니치 빌리지에서 72번가 서부로 가는 택시를 탔다. 두 개의 커다란 쇼핑백에 빨간 장미 수십 송이와 커다란 두루마리에 내가 쓴 언약문, 유리로 된 앤틱 오일 램프, 그리고 "카렌 제인웨이 데이비스"라는 이름을 새긴 가죽 성경을 들고 있었다. 나는 카렌의 집 공동 현관에서 인터폰을 누르고 말했다. "룻을 찾아온 보아스입니다."

어머니는 대답했다. "나오미일세. 어서 올라오게, 보아스."

7층으로 엘리베이터를 타고 올라가 문 앞에서 벨을 울렸다. 어머니는 문을 열고 놀란 듯 행동하셨다. 카렌은 가스레인지에서 요리 중이었는데, 맨발에 앞치마를 걸치고 있었다. 그녀는 돌아섰고 우린 서로를 바라보았다.

"이게 다 뭐에요?" 카렌은 꽤 놀란 듯 물었다.

"식사 후에 긴히 물어볼 게 있다고 했잖아요. 그런데 지금 물어보는 게 좋을 것 같아서요." 나는 그녀의 손을 잡았다.

"뭐에요? 뭐냐고요? 잠시만요! 앞치마 좀 벗을게요." 나의 갑작스런 행동에 당황한 카렌은 저지하려 했다.

부엌 한가운데서 나는 한쪽 무릎을 꿇고 두루마리를 천천히 펼쳐 그 내용을 읽어 주었다.

"언약문 : 신부 카렌 제인웨이는 신랑 데이비드 데이비스를 위해 구별되고 성별되었음을 온 세상에 알린다. 데이비드는 신부에 대한 끝없는 사랑, 헌신과 돌봄이라는 '지참금'을 치르기로 약속하며 하나님과 잭슨 어머니 앞에서 이렇게 선언한다."

나는 카렌을 올려다 보며 물었다. "카렌 씨, 제 아내가 되어 주겠어요?"

그녀는 대답했다. "네."

난 일어섰다. "어머니, 이 문서의 증인이 되어 주시겠어요?"

"아멘!" 어머니는 소리쳤다.

그리고 "어마 잭슨 어머니"라고 서명하셨다. 나는 이렇게 덧붙였다. "주님의 해 1987년 3월 21일, 봄의 첫 날에"

우리는 그날 내가 먹어 본 것 중 가장 맛있는 닭 요리로 식사를 했다. 저녁 식사 후 카렌에게 성경을 전달했고, 우린 커다란 오일 램프에 불을 붙였다. 그리고 성경 시대에 약혼한 유대인 여자는 오일 램프에 불을 붙여서 신랑이 친구들과 함께 찾아와 결혼식으로 부를 때까지 창가에 두었다고 카렌에게 설명해 줬다. 카렌은 우리가 결혼할 때까지 램프를 창가에 두겠다고 약속했다. 그리고 잭슨 어머니가 가장 좋아하는 노래 "예수 내 죄 사했네(Jesus dropped the charges)"를 같이 부르며 웃고 즐겼다.

그리고 카렌은 내게 비밀을 일러 줬다. 어머니와 카렌에게 내 생일에 저녁 식사를 하자고 제안하기 2주 전, 어머니는 아침에 일찍 일어나 하나님께 노래하며 찬양했다고 한다. 카렌은 어머니에게 왜 그렇게 기분이 좋으냐고 물어봤다.

"난 항상 기분이 좋지." 어머니가 싱긋 웃었다.

"그건 맞죠. 그런데 뭔가 있는 것 같아요. 얘기해 보세요."

"좋아. 하지만 비밀이다."

"아무한테도 말 안 할게요." 카렌은 진심으로 대답했다.

"약속해?" 어머니는 물었다.

"네, 약속해요. 뭔데요?"

"내가 죽어서 본향으로 가기 전에 네게 남편을 주시기를 주님께 기도해 온 것 알지?" 어머니는 말했다.

"네." 카렌은 신중하게 대답했다.

"그런데 오늘 아침에 주님께서 나를 깨우시더니 그게 누군지 알려 주시더구나."

"정말요?"

"그래, 알려 주셨어."

"대체 누구예요?" 카렌이 속삭였다.

어머니는 카렌을 바라보았다. "데이비드 데이비스." 카렌이 가능성을 재 보는 가운데 정적이 흘렀다.

"그런데 우리 사이엔 아무 일도 없는 걸요?" 카렌은 차분히 말했다.

둘은 아무에게도 말하지 않고 주님께서 어떻게 행하시는지 지켜보기로 했고 그로부터 2주 후에 하나님께서 내게 말씀하신 것이었다. 나는 어머니를 바라보았고, 이제 이해가 되었다. "그래서 어머니가 그날 그렇게 조용하셨군요."

"오, 오, 오. 말을 할 수가 없었어. 성령님이 내 입에 손가락을 대고 계셨거든. 말을 할 수가 없어서 그냥 가만히 앉아 그분의 역사를 지켜봤지. 하나님은 정말 좋으셔. 나한테 먼저 유대인 딸을 주시더니, 그 다음엔 또 너를 주시잖니?"

다음 날 나는 목사님에게 전화했다.

"목사님, 저는 카렌 제인웨이를 사랑하고 그녀도 절 사랑해요. 결혼해야 할 것 같아요."

"압니다." 목사님은 대답했다. "하나님께서 말씀해 주셨어요. 데이비드 씨와 카렌 씨가 하나님께 직접 듣기를 기다리고 있었죠. 곧 결혼을 하는 게 좋을 것 같네요. 두 분은 더 이상 시간을 낭비하면 안 돼요. 만나서 계획을 짜 보죠."

두 달 후 어느 토요일 아침, 나는 다시 턱시도를 꺼내 입었다. 카렌과 결혼하게 된 것이다. 그날 아침엔 폭풍우가 불어왔다. 벤 하니가 차를 가지고 나를 태우러 왔다. 우리는 빗길을 뚫고 브루클린으로 향하기 전에, 발목까지 올라오는 물웅덩이를 지나 주문한 꽃을 받아 왔다. 브루클린-배터리 터널을 지나가는데 비가 쏟아졌다. 우리는 비가 그치기를 기도했다. 결혼식은 코니아일랜드 옆 정통 유대교 동네 시게이트에 위치한 목사님 집의 뒷마당에서 열릴 예정이었다. 그 집에 도착하니 비가 누그러지긴 했지만 여전히 오고 있었다.

예배가 막 시작하려던 참에 비가 그쳤다. 시게이트 위로 아름다운 무시개가 나타났고 하객들은 잔디에 모였다. 벤과 나는 길어 나가 목사님과 함께 섰다. 남동생과 제수씨가 볼티모어에서 먼 길을 와 줬다. 예배 팀은 위층 발코니에서 뒷마당을 내려다보며 노래를 부르기 시작했다. 내 오랜 친구 찰리를 비롯하여 안내 담당들은 차량 진입로부터 우리가 서 있는 잔디까지 하얀 러너를 펼쳐 줬다. 축가 대원은 "우리 주를 찬양하러 왔네(We've come to praise Him)"를 노래했고 많은 이들이 함께 불렀다. 한 명은 백인이고 한 명은 흑인인 조이라는 이름의 두 화동 소녀들이 함께 러너 위부터 집을 한 바퀴 돌았다. 다음엔 카렌의 들러리 에이미가 등장했는데, 그녀도 유대인 신자였다. 마침내 카렌이 아버지의 에스코트로 등장했다. 그녀는 너무나 아름다웠다! 심지어 숨이 멎을 것 같았다! 카렌의 새 어머니와 함께 디트로이트에서 비행기를 타고 온 아버지는 딸의 손을 내게 건네주었다.

뒤에서 음악이 들렸다. 우리는 돌아서서 파란색 전자 바이올린을 연주하며 "나 같은 죄인 살리신 그 은혜 놀라워"를 부르는 지붕 위의 노엘 포인터를 바라보았다. 벤은 내게 자신의 손수건을 건네줬다.

목사님은 우리에게 서로를 향해 서약하라고 했다. 카렌은 내게 돌아서서 이렇게 말했다.

"데이비드, 저는 하나님과 가족, 친구들 앞에서 살아 있는 동안 당신을 내 남편으로 높이고 섬길 것을 약속해요. 하나님께서 당신을 저에게 선하고 완벽한 선물로 주신 것처럼, 이 선물은 오로지 부르심이라는 것을 알아요. 행동과 말, 그리고 무엇보다도 기도로 당신 뒤에, 그리고 당신과 함께 서라는 부르심이요. 매일 당신을 위해 하나님께 나아가 당신을 지으신 목적이 온전히 이루어지도록 기도할게요. 계속해서 하나님 앞에 나아갈 것이며, 주님께서 저에게 당신을 향한 거룩하고 무조건적인 사랑을 넘치도록 채워 주시기를 구할 것을 서약해요. 시험의 때에라도 하나님의 말씀 위에 굳게 설 때 우리와 우리의 연합에 맞서는 어떠한 무기도 쓸모가 없을 것을 믿어요."

뒷마당에 자리한 모든 사람들이 훌쩍였다. 검은 모자를 쓴 한 정통 유대교인이 울타리 너머에서 가만히 쳐다보며 귀를 기울이고 있었다. 나는 카렌에게 내 언약서를 다시 읽어 줬다. 내가 프러포즈할 때 읽었던 그 언약을 말이다. 뒷마당은 손수건과 티슈의 바다가 되었다. 목사님은 우리를 신랑과 신부로 선포했다. 우리가 입을 맞추었을 때, 웅장한 "할렐루야" 소리가 터져 나왔다.

그날 늦은 시간 피로연 중에 카렌은 자신이 쓴 곡을 불렀다. "주님의 선하심과 인자하심이 정녕 나를 따르리니" 나는 하나님께서 박사이자 배우인 나를 붙드신 간증을 했다. 음악가이자 정신과 의사인 카렌의 오빠 데이비드는 키보드를 가져와 듀크 엘링턴의 "주일이 오면(Come Sunday)"을 선물로 불러 주었고 카렌의 아버지는 가장 아름다운 결혼식이었다고 말했다.

CHAPTER
04

타임 스퀘어 교회

CHAPTER
04

타임 스퀘어 교회

    우리는 그리니치 빌리지에 있는 내 아파트에서 같이 살기 시작했지만, 그 아파트는 더 이상 내 것이 아니었다. 카렌의 제안으로 아파트를 사진 촬영용 백색 페인트로 다시 칠했는데 그래야 그녀가 더할 색들이 더 극적으로 보일 것이기 때문이었다. 총각으로서의 내 삶은 끝났다. 낡은 "마초풍" 갈색과 흙색은 풍부한 버건디, 파랑, 금색으로 대체되었다. 우리 집은 신비한 색의 향연이 되었다. 예술가 아내가 우리를 위해 전혀 새로운 환경을 만들어 낸 것이다.

    결혼한 지 얼마 지나지 않아 나는 우리에 대한 꿈을 꿨다. 카렌과 나는 긴 식탁에 젊은이들과 함께 앉아 있었다. 나는 어쩌면 이 꿈이 브루클린에서 더 큰 아파트를 구해 어머니와 함께 살아야 한다는 뜻일까 생각했다. 그러나 주님께서는 카렌에게 71번가 서부에 완벽하고 자그마한 스튜디오 아파트를 공급해 주셨다. 카렌은 기뻐했고, 함께 수리를 하면서 즐거운 시간을 보냈다. 여전히 나는 그 꿈을 이해하지 못했지만, 우리의 삶은 변화하고 있었다.

대학교의 가을 학기가 시작되면서 나는 내 일에 점점 더 불만을 가지게 됐다. 나는 세속적 인본주의의 원칙 위에 세워진 공연 예술 프로그램의 회장이었다. 이제 헨리크 입센이나 테네시 윌리엄스의 말에 동의할 수 없는데도 그것을 가르쳐야 하는 게 어려워졌다. 나는 학생들에게 생각하고 공연하고, 창조하라고 가르치면서 '자아'라는 신을 숭배하고 있었다. 이제는 모든 게, 맥베스의 말처럼, "아무 의미 없는 소리와 격분"으로 다가오기 시작했다. 일을 잘하고 싶었지만, 나는 우리가 하는 일의 상당 부분에 동의할 수 없었다.

카렌은 찰스 주르당에서 하고 있던 일을 그만두기로 했다. 미니 스커트를 입고 5번가의 쇼룸에서 신발 모델을 하는 일에 더 이상 편안함을 느끼지 못했기 때문이다. 그녀는 피아노를 치고 주님을 향한 노래를 쓰며, 음악에 헌신하기 시작했다. 카렌은 예배 팀과 함께 리허설을 하며 주님께 노래하는 것을 너무 좋아했다. 이 기름 부음 받은 싱어와 뮤지션들은 새 노래를 쓰고, 첫 음반 녹음 작업을 시작했다.

일부 음악 팀원들은 브로드웨이에서 공연할 수 있기를 바라며 다니엘서에 기반하여 뮤지컬을 썼다. 나는 연기를 하고 카렌은 노래를 했다. 우리는 내 고향 워싱턴 DC의 큰 교회에서 시연을 했다. 현지 교인들은 제작진과 배우를 집으로 초대했고, 카렌과 나는 마사 존스라는 노년의 사랑스러운 흑인 여인의 집에 머물렀다. 나는 그녀의 아파트에서 유년의 기억이 마구 떠오르는 체험을 했다.

저명한 워싱턴주 변호사였던 우리 할아버지는 카네기 국제 평화 재단에서 일하셨다. 나는 어렸을 때 교외에 위치한 할아버지 할머니의 저택에 놀러가곤 했는데, 가정부의 구역에서 놀기를 좋아했다. 거기에 내가 아주 좋아하던 아이졸라라는 흑인 가정부가 있었다. 나는 어린 나이였지만 집에서 들려오는 인종 차별적이고 반유대적인 발언들에 당황하곤 했다. 왜인지 이해는 안 됐지만, 그러한 태도가 뭔가 잘못됐다는 것을 느꼈다. 이제 하나님께서 우리를 당신의 형상으로 만드셨으며 서로 간에는 아무런 차이가 없음을 이해하게 됐다. 그리고 카렌과 나는 미국이라는 나라 수도의 가난한 지역에 위치한 집에서 우리에게 침대를 내주고 소파에서 자는 겸손한 이 흑인 여인과 함께하게 된 것이다. 마사 존스는 커다랗고 까만 KJV 성경을 보여 줬는데, 그녀는 성경책을 사랑스럽게 쓰다듬으며 "자기"라고 불렀다. 수년 전에 할부로 사서, 일주일에 1달러씩 갚아 나간 것이라고 한다.

우리 어머니가 돌아가셨을 때 아이졸라가 얼마나 속상해했는지가 기억났다. 나는 아이졸라의 행방을 알고 싶어 고모에게 전화를 했다. 고모는 아이졸라가 한 요양원에 산다고 알려 줬고, 나는 그곳으로 전화를 걸었다. 내가 누구인지 이야기를 했더니 그녀는 기뻐했다. 나는 예수님을 만나게 된 이야기를 들려줬고, 아이졸라는 자신도 믿음을 갖게 되어 수년간 우릴 위해 기도해 왔다고 했다. 워싱턴의 다른 기억들도 생각났다. 역사가인 우리 아버지는 국립 문서 기록 관리청의 국장이셨다. 어렸을 때 나는 펜실베이니아 애비뉴에 위치한 아버지의 사무실의 크고 확 트인 창문을 통해 드와이트 아이젠하워 대통령의 취임 행진을 보았다.

내가 어렸을 때 아버지는 나름대로 신앙생활을 하는 로마 가톨릭 신자였는데, 말년에는 순복음 기업가 모임에 주기적으로 출석하셨다. 내가 주님을 만나기 몇 년 전, 아버지는 나를 그 모임에 데려가시기도 했다.

포토맥강 건너편의 알링턴 공동묘지에서 언덕 위에 서 있던 기억도 났다. 우리 형 패트를 매장하면서 해병대 의장대가 21발의 예포를 쏘았던 것이다. 젊은 장교가 우리 어머니에게 형의 관에서 막 꺼낸, 접혀 있는 미국 국기를 건네줬다. 어머니는 외롭게 울려 퍼지는 영결 나팔 소리에 깃발을 품속에 꽉 안으셨다. 당시는 베트남전 때였다. 많은 대학생들이 징병을 피하고 미국의 참전에 시위를 한 반면, 패트 형은 훈련 중 사고로 죽었다. 베트남전을 위한 연습 중 수류탄 폭발 때문에 두 명의 동료를 구하려던 참이었다. 이후 내 대학 룸메이트가 그 곁에 묻혔다. 또 하나의 전쟁 사상자였다.

케네디 공연 예술 센터에서 유진 오닐의 〈밤으로의 긴 여로〉를 연출하던 기억이 났다. 또 에이브러햄 링컨이 노예 해방 때문에 그를 증오한 배우에게 저격당하는 〈한 병사의 이야기〉를 포드 극장에서 연기하기도 했다.

마사 존스는 주일 오전 예배 후 한 젊은 친구를 저녁 식사에 초대했다. 캐런 클라크라는 이름의 그녀는 대형 교회 성가대의 감독이었다. 어느 날 모임 중에 성가대가 찬양을 마친 순간, 한 할머니가 일어나 "할렐루야"라는 간단한 멜로디를 부르기 시작했고 교회의 모든 사람들이 치유받는 일이 일어났다. 캐린 클라크는 그러한 기름 부으심을 원한다고 했다. 도심 지역 학교에서 교사로 일하는 캐런은 주님의 사랑과 능력으로 만져지기를 간절히 기다리는 10대 청소년들의 삶 때문에 마음 아파하고 있었다. 하지만 주님께서는 그러려면 모든 것을 잃을 각오를 해야 한다고 하셨다. 조금씩 조금씩 주님께서는 이 세상의 것들을 앗아 가기 시작하셨다. 캐런은 성가대 감독으로서의 자리를 내려놓았고 이제 선교사로 떠날 준비를 하고 있었다.

캐런 클라크는 우리를 위해 기도해 줘도 되냐고 물었다. 먼저 카렌을 위해 기도했고, 주님께서 그녀를 예배 가운데 강력하게 쓰실 것이라고 말했다. 그리고 날 위해 기도해 줄 때, 가만히 나를 바라보았다. "하나님께서 급히 역사하실 거에요. 하나님께서 원하시는 곳으로 이끄시고자 형제 안에 타오르는 것을 넣어 주실 거에요. 주님께선 형제를 위한 아주 구체적인 일을 하실 거에요. 저항하지 말고 가세요." 나는 그것이 주님께서 주시는 말씀인 것으로 알았다.

카렌과 나는 캘리포니아로 가서 신년을 보내고 우리 누나를 만났다. 나는 독감에 걸렸었는데 그때부터 진짜로 하나님 음성을 듣기 시작했다. 주님께서는 엄청난 변화가 오고 있다고 하셨다. 우리는 잭 헤이포드 목사님이 목회하시는 노스 헐리우드의 처치 온 더 웨이 예배에 누나를 데려갔다. 말씀을 마치시고 목사님은 예수님을 영접하고자 하는 사람은 기도실로 가면 함께 기도할 사람이 있을 거라고 하셨다. 누나는 눈물을 흘리며 나를 바라보고 말했다. "기도실에 가고 싶어. 나 좀 데려다 줄래?" 나는 기도실로 데려다 줬고, 누나는 거기서 예수님을 영접했다.

뉴욕으로 돌아가던 중 카렌이 주님께서 내게 말씀하신 것과 같은 내용을 동일하게 받았다. 카렌은 반복해서 말했다. "무슨 일이 일어나고 있는지 모르겠어요. 속에서 막 부글거리는 느낌이 들어요. 큰 변화가 일어날 것만 같아요. 정말 큰 변화에요."

휴일이 지나고 얼마 안 되어 데이비드 윌커슨 목사님이 뉴욕에서 교회를 개척하신다는 이야기를 들었다. 나는 그분에 대해 많이 몰랐지만, 영화로도 제작된 〈십자가와 칼〉이라는 책을 쓰셨다는 걸 알고 있었다. 또한 마약 중독자들을 재활시키는 데에 굉장히 성공적이셨다. 타임 스퀘어 교회라는 새 교회는 타임 스퀘어의 마을 회관에서 모임을 가졌다. 나는 데이비드 윌커슨 목사님의 말씀을 들어 보고 싶었고 같이 가자고 친구 찰리를 불렀는데, 그가 술에서 자유로워지기를 바라는 마음이었기 때문이다. 그는 오지 않았지만 그의 아내는 왔다.

셋이 자리에 앉아서 데이비드 윌커슨 목사님의 설교를 듣는데, 카렌은 예배 내내 울었다. 찰리의 아내는 못 본 척하려고 했다. 지하철을 타고 집으로 오면서까지 카렌은 울음을 그치지 못하고 있었다. 사람들은 카렌을 쳐다봤고 나는 그녀를 안고 위로하려 했다. 집에 도착했을 때 나는 그녀에게 무슨 일이냐고 물었다. 카렌이 할 수 있는 말이라곤 하나님의 손이 예배 내내 자신의 위에 있었고, 그 때문에 자신이 말할 수 없이 깨졌다는 것뿐이었다.

얼마 지나지 않아 타임 스퀘어 교회는 7번과 8번 애비뉴 사이 41번가에 위치한 네덜랜더 극장으로 이전했다. 그 블록은 "크랙 골목"으로 알려져 있었는데, 경찰이 그 거리를 누비는 중독자들을 신경 쓰지 않았기 때문이었다. 그들 중 일부는 박스로 노숙하고 있었다. 네덜랜더는 한때 많은 유명 연극들이 제작되었던, 역사적인 빌리 로즈 극장에 새로 붙인 이름이었다. 내 친구들 중 일부는 거기서 일했지만, 이제는 마약과 범죄가 급속히 확산되어 더 이상 극장으로 임대가 안 되고 있었다. 극장 옆에는 복장 도착자들의 바가 있었다.

그보다 1년 전, 데이비드 윌커슨 목사님이 타임 스퀘어를 걷고 있는데 한 마약 밀매자가 목사님을 멈춰 세웠다. 당시 크랙이라는 마약이 점점 인기를 얻고 있었다. 밀매자는 물었다. "이봐, 당신 레니 바이아스가 먹고 죽은 것 좀 해 보고 싶지 않아?" 레니 바이아스는 미국 최고의 대학 농구 선수였다. 그는 보스턴 셀틱스와 수백만 달러짜리 계약을 맺은 뒤 메릴랜드 대학교에서 열린 파티에 참석했다가 "크랙" 과다 복용으로 사망했다. 데이비드 윌커슨 목사님은 서서 눈물을 흘리고 계셨다. 그 순간 성령께서 목사님에게 댁스의 집을 떠나 뉴욕으로 가라고 말씀하셨다. 마약, 범죄, 성매매와 포르노의 한복판에서 예수님을 증거하기 위해 브로드웨이 극장을 주어 높이 세우겠다고 말씀하신 것이다.

어느 날 밤, 나는 타임 스퀘어 교회의 모임에 혼자 갔다. 데이비드 윌커슨 목사님이 설교하신 뒤 앞으로 나오라는 부르심에 응답하여 가서 주님의 방향을 구했다. 윌커슨 목사님은 강단에서 나를 쳐다보시더니 이야기하셨다. "아들아, 하나님이 네 위에 충만히 계시구나." 다음 주 토요일 아침, 나는 교회에 다시 찾아갔다. 노방 전도를 시작했다는 이야기를 들었기 때문이었다. 미국 전역에서 온 열댓 명의 하나님을 믿는 젊은이들이 뉴욕으로 와서 "데이브 형제

(목사님을 그렇게 불렀다)"를 돕는 것이었다. 어떤 이들은 극장 탈의실에서 생활하고 있었다.

그날은 약 30명이 왔다. 한 형제가 자살의 영에 대적해 기도해야 할 것 같다고 해서 함께 기도하고 두 명씩 짝을 지어 타임 스퀘어 거리로 나아갔다. 내 짝과 나는 포트 오소리티 버스 터미널에서 폴이라는 마약 중독자에게 말을 걸었다. 나는 그에게 커피를 한 잔 사 주고 손을 얹고 기도했다. 나는 그에게 다음 날 밤에 교회 모임에 나오라고, 재활 프로그램에 넣어 주도록 하겠다고 말했다.

몇 시간 후 우리는 다시 교회에 모였다. 뉴저지 출신의 백인 10대 소년이 지하철 역에서 한 나이든 흑인의 어깨를 두드리고 예수님께서 그를 사랑한다고 말했고 바로 그때 기차가 굉음을 내며 역으로 들어왔다고 했다. 그 사람은 그 열차에 뛰어들어 자살할 계획이었던 것이다.

다음 날 밤, 카렌과 나는 타임 스퀘어 교회의 주일 저녁 예배에 참석했다. 사람이 많아서 발코니에 앉았다. 찬양 팀에는 네다섯 명의 싱어들과 몇 명의 연주자들이 있었는데, 막 감옥에서 나온 트럼펫 연주자도 있었다. 예배가 시작됐을 때 카렌이 감동받은 게 보였다. 데이비드 윌커슨 목사님은 또 한번 강력한 설교를 하셨다. 나는 잃어버린 자들을 향한 하나님의 마음을 가진 사람을 보았다. 카렌은 설교 내내 또 다시 통곡했다.

데이비드 윌커슨 목사님이 강단으로 초청하자 많은 사람들이 나아갔다. 나는 폴을 위해 기도해 왔고 그도 나가리라 확신했는데, 보이질 않았다. 발코니에서 강단 앞에 서 있는 사람들을 찬찬히 살폈지만 폴은 없었다. 데이비드 윌커슨 목사님은 기도를 하셨고 잠시 멈추셨다. 폴이 극장 통로를 걸어 내려가고 있었던 것이다. 윌커슨 목사님은 그를 강단 위로 불러올렸다. 그리고 말씀하셨다. "형제 위에 죄가 가득하군요. 마약으로부터 자유로워지길 원하세요?"

"네." 폴은 대답했다.

윌커슨 목사님은 그를 위해 기도하신 뒤 용기를 주셨다. "프로그램에 넣어 드릴게요. 무대 뒤로 오세요. 도와줄 분들이 있어요." 폴은 무대 뒤로 걸어갔다.

그때 난 눈물이 났다. 전에 일했던 곳과 같은 브로드웨이의 한 극장에 서 있는데, 지금 이 극장에서는 한 젊은이가 새 삶의 기회를 얻고 있는 것이었다. 이는 박수나 명예, 돈에 대한 것이 아니고 인생의 변화에 대한 것이었다. 사회에 영향을 미치는 것이었다. 나도 그렇게 되고 싶었다. 먹먹한 마음으로 자리에 앉았다.

예배 후 사람들은 극장을 떠나고 있었고 우리만 남았다. 난 말했다. "여보, 여기가 우리 교회야."

카렌은 불편한 듯했다. "그러면 우리 교회는요?" 내게 물었다. "우리가 거기서 결혼했잖아요. 그들은 우리 가족이에요. 난 예배팀에 있고. 녹음한 곡이 나올 거에요. 이 교회는 너무 커져서 목사님을 만날 수도 없을 거에요. 나는 다시는 노래를 못 할지도 모르고." 카렌은 간청했다.

"집에 가자." 당장에 그 문제를 강요하고 싶지 않아 말했다. "모두가 갔어. 불도 끄고 있고. 갇히면 안 되잖아. 가자."

"못 가겠어요." 카렌은 말했다.

"무슨 소리야?" 내가 물었다.

"모르겠어요. 일어날 수가 없어요."

나는 그녀를 자리에서 일으켜 출구까지 걸을 수 있게 도와줬다. 극장에는 정말 아무도 없었다. 로비로 들어가는데 극장을 나서는 또 다른 부부와 마주쳤다. 바로 데이비드 윌커슨 목사님과 사모님이었다. "안녕하세요? 전 데이비드 윌커슨입니다." 목사님이 먼저 말을 건넸다. "이쪽은 제 아내 그웬이고요." 손을 내밀어 나에게 악수를 청하셨다.

"전 데이비드 데이비스에요. 이쪽은 제 아내 카렌이고요."

목사님은 나를 보고 말씀하셨다. "전에 뵌 적이 있어요. 하나님을 향한 갈급함이 있으시네요. 무슨 일을 하세요?" 나는 대답했고 목사님은 우릴 보며 또 질문을 하셨다. "둘 사이에 왜 갈등이 있죠?"

우리에 대해 어떻게 아시는지 궁금해하며 대답했다. "그게… 어느 교회를 다녀야 하는지를 두고 주님의 뜻을 구하고 있어요."

그리고 카렌이 덧붙였다. "저희는 다른 교회에 소속되어 있거든요. 그런데…"

목사님은 우리 둘의 어깨에 한 손씩 대시더니 기도해 주셨다. "오 주님, 보여 주시옵소서."

41번가로 함께 나아가는데, 목사님이 멈춰 서서 물으셨다. "연극 쪽 일을 한다고 하셨죠?"

"네."

"금요일 아침에 시간 되세요? 와서 무대 준비 좀 도와주실 수 있을까요? 제가 극장에 관해 아는 게 없어서요."

"네, 시간 됩니다." 난 대답했다.

"좋습니다. 10시 괜찮죠? 그때 봬요."

나는 윌커슨 부부에 대해 더 알고 싶어서 〈십자가와 칼〉을 사다가 읽었고 데이비드 윌커슨 목사님의 순종과 용기, 잃어버린 영혼들을 향한 열정에 감명을 받았다. 하나님께서는 한 사람의 젊은 목사가 순종할 때 그토록 기적적인 능력으로 역사하셨다. 나는 하나님께서 나를 사용해 주시기를 너무나 원했고 내 인생의 그 많은 시간을 허비한 것을 용서해 달라고 구했다. 카렌에게 말했다. "데이비드 윌커슨 목사님은 지금 50대 후반이신데 여덟 살 때부터 하나님을 섬겼어. 하나님께서는 왜 나를 더 일찍 찾아 주지 않으셨을까?"

그웬 윌커슨 사모님의 책 〈주님의 힘으로〉도 밤새 읽어 버렸다. 거기서 사모님은 암과의 투병을 설명하며, 데이비드 목사님의 명성과 부재의 문제 때문에 결혼 생활에서 부부가 마주한 어려움들, 하지만 주님께서 극적으로 구해 주신 것들을 상세히 설명했다.

그 주 금요일 극장에서 "데이브 형제(데이비드 윌커슨 목사님)"를 만났다. 우리는 무대의 커튼을 고정하기 위해 큰 안전핀을 사려고 타임 스퀘어를 걸어 다녔다. 나는 유진 오닐이 타임 스퀘어의 한 호텔에서 태어났음을 설명하는 안내판을 보여 드리며 미국 최고의 극작가로 여겨지는 오닐이 죽기 직전에 하나님을 저주했다고 목사님께 설명했다. 우리는 슈버트 앨리에 섰고, 대규모 고급 호텔을 짓기 위해 브로드웨이의 한 극장을 철거한 장소를 보여 드렸다. 배우들은 철거인단을 막기 위해 애써 봤지만 소용없었고, 경찰은 일부를 체포했다. 레킹 볼이 극장에 부딪힐 때, 배우들은 44번가에 서서 울고 있었다. "예수님을 위해서 울진 않겠죠." 데이브 형제가 말했다.

비프스테이크 찰리스에서 점심 식사를 한 뒤 우리는 극장으로 돌아와 무대에서 의자와 플랫폼 옮기기를 마쳤다. 데이브 형제는 조명과 음향을 다룰 줄 아는 신자를 아냐고 물으셨다. "예수님을 향해 불타오르는 사람이어야 해요. 여기서 일하는 사람은 모두 레위인이어야 합니다. 이곳은 하나님의 집이거든요."

나는 목사님께 조명 디자이너로 교회에 다니는 젊은 여인을 알고 있으며, 음향 담당은 찾아보겠다고 말씀드렸다.

카렌과 나는 우리가 다니던 교회의 목사님과 장로님들을 만나고자 약속을 잡았다. 우릴 위해 해 주신 모든 일에 대해 그분들께 감사를 전했다. 예수님을 알게 됐고, 그분과 동행하며 성장했고 또 그 교회에서 결혼도 했으니 말이다. 나는 그분들께 타임 스퀘어 교회로 부르신다고 믿는다면서, 주님께서 내게 보여 주신 성경 구절 이사야 30장 20-21절을 나눴다.

> "주께서 너희에게 환난의 떡과 고생의 물을 주시나 네 스승은 다시 숨기지 아니하시리니 네 눈이 네 스승을 볼 것이며 너희가 오른쪽으로 치우치든지 왼쪽으로 치우치든지 네 뒤에서 말소리가 네 귀에 들려 이르기를 이것이 바른 길이니 너희는 이리로 가라 할 것이며"

"나이가 더 있으시고 성숙한 분들이 제 위에서 가르쳐 주시고 본이 되어 주셔야 할 것 같습니다." 나는 말했다. "그리고 데이비드 윌커슨 목사님과 그곳의 리더십 팀이 그렇게 해 주실 거예요."

목사님은 나를 바라보시며 말씀하셨다. "이것이 주님께서 형제에게 주신 말씀이라고 믿어요. 저희는 두 분을 굉장히 사랑하고 많이 보고 싶을 거에요. 제 축복을 갖고 가세요." 우리 모두는 기도했고, 카렌과 나는 음악 스튜디오를 나와, 계단을 내려가서 41번가로 들어섰다. 예배가 막 시작되고 있던 두 블록 떨어진 타임 스퀘어 교회로 뛰어가고 있었다.

얼마 지나지 않아 데이비드 윌커슨 목사님이 극장에서 내게 다가왔다. "음향 하실 분 찾았어요?"

"그게... 제가 찾은 사람은 주님과 그다지 동행하는 상태가 아니네요." 나는 대답했다. "이 사람은 아닌 것 같아요."

나를 보고 말씀하셨다. "직접 해 보세요."

"제가 음향에 대해선 아는 게 없는데요." 나는 사양했다.

"배울 수 있죠." 목사님은 이렇게 대답하시고 떠나셨다.

'이런 극장에서 연극을 감독하면서 음향 기술자들을 고용하고 마음에 들지 않으면 해고했있는데.' 하지만 이제 내가 그 일을 하고 있었다. 나는 예배처 뒤에 앉아, 알지도 못하는 거대한 콘솔을 앞에 둔 타임 스퀘어 교회의 음향 담당이 된 것이다. 시스템을 세팅한 예배 인도자가 나를 도와주려 했다. 예배 중에 뭔가가 잘못되기라도 할 때면 사람들은 두리번거리다가 나를 쳐다봤다. 이는 실력을 키워야겠다는 동기 부여가 되었다. 하나님께서 예배 가운데 너무나 강력하게 역사하셔서, 때로 그저 눈을 감고 손을 든 채 주님을 예배했다. 그러다가 불현듯 내가 음향 담당인 것을 기억하고 뭘해야 하는지 파악하려 했다.

또한 내가 듣는 메시지를 모두 메모했다. 아침마다 예배 후에 커피 한 잔을 타서, 말씀을 다시 보며 커다란 공책에 옮겨 적었다.

지금도 그 공책들이 높이 쌓여 있는데, 거기엔 풍성한 영적 통찰이 있다.

어느 날 저녁, 데이비드 윌커슨 목사님은 우리에게 저녁을 함께하자고 하셨다. 우리는 콜럼버스 애비뉴와 68번가 서부에 위치한 식당에서 만났는데, 카렌의 옛 아파트에서 네 블록 떨어진 곳이었다. 식사 중에 목사님은 카렌에게 일을 하고 있냐고 물으셨다. 카렌은 패션계의 일을 그만두고 무슨 다른 일을 할까 찾던 중이었다. 목사님께서는 자신의 소식지를 타이핑하고 편집할 사람을 찾고 있다고 하셨다. 목사님의 소식지는 3주마다 50만 명에게 배포되고 있었다. 식사를 끝냈을 때 목사님은 자기 사무실로 함께 걸어가자고 하셨다.

당시 타임 스퀘어 교회의 사무실은 브로드웨이와 69번가에 자리하고 있었다. 우리는 2층으로 가는 엘리베이터를 탔다. 목사님은 카렌에게 타자기가 놓여 있는 책상을 보여 주시며 "이 책상을 쓰세요."라고 말씀하셨다. "제 설교 메시지 중 한 원고를 줄게요. 소식지 형태로 타이핑해 보세요." 그러고는 내게 말씀하셨다. "형제는 삶에 부르심이 있어요."

"어떻게 해야 하죠?" 나는 물었다. "신학교에 가야 하나요?"

"아니요. 그냥 교회의 가르침을 잘 들으세요. 신실하면 하나님께서 쓰실 거에요." 목사님은 두 개의 쇼핑백을 들며 말씀하셨다. "이리 와 보세요. 이런 게 필요해요." 목사님은 사무실과 복도의 책꽂이에서 책을 꺼내시더니, 그 쇼핑백에 담으시기 시작했다. 그러곤 한 권을 보며 말씀하셨다. "〈밀러의 교회사〉, 최고죠."

우리는 다시 브로드웨이를 향해 걸었다. "월요일에 시작할 수 있어요?" 목사님이 카렌에게 물으셨다. "네." 그녀는 대답했다.

"좋아요. 잘 가요."

카렌과 나는 지하철에 앉아 마주보았다. 카렌은 데이비드 윌커슨 목사님을 위해 일하게 됐고, 나는 양손 가득 신학 책을 들고 있었다.

어느 주일 밤, 카렌은 타임 스퀘어 교회에서 데이비드 윌커슨 목사님이 성령의 기름 부으심에 대해 설교하는 것을 들었다. 월요일 아침에 목사님은 카렌에게 손으로 쓰신 설교 원고를 주셨다. 카렌은 거대한 KJV 성경을 가지고 책상에 앉아 설교에서 인용된 성경 구절들을 확인하며 원고를 소식지 형태로 타이핑했다. 하나님의 말씀이 아내의 영에 깊이 쌓여 가고 있었다.

카렌은 목사님의 수행 비서로 20년간 일해 온 바바라 매커리 밑에서 일했다. 바바라와 카렌은 가까운 친구가 되었다. 그녀의 남편 지미는 청력과 시력 장애로 정부에서 등급을 받았는데, 내 옆 사운드보드에서 일했다. 그는 고성능 이어폰을 사용하여 설교들을 테이프에 담고 복제하여 전 세계에 배포했다. 지미는 혼자 다니다가 세 번이나 차에 치였지만 이제는 그의 눈이 되어 주는 골든 리트리버 "바우저 씨"와 함께 뉴욕 거리를 다녔다.

그웬 윌커슨 사모님은 남편이 홀로 하나님께서 주시는 다음 설교를 받을 동안, 편지에 답장을 하는 일을 도우셨다. 바바라의 언니 게일 역시 사무실 간사로 일했다. 사무실의 자매들은 종종 전화를 걸어 오는 병약한 이들을 대상으로 사역했다. 카렌은 이 경건한 여인들을 보고 그들의 이야기를 들으며 하나님의 방법대로 훈련되고 있었다. 때때로 그들은 점심시간에 다 같이 택시 한 대로 찰스 주르당의 견본 판매장에 가서 5달러에 구매한 멋진 가죽 구두, 핸드백, 벨트 등을 들고 돌아오곤 했다.

어느 밤, 극장에서 주일 예배 리허설을 위해 음향 시스템을 만지고 있는데, 카렌이 일을 마치고 나를 찾아왔다. 카렌은 내 옆에 앉아 바바라와 게일, 그리고 다른 여러 싱어 및 뮤지션들이 무대에서 리허설하는 것을 바라보았다. 얼마 후, 나는 내 옆의 통로에 누군가 서 있다는 걸 깨달았다. 돌아서 보니 목사님이었다. 우리는 인사를 나눴다. 잠시 후 목사님은 카렌에게 물으셨다. "노래할 줄 알아요?"

"네." 조금 놀란듯 그녀는 대답했다.

"저기 올라가서 노래 좀 해 보세요." 목사님이 카렌에게 기회를 주셨다. 함께 무대까지 걸어가 다른 사람들에게 카렌이 노래를 부를 것이라고 말씀하셨다. 카렌은 무대 위에 올라가, 그랜드 피아노 앞에 앉아 내가 극장 뒤에서 컨트롤하고 있는 마이크 위치를 조정했다. 그리고 연주와 함께 자신이 쓴 시편 139편을 찬양하기 시작했다.

"하나님이여 나를 살피사 내 마음을 아시며 나를 시험하사 내 뜻을 아옵소서

내게 무슨 악한 행위가 있나 보시고 나를 영원한 길로 인도하소서

내 삶에서 죄를 취하사 옳고 그름을 내게 보이소서

나의 모든 일 중에 주께 진실하도록 나를 가르치소서"

노래가 끝났을 때 침묵이 흘렀다. "거기 남아서 다른 분들과 함

께 리허설을 하세요. 주일에 예배 팀과 함께 노래하세요."라고 말씀하시고는 떠나셨다. 이보다 몇 주 앞서, 카렌은 이 극장에서 울었었다. 자신이 다시는 노래할 수 없을 거라고 생각했기 때문이었다. 그 주일에 카렌은 브로드웨이에서 하나님을 찬양하기 시작했고, 성령께서는 큰 능력으로 역사하셨다.

주님께서는 나를 쇼 비즈니스에서 꺼내고 계셨고, 연기를 향한 내 갈망은 사그라들고 있었다. 어느 날, 나는 고급 광고 에이전시 사무실에서 열린 펩시 광고 오디션에 갔다. 거기 앉아 이 광고를 간절히 하고 싶어 하는 많은 "아름다운 사람들"을 보며 나는 생각했다. '이건 온통 섹스와 판매에 관한 거잖아. 내가 여기서 뭐 하는 거지?'

바로 그때 내 이름이 불렸다. 나는 접수처로 가서 말했다. "저는 하지 않겠습니다."

"뭐라고요?" 담당자는 놀라서 물었다. 나는 돌아서서 그곳을 나왔다. 57번가에 들어섰을 때에 해방감을 느꼈다. 이제 더 이상 어떤 이유로도 오디션은 안 볼 것이었다.

짧은 시간이 지나고, 음향 시스템 때문에 뛰어다니는 일을 6개월쯤 했을 때, 데이브 형제가 무대 뒤에서 내게 다가와 카세트테이프를 건네줬다. "이것에 대해 어떻게 생각하는지 알려 줘요." 목사님은 말씀하셨다.

빌리지 아파트에 혼자 있던 나는 테이프를 틀었다. 뇌리를 떠나지 않는 쇼파르 소리, 그 부르심, 소집의 소리로 존 탐슨의 "엘 샤다이"는 시작됐다. 양각 나팔인 쇼파르는 고대 이스라엘의 제사장들이 하나님께서 택하신 백성을 당신께로 부르기 위해 쓰셨던 것이다. 이 뮤지컬에는 아브라함, 모세의 이야기와 예수님의 죽음에 대한 마리아의 애통이 복합적으로 담겨 있었고 부활하신 주님을 묘사하는 영광스러운 음악으로 마무리되고 있었다.

아브라함이 독자 이삭을 제물로 바치는 장면을 들었을 때 나는 거실 바닥에 무릎을 꿇고 울 수밖에 없었다. 성령의 기름 부으심이 아파트를 가득 채웠다.

다음 날 데이비드 윌커슨 목사님과 말씀을 나눴다. "데이브 형제님, 이 작품엔 기름 부으심이 굉장해요. 우리 극장에서 전부를 공연해야 할 것 같아요." 나는 말했다.

"우리도 그렇게 생각해요. 한 목사님은 차에서 이걸 듣다가 길가에 차를 세울 수밖에 없을 정도로 감동을 받으셨다고 해요. 데이비드 형제가 감독을 하면 좋겠습니다. 구상을 해 보고 내게 예산을 제안하세요." 목사님께서 지시하셨다.

하나님께서는 이후 지식과 경험이 있는 음향 담당자를 주셨다. 이제 나는 브로드웨이에서 하나님을 위해 감독을 하게 된 것이다. 작곡가 존 탑슨은 교회에 다니기 위해 뉴욕으로 왔고, 온갖 신시사이저를 포함해 자신의 음향 장비들을 가져왔다. 존은 뮤지컬 감독이었고 아내 패티는 마리아 부분을 노래했다. 벤 하니는 모세를 연기했고, 나는 아브라함을 연기했다. 우리는 싱어들을 구하고자 오디션을 열었고, 거기서 타임 스퀘어 교회의 성가대가 탄생했다. 물론 카렌도 뮤지컬에서 노래를 했다.

이 작품은 입석 외 만원이 되었고 추가 공연을 하기로 했다. 한 랍비의 아내를 포함해 수백 명의 사람들이 밤마다 예수님을 영접했다.

내게도 뭔가 심오한 일이 일어나고 있었다. 뮤지컬 끝에 나는 이런 대사를 했다.

"이제 엘 샤다이께서 모든 부정한 것을 떨쳐 버리기 위해 거룩한 백성의 남은 자가 타락한 세대에서 일어나 당신의 영광을 발하도록 불러내고 계십니다. 주님께서는 우리를 그 남은 자로 부르십니다. 당신의 의를 선포하도록 부르십니다. 그리고 어린양의 피를 믿음으로 우리는 일어날 것입니다… 우리는 우리 하나님 앞에 흠 없이 행할 것입니다."

나는 더 이상 연기를 하고 있는 것이 아님을 깨달았다. 아브라함이 되려고 하고 있는 게 아니었다. 마음속의 이야기를 하고 있었는데, 내가 아니었다. 처음으로 이 진리의 말을 선포하는 가운데 성령의 기름 부으심을 체험한 것이다.

교회는 유대 민족에 대해 부담감을 갖기 시작했다. 많은 유대인 신자들이 예배로 나아오고 있었다. 한 노년의 유대인 남성은 맨해튼에 유대 민족에게 관심을 갖는 교회를 일으켜 주시기를 50년 동안 하나님께 기도해 왔다고 말했다. 뉴욕시 지역에는 이스라엘보다 많은 유대인들이 있었다. 유대인 신자들이 교회로 나아올 때, 나는 그들을 데이비드 윌커슨 목사님에게 소개시켜 줬다. 한번은 목사님께서 텍사스에서 온 한 부부와 이야기 중이셨다. 부인은 목사님께 유대인들이 예수님을 원하지 않는다고 이야기했다. "원하는 여섯 명이 여기 있습니다." 나는 내 옆에 서 있던 유대인 신자들을 소개해 주었다.

모든 인종의 사람들이 교회로 나아왔다. 타임 스퀘어 교회에서 처음으로 결혼한 네다섯 커플로 흑인과 백인 부부였다. 그들은 "십자가를 통해 한 몸이 된 한 새 사람(엡 2:15-16)"의 아름답고 진정한 모습이었다.

매주 400명, 500명이 퇴근 후 교회에서 열리는 저녁 성경 공부에 몰려들었다. 첫 번째 시리즈의 주제는 "성결로의 부르심"이었다. 말씀을 통해 하나님의 거룩하심과 승리하는 삶을 살기 위한 실질적 방법들을 배웠다. 수년간 주님을 알고 지내 온 신자들은 이렇게 깊은 가르침을 처음 본다고 말했다. 주님의 말씀에 자신을 내어드리는 이들의 심령에 그리스도를 닮은 성품의 뿌리가 깊이 침투해 가고 있었다. 나는 놀라운 영적 양식들로 충만하였고, 내 공책 더미는 계속해서 쌓여 갔다.

금요일 밤에는 교회에서 기도 모임이 열렸다. 우리는 뉴욕시의 부흥과 이스라엘, 중국 등 나라들을 위해서도 기도했다. 어느 금요일 저녁, 교회로 가기 위해 타임 스퀘어 지하철역에서 나왔을 때, 나는 불현듯 내 인생에 닥쳐온 역설적인 변화를 깨달았다. "금요일 밤엔 술에 취하곤 했지." 난 카렌에게 말했다. "이젠 기도를 하러 극장에 가다니!"

한번은 데이비드 목사님의 큰아들 개리 윌커슨이 기도 전에 말씀을 전했다. 개리는 <십자가와 칼>에서는 갓 태어난 아기였지만 이제는 목회자가 되어 있었다. 설교 중에 나는 목사님께서 성경을 펼쳐 놓고 앞줄에 앉아 개리의 설교를 집중해서 듣는 것을 보았다. "봐, 배우려고 하는 분이야." 나는 그분의 겸손에 감명받아 카렌에게 말했다. "아들에게 배우고 계시잖아."

데이비드 윌커슨 목사님의 타협 없는 메시지를 계속 듣고 그분의 삶을 보면서, 나는 바울 사도의 말씀에 담긴 진리를 깨달았다. "그리스도 안에서 일만 스승이 있으되 아버지는 많지 아니하니(고전 4:15)" 고통받는 자들을 향한 하나님의 마음을 품은 사람에게 멘토링을 받을 수 있다는 것은 특권이었다. 하나님을 향한 그분의 사랑, 하나님께서 모욕 당하시고 주님의 진리가 짓밟힘으로 인해 마음이 깨어진 모습이 내겐 강력한 본이 되었다.

CHAPTER
05

다락방

CHAPTER
05

다락방

    교회에서 바로 한 블록 떨어지, 41번가와 8번 애비뉴의 모퉁이 거대한 중앙 버스 정류장을 마주한 곳에 있는 오래된 건물 2층을 임차했다. 우리는 그곳을 "다락방"이라고 불렀다. 이제 "크랙 골목"의 양 끝에 예수님에 대한 증거가 있게 됐다. 커다란 창문을 통해 소돔과 같은 타임 스퀘어의 분위기가 보였다. 매주 토요일 우리는 무리들을 거리로 데리고 나가 어려운 사람들을 다락방의 오후 모임에 초대했다. 자원봉사자들이 그들에게 커피와 샌드위치를 나눠 주며, 좋은 옷을 전달했다. 가장 중요한 것은 우리가 그들에게 복음을 전했다는 것이다. 새로운 삶을 살 수 있고, 그 절망의 길에서 빠져나올 수 있다는 좋은 소식 말이다.

    하나님께서 타임 스퀘어 가운데 행하고 계신 일에 동참하고 싶은 사람들이 미국 전역에서 몰려왔다. 한번은 루이지애나에서 온 아주 큰 백인과 같은 팀이 되었다. 우리는 버스 터미널 바깥쪽의 보도에 앉아 있던 흑인 중독자에게 이야기를 걸기 시작했다. 그는 말했다. "내 잘못이 아니에요. 경찰들의 잘못이라고요."

내 짝은 지갑에서 카드 하나를 꺼냈다. 그는 그 불쌍한 중독자에게 카드를 보여 주며 물었다. "여기 뭐라고 써 있어요?"

중독자는 크게 읽었다. "그리스도를 위한 경찰들."

"맞아요. 제가 그리스도를 위한 경찰입니다. 그리고 전 형제를 사랑합니다. 자, 제가 일어나도록 도와줄게요. 음식과 함께 소망을 줄 거에요." 그는 그를 일으켜 세웠고, 길 건너의 다락방으로 데리고 갔다.

어느 날, 다락방의 리더가 내게 다음 토요일에 설교를 하라고 했다. 나는 대학원에서 연설 교육학과 아리스토텔레스의 수사법의 5계율을 공부했다. 또 대중 연설을 가르치기도 했고, 20년간 강의 준비도 했었다. 연설을 할 줄은 안다는 것이다. 하지만 지금은 도움이 필요했다. 나는 주님께 어떻게 설교할지를 보여 주시기를 기도했다. 성령의 기름 부으심이 없으면 진정한 열매가 없을 것을 알기 때문이었다. 어느 밤 나는 아파트의 어두운 데서 기도하며 홀로 주님을 구하다가, 종이와 펜을 꺼냈다. 얼마 후 종이 위에 뭔가를 썼다. 불을 켜고 네 개의 커다란 단어를 보았더니 이렇게 써 있었다. "내 아들을 보여 주어라."

토요일 아침, 지하철을 타고 타임 스퀘어 방향으로 가면서 열차 안의 사람들을 살펴보았다. 정장을 차려입고 무릎 위에 서류 가방을 올려 둔 남성이 있었다. '아마도 월스트리트 브로커겠지.' 나는 생각했다. 그 옆에는 상품이 잔뜩 든 백화점 쇼핑백 두 개를 든 여인이 있었다. 열차 끝에는 노숙자 여인이 혼잣말인지 보이지 않는 누군가와 대화를 하는 것인지 알 수 없는 모습으로 있었다. 그녀는 그저 모든 살림살이를 봉지에 넣어 가지고 뉴욕 거리에서 사는 수많은 여인들 중 한 명이었다. 내 무릎 위에는 성경이 들어 있는 가죽 숄더백이 놓여 있었다. 나는 가방 속에 다이너마이트 같은 폭발물을 지니고 있다는 또렷한 인상을 받았다.

내가 도착했을 때, 다락방은 뉴욕시의 방랑자들로 가득했다. 강대상 뒤로 가서 창밖을 내다봤다. 내 시선은 이 순간보다 수년 전 배우의 꿈이 이뤄졌던 바로 그 극장의 뒤편에 머물렀다. 금요일 밤 그 무대에 서서 "브라보" 소리를 들었다. 하나님께서는 자비로 나를 구출해 주셨다. 내게 베풀어 주시는 선하심을 생각할 때, 도저히 감당할 수 없을 정도였다. 나는 갈라디아서 6장 14절로 설교를 시작했는데, 말이 잘 안 나왔다. "그러나 내게는 우리 주 예수 그리스도의 십자가 외에 결코 자랑할 것이 없으니 그리스도로 말미암아 세상이 나를 대하여 십자가에 못 박히고 내가 또한 세상을 대하여 그러하니라"

15분 내지 20분 정도 말씀을 전한 것 같다. 끝났을 때 나는 예수님을 모르는 분들에게 앞으로 나아오면 기도해 주겠다고 초청했다. 눈을 감고 성령 안에서 조용히 기도했다. 모임 전에 나는 주님께 한 영혼을 구해 주시기를 기도했었다. 눈을 떴더니 내 앞에 세 사람이 무릎을 꿇고 흐느끼고 있었다.

매주 토요일 다락방에서 집에 돌아오면 나는 즉시 옷을 벗어 빨래 통에 넣고 샤워를 했다. 마약 중독자, 매춘부, 노숙자, 에이즈

감염자들은 터진 상처가 가득했고 견딜 수 없는 냄새가 났기 때문이었다. 죽음의 냄새였다.

그리고 카렌과 나는 저녁을 함께했다. 신이 나서 그날그날 있었던 기적들을 카렌에게 이야기해 줬다. "그렇게 많은 걸 받다니 정말 축복이네요." 카렌이 어느 날 말했다. "이제 나눠 줄 수 있다니 너무 좋네요." 그녀가 옳았다. 카렌은 한 주 한 주 지나면서 하나님께서 세밀하게 내 심령을 변화시키시고 주님의 감정을 느끼고 주님과 같이 깨어진 인생들을 보도록 날 다시 빚고 계신 것을 보았다. 주님께서는 내게 잃어버린 영혼을 향한 당신의 부담과 심령을 주고 계셨다.

한번은 다락방에서 데이비드라는 커다란 흑인과 함께 테이블에 앉아 있었는데, 그는 폭력으로 유명한 사람이었다. 어떤 이유에서인지 다락방에서 일하는 자매들은 거친 남자들을 모두 내게 데려왔다. 나는 거리의 사람들을 상대로 일하면서 하나의 습관이 생겼는데, 그건 의심이 들 때는 누가복음 15장의 탕자 비유를 사용하는 것이었다. 나는 데이비드에게 성경을 한 권 주며, 누가복음 15장을 펼치라고 하고 예수님께서 잃어버린 아들에 대해서 하시는 이야기를 읽어 보라고 했다. 그는 성경을 쳐다보고 있더니, 또 나를 쳐다봤다. 내 맞은편에 앉은 이 거인에게 무슨 일이 일어나고 있던 것이다. 난 그의 거친 얼굴이 무너지기 시작하더니 눈물이 볼을 타고 흘러내리는 것을 목도했다. "데이비드 씨, 무슨 일이시죠?" 나는 물었다.

오랫동안 침묵하더니 그는 테이블 아래를 내려다보았다. "전 글을 못 읽어요." 그는 말했다.

"자요, 제가 읽어 드릴게요." 나는 부드럽게 제안했다. 그는 내 이야기에 귀를 기울였다.

내가 말씀을 다 읽자 그는 말했다. "이건 저잖아요. 그렇죠?"

"맞아요. 그리고 제 모습이고요. 하지만 예수님께서는 절 변화시켜 주셨고 형제도 바꾸실 수 있어요. 저는 알코올 중독이었는데 예수님이 해방시켜 주셨어요. 주님께서는 분노와 고통으로부터 형제를 구해 주실 수 있어요." 나는 이 낙담한 형제와 함께 기도했다. 후에 우리는 데이비드를 위한 글 읽기 프로그램을 시작하기로 결정했다.

나는 일주일 내내 토요일을 손꼽아 기다렸다. 외롭고 상처받은 영혼들에게 다가가 복음을 전하는 것을 고대했다. 스스로를 위한 명예와 부를 얻고자 뉴욕에 온 연극 학부 학생들을 가르치는 것은 이제 매력이 없어졌다.

교회는 아주 거친 동네인 맨해튼 로워이스트사이드에 위치한 낮은 3층 집을 임차했다. 그리고 이것을 "디모데의 집"이라고 불렀다. 교회에 속하고 싶어서 뉴욕으로 온 일부 미혼 형제들이 여기 살았다. 이 집은 또한 중독자들을 위한 주거형 재활 센터가 되었다.

프로그램 책임자는 내게 이곳 거주자들을 가르치라고 했다. 연기를 배우는 학생들에게 무대나 TV 카메라 앞에서 "진짜"인 척하라고 가르치는 것이 아니라 "분노를 이겨 내는 법" 혹은 "하나님 말씀의 권세"라는 실제에 대한 수업을 준비할 수 있다니 얼마나 기쁘고 특권이었던지.

디모데의 집에 있는 형제들은 대부분 젊었다. 대부분의 헤로인 중독자들은 40세가 되면 죽는다. 나는 이 사람들과 가까워지면서 비극적이고 고통스러운 이야기들을 많이 들었다. 다락방을 통해 디모데의 집으로 온 한 나이 든 형제는 센트럴 파크의 덤불 밑에서 살았었다고 했다. 나는 그의 신발이 다 터진 걸 보고 내 신발을 가져다주었다. 한번은 그가 교회에서 내게 와 말했다. "데이비드 형제, 보세요. 예수님과 새로운 길을 걷기 위한 새 신발이네요!"

코네티컷주에 위치한 또 다른 마약 재활 센터에서는 요한복음 14장 18절로 설교를 했다. "내가 너희를 고아와 같이 버려두지 아니하고…" 앞으로 초청하여 기도하는 시간을 가진 뒤, 한 젊은 친구가 내게 다가왔다. "데이비드 형제, 저를 기억하세요?" 그는 물었다.

"네, 기억하죠. 그런데 다른 사람 같아요!"

"다락방에서 만났었죠." 그는 말했다. "그리고 저를 디모데의 집으로 보내 주셨죠. 제가 이렇게 변했어요." 이 잘생긴 청년은 또 말했다. "전 고아인데 이제 하나님을 제 아버지로 모시고 살아요." 그는 거리의 부랑자였는데, 이제 건강한 모습으로 빛을 발하고 있었다.

카렌은 다락방에서 찬양을 해 달라는 요청을 받았다. 내가 그날 "하나님의 어린양" 설교를 할 것이었기에, 그녀는 우리가 십자가에 못 박은 사랑이라는 선물과, 세상이 우리를 위해 죽으신 그분을 얼마나 조롱했는지를 노래했다. 카렌이 노래로 주님의 보혈로 우리를 씻어 주시고 당신의 어린 양 삼아 주시기를 예수님께 간구했을 때, 하나님의 어린양의 사랑이 방안에 울려 퍼졌다.

모임 후 건반을 치는 친구 그렉이 우리에게 와서 말했다. "너희는 대단한 팀이야." 우리는 그때까지 스스로를 그런 식으로 생각해 본 적이 없었다.

하나님께서는 다락방에 당신의 영을 부어 주셨고, 수백 명이 주님께 나아왔다. 주님께서 역사하시는 것을 보니 놀라웠다. 우리는 두 명씩 짝을 지어 거리로 나아가기 시작했다. 주님께서는 어려운 이들을 데려올 장소를 마련해 주셨다. 그들에게 살 곳이 또 생긴 것이다. 우리는 시작이 미약했던 날을 얕보지 않는다. 작은 것에 충성할 때 더 많이 공급해 주시기 때문이다.

바로 이때에 내가 꿈을 꾸고 영적 일기장에 기록해 둔 것이 있다.

꿈에서 데이비드 윌커슨 목사님과 나는 맨해튼 최고층 빌딩의 꼭대기에 서 있었다. 앞에는 긴 테이블에 호화로운 음식들이 펼쳐져 있었고 내가 맛본 음식 중 가장 맛있는 것이었다. 아름다운 색감과 놀라운 향기가 끝없이 다가왔다. 우리는 하나씩 시식했는데 모두 무료였다. "이거 먹어 봐요." 목사님께서 내게 맛있는 것을 건네주셨다.

그때 하나님의 음성이 들렸다. '데이비드야, 내가 네가 일하기 원하는 곳이 어디 같니?' 나는 뉴욕시를 내려다보며 대답했다.

'여기 뉴욕이요.'

'아니다.' 하나님께서는 내 머리를 틀어 샌프란시스코만같이 보이는 곳을 바라보게 하셨다.

꿈은 끝났고 일기를 쓸 당시 나는 대부분을 이해한 줄 알았다. 놀라운 음식들은 내가 타임 스퀘어 교회에서 받아 온 하나님의 순전한 말씀이었다. 목사님께서 나를 먹이며 메시지로 양육하고 있었던 것이다. 하지만 나는 하나님께서 왜 내가 샌프란시스코에서 당신을 위해 일하길 원하시는 건지 감이 오지 않았다.

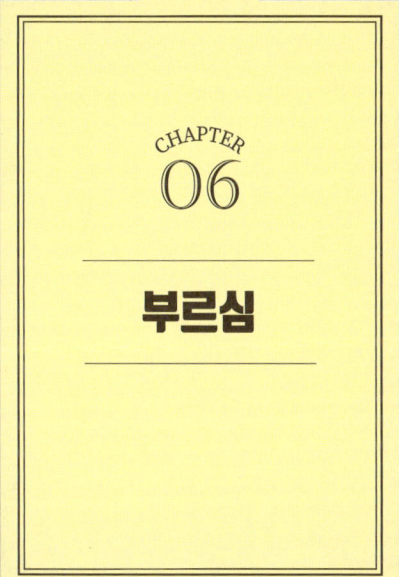

CHAPTER 06
부르심

    1988년 여름, 카렌과 나는 이스라엘로 2주간의 휴가를 떠났다. 카렌은 유대인이었지만 한번도 이스라엘에 가 본 적이 없어서 나는 그녀에게 이스라엘을 보여 주고 싶었다. 목적지에 가까이 다가갈수록, 비행기가 기울어 날면서 우리는 밑으로 이스라엘의 해안선을 보았다. 자신에게 유업으로 주신 땅의 모습을 처음 보면서 카렌의 얼굴엔 눈물이 흘러내렸다. 벤구리온 공항에서 운전을 하여 예루살렘으로 갔다. 매우 중대한 일이 아내의 심령 가운데 일어나고 있었다. 나는 유대인이 아니라 전부 이해하진 못했지만, 이해하려고 노력했다.

    나는 주님을 만났던 곳들로 카렌을 데려갔고 정원 무덤과 감람산 위의 겟세마네 동산에서 주님의 임재 가운데 조용한 시간을 보냈다. 우리는 베들레헴 밖의 목자들의 들판으로 갔다. 보아스와 룻, 다윗이 거기 살았고 예수님이 태어나신 곳과도 가까웠다. 그곳의 작은 채플에서 카렌은 성령으로 노래했으며 주님의 영광이 충만해졌다. 나는 아내가 꽃처럼 피어나는 모습을 바라보았다.

홀로코스트 희생자들을 추모하는 야드 바셈에서는 공포를 느꼈다. 홀로코스트에서 죽어 간 유대인 어린이들에게 하나의 특별한 건물이 헌정되어 있었다. 어둡고 좁은 복도를 걸어가면서 우리는 수천 개의 자그맣고 꺼질 것 같은 촛불들이 암흑에 에워싸여 있는 모습을 보았다. 나는 아브라함에게 주신 하나님의 약속을 기억했다. "하늘을 우러러 뭇별을 셀 수 있나 보라 또 그에게 이르시되 네 자손이 이와 같으리라(창 15:5)" 우리는 어둠을 꿰뚫는 이 자그마한 빛들에 둘러싸인 채 침묵하고 서 있었다. "조슈아 4세… 데이비드 6세…" 목소리가 들려왔다. "… 대니얼 3세… 사라 2세…" 죽어 간 어린이들의 이름이 끝없이 출석처럼 불리고 있었다. 우리는 비탄에 빠졌다.

건물을 빠져나와 내리쬐는 태양 빛으로 들어서니, 예루살렘이 내려다보이는 유대 산지에 서 있게 됐다. 우리는 이스라엘이 홀로코스트라는 비극으로부터 탄생한 국가라는 것을 더 깊이 이해하게 됐다. 이 생명의 국가는 6백만 유대인의 시신들을 화장시킨 재로부터 탄생한 것이었다. 2천 년간의 방랑과 유배 끝에 유대인들은 집에 돌아온 것이다.

당연히 나는 프리다에게 전화를 했다. 유방암을 치유받은 아랍인 친구 말이다. 그녀는 당장에 점심 식사 초대를 했다. 카렌과 나는 작은 관문 "바늘구멍"을 지나, 그녀의 집 아래에 있는 뜰로 들어갔다. 얼마나 기쁜 재회였던지! 프리다는 너무나 건강해 보였고, 사브리나는 내가 이스라엘에 왔던 2년 전보다 성장하고 성숙한 모습이었다. 사브리나와 카렌은 금세 친구가 되었다. 우리는 놀라운 아랍식 연회를 누렸다. 나는 프리다에게 〈십자가와 칼〉을 읽어 보라고 주었다. 우리는 북부의 갈릴리로 떠나기 전에 다시 만나기로 날짜를 잡았다.

며칠이 지나고 우리는 올드시티에 위치한 그들의 작은 거실에서 다시 만났다. 프리다는 데이비드 윌커슨 목사님의 책을 읽고 어떤 영향을 받았는지를 설명해 줬다. 나는 그녀에게 타임 스퀘어 교회에 대해 말해 줬고, 다락방과 디모데의 집에서 마약 중독자들을 대상으로 일하고 있다고 했다. 그때 프리다가 우리에게 속마음을 털어놨다. "데이비드 씨, 올드시티엔 마약이 온통 가득해요. 밤에 사브리나를 내보내기가 무서워요."

"마약이요? 여기에요?" 나는 물었다. 충격적이었다. 어떻게 예루살렘 올드시티에 마약이 있을 수 있다는 건가? 예수님이 죽으시고 부활하신 곳에 말이다. 나는 가히 믿을 수가 없었다.

"그래요. 끔찍하죠." 프리다는 말했다. 그리고 내게 이런 질문을 했다. "데이비드 씨, 형제가 다니는 교회 분들을 여기 데려올 수 있어요?"

이 아랍인 어머니의 도움 요청은 화살처럼 내 심장을 찔렀다. 유대인인 내 아내와 세 명의 아랍인들과 예루살렘에 앉아 있는데, 주님께서 내 안 깊은 곳에 어떤 동요를 일으키셨다.

다음 날, 여리고를 통해 북쪽으로 가서 요르단 계곡을 오르며 프리다가 한 말을 곰곰이 생각했다. 우리는 티베리아스에 있는, 갈릴리해를 내려다보는 스코틀랜드 호스피스에 머물며 호숫가에서 귀한 며칠을 보냈다. 우리는 가버나움과 팔복산에 갔다. 예수님이 베드로와 다른 제자들을 부르셨던 바다 곁에 앉아 "베드로 고기"를 마음껏 먹었다. 나는 데릭 프린스의 책 <예루살렘에서의 만남>을 한 권 사서 읽기 시작했다. 예수님을 극적으로 만난 덴마크의 학교 교사 리디아 크리스텐슨 이야기가 나왔다. 그녀는 덴마크에서 육체적으로 편안한 삶과 직업적 성취를 버리고 1928년에 예루살렘으로 홀로 떠났다. 예루살렘에서 영국군으로 복무 중이던 데릭 프린스는 리디아를 만났고 후에 결혼을 했다. 1948년 독립 전쟁 중, 그들은 입양한 딸 여덟 명을 데리고 예루살렘에서 살고 있었다. 그 책을 다 읽자마자 카렌에게 주었다. 우리 둘은 하나님께서 리디아의 이야기를 통해 우리에게 말씀하고 계심을 감지했다. 우리도 방금 "예루살렘에서의 만남"을 가졌다는 사실을 말이다.

뉴욕으로 돌아갔을 때 우리는 이스라엘과 그곳의 마약 문제를 향한 불타는 마음을 떨칠 수가 없었다. 돌아오고 얼마 지나지 않아 데이비드 윌커슨 목사님이 "소비의 기쁨"이라는 설교를 하셨다. 마태복음 25장에서 예수님의 "달란트의 비유"로 하나님께서 우리에게 능력을 주시고 그것을 당신을 위해 사용하기를 기대하신다고 말씀하셨다. 이렇게 하는 자들에게 주님은 말씀하신다. "잘하였도다 착하고 충성된 종아 네가 적은 일에 충성하였으매 내가 많은 것을 네게 맡기리니 네 주인의 즐거움에 참여할지어다(마 25:21)"

이 설교에서 데이비드 윌커슨 목사님은 H. A. 베이커와 그의 아내가 수년 동안 티베트 및 중국에서 주님을 위해 일한 이야기를 하셨다. 이 부부는 티베트에서 여러 어려움을 겪었다. 그들은 베이커 부인이 작은 커튼으로 장식한, 개조된 닭장에서 살았다. 베이커 부인은 복음을 외딴 산지 마을에 전하기 위해 멀고 고독한 도보 여행을 했다. 남편이 돌아왔을 때 부인은 항상 식탁에 싱싱한 야생화 다발을 두어 그를 환영했다. 한번은 브루클린 최초의 틴 챌린지 선교회의 센터가 재정적 어려움을 겪었는데 이들이 데이브 형제에게 그들의 전 재산을 다 보내 주었고 그 덕에 프로그램이 이어질 수 있었다.

이 메시지를 전하기 전, 목사님은 며칠간 주님을 구하며 자리를 비웠었다. 설교를 하는데 강력한 기름 부으심이 있었다. 그가 떠나 있었을 때 주님께서 타임 스퀘어 교회가 "파송하는 교회"가 될 것이라고 말씀하셨다고 했다. 그리고 교회에 하나님께서 파송받도록 구별해 두신 이들이 있다고 했다. 극장의 반대편에 있던 카렌과 나는 단상에서 만나 서로의 손을 싹 잡았다. 하나님께서는 우리가 함께 느낀 것을 강력하게 확증해 주고 계셨다.

그 주 후반에 목사님은 우리를 저녁 식사에 초대했는데, 그웬 사모님도 함께였다. 식당에 앉아 먹고 있는데 목사님이 말씀하셨다. "이스라엘이 부부의 마음을 훔쳤다고 들었어요. 무슨 일이 있었던 거죠?" 나는 목사님 부부에게 우리가 이스라엘에서 보낸 시간에 대해 이야기했다.

두 분은 우리의 이야기를 귀 기울여 들으셨다. 이야기가 끝났을 때, 목사님은 나를 쳐다보셨다. "하나님께서 부르고 계시네요." 목사님은 말씀하셨다. "우리는 데이비스 부부가 이스라엘로 가지 않았으면 좋겠지만 하나님의 말씀에 순종해야 해요. 두 분이 그리울 거에요. 하지만 가야 해요. 우리도 도울 테니 준비를 하세요."

내가 풀타임 교수로서 평생 재직할 수 있게 된 대학교에서는 가을 학기가 막 시작되고 있었다. 목사님에게 이러한 확인을 받은 후에도 우리는 기도하는 것 외에 무슨 준비를 해야 할지 몰랐다. 우리는 이스라엘을 위한 기도 모임을 시작했다. 겨우 몇 명만 모였지만, 소그룹은 신실하여 카렌과 나는 큰 지지를 받았다.

어느 날, 나는 목사님에게 교회가 이스라엘을 위해 충분히 기도하고 있지 못한 것 같다고 말했다. "정규 주간 기도 모임 후에 금요일 밤마다 철야 기도를 하기로 방금 결정했어요." 목사님은 대답하셨다. "누가 그걸 인도할지 기도하고 있었어요. 형제가 하세요."

그 철야 기도 모임 중에 정말 영광스러운 시간을 보냈다! 주님께서는 당신의 기도 학교에서 나를 훈련하고 계셨다. 우리는 교회에서 감당하고 있는 모든 사역을 위해 중보했다. 목회자들, 성가대, 어린이와 청년 모임, 교도소 사역, 배고픈 이들에게 음식을 전하는 까마귀 트럭 사역, 다락방, 디모데의 집이 모두 우리의 기도 제목이었다.

한번은 오전 세 시쯤, 예배당에서 25명이 기도하고 있었다. 나는 주일 아침의 결신 초청을 위해 기도해야겠다고 느꼈고, 주일 아침 예배에도 기도의 전사들에게 계속 기도하라고 격려했다. 주일 예배 중, 설교자가 메시지를 마치기도 전에 사람들은 죄를 철저히 깨닫고 복도로 몰려나왔다. 사역자가 놀란 듯한 모습이었다. 후에 내게 물었다. "오늘 결신 초청 때 봤어요?"

"네." 나는 말했다. "저희가 기도했어요. 주님께서 저희 기도를 들어주셨네요."

또 다른 철야 기도 모임에서 이른 아침 시간, 나는 이스라엘과 그곳의 마약 중독자들을 위해 기도하고 있었는데, 수고의 영이 내게 임했다. 나는 이스라엘에 가서 주님께 유대인과 아랍인을 위한 마약 중독자의 집을 만들겠다고 말씀드렸다. 나는 주님께 집을 세워 드리고자 하는 다윗왕의 갈망에 대해 읽어 왔다. 나단 선지자는 다윗왕에게 말했다. "가서 내 종 다윗에게 말하기를 여호와께서 이와 같이 말씀하시되 네가 나를 위하여 내가 살 집을 건축하겠느냐… 여호와가 너를 위하여 집을 짓고(삼하 7:5, 11)" 나는 교만에 대해 꾸짖음을 받았다. 그리고 주님께 너무나 죄송하다고 했다. 당신의 집을 세우겠다는 약속을 인해 주님께 감사드렸다. 그리고 나는 이 말씀으로 주님께 기도했다.

"만군의 여호와 이스라엘의 하나님이여 주의 종의 귀를 여시고 이르시기를 내가 너를 위하여 집을 세우리라 하셨으므로 주의 종이 이 기도로 주께 간구할 마음이 생겼나이다 주 여호외여 오직 주는 하나님이시며 주의 말씀들이 참되시니이다 주께서 이 좋은 것을 주의 종에게 말씀하셨사오니(삼하 7:27-28)"

주님께 우리가 이스라엘로 가는 것을 재확인해 달라고 구할 때마다, 주님께서는 신실하게 그리해 주셨다. 한번은 예배 중에 앉아 있다가 이렇게 기도했다. "주님, 이 설교를 통해 저희의 부르심을 확인해 주세요." 설교자는 이렇게 말씀했다. "사도행전 7장 3절을 펴세요." 그리고 이 말씀을 읽으셨다. "네 고향과 친척을 떠나 내가 네게 보일 땅으로 가라" 아브라함을 향한 부르심이었다.

"네, 주님." 나는 고백했다. "순종하겠습니다."

전 세계에서 사람들이 타임 스퀘어 교회로 찾아왔다. 한번은 주일 철야 예배 때 데이비드 윌커슨 목사님이 교인들에게 자신들의 출신 국가를 외치라고 하셨다. "한국… 영국… 독일…" 그리고 여러 나라의 이름이 불렸다. 그때 발코니에서 우리는 우레와 같은 소리를 들었다. "예루살렘!"

"카렌, 우리 저 사람을 만나야겠어." 나는 말했다. 우리는 예배 후에 그를 찾아가 소개를 했다. 영국 출신의 노인인 레슬리 목스햄은 예루살렘에서 목회를 하고 있었다. 우리는 레슬리와 그의 아내 릴라와 저녁을 함께하며 이스라엘로 우리를 부르신 이야기를 나눴다. "데이비드 씨." 그는 조심스레 말했다. "하나님의 말씀으로 확인하셔야 합니다. 기억하세요. '주의 말씀은 내 발에 등이요 내 길에 빛이니이다(시 119:105)'"

주님께서는 성경 구절들을 통해 우리를 향한 부르심을 계속 확인해 주셨다. 특히 강력하게 주신 말씀은 이것이었다. "보라 나와 및 여호와께서 내게 주신 자녀들이 이스라엘 중에 징조와 예표가 되었나니(사 8:18)" 나는 그게 무슨 의미인지 확실히 몰랐다. 우리에겐 자녀가 없었지만, 주님께 따질 생각은 없었다.

어느 밤, 카렌과 나는 브로드웨이의 한 커피숍에서 저녁을 먹고 있었다. 우리는 이스라엘로 이주하기 전에 히브리어 집중 코스를 듣기 위해 300달러가 필요하다는 이야기를 하고 있었다. 우리는 모든 것을 버리고 가야 한다는 표징을 하나 더 보여 달라고 주님께 구했다. 우리는 감정에 휩쓸리거나 이스라엘에 대한 낭만적 생각 때문에 움직이는 것이 아니라는 확신을 갖고 싶었다. 이후에 카렌은 교회 뮤지컬 리허설에 갔고, 나는 다락방 스태프 모임에 갔다.

모임이 끝난 저녁 10시경, 나는 카렌을 만나려고 "크랙 골목"에서 극장으로 한 블록 위를 걸어 올라갔다. 마약 중독자들이 곳곳에 있어서 나는 조용히 영으로 기도했다. 갑자기 잘 차려입은 젊은 남자가 날 향해 걸어오더니 멈춰 섰다. "오, 내가 찾던 사람이네!" 그는 알 수 없는 이상한 외국 억양으로 말했다. "교회에서 봤어요. 이스라엘로 가죠? 자요, 하나님께서 이걸 주라고 하셨어요." 그는 주머니를 뒤지더니 내 손에 돈을 쥐어 주곤 유유히 떠났다. 두 명의 노숙자들이 우리가 하는 대화를 멀지 않은 곳에서 바라보고 있었다. 나는 재빨리 돈뭉치를 주머니에 넣고 극장을 향해 계속 걸어갔다. 그리고 멈추어 뒤를 돌아봤다. 그는 사라졌다. 나는 서둘러 극장 로비로 들어가서 주머니에서 돈을 꺼내 세어 보았다. 거의 300달러였다. 나는 무대로 올라가 카렌에게 말했다. "표징을 주셨어." 데이비드 윌커슨 목사님에게도 말했다. "아마도 천사인가 봐요!" 목사님은 이렇게 대답하셨다.

나는 믿음을 갖고 있는 여러 대학생들과 성경 공부를 시작한 게 기뻤지만, 이젠 그만두어야 함이 분명했다. 카렌과 나는 계속 기도했고, 1989년 1월 나의 사임을 발표하기로 했다. 우리는 오는 9월에 이스라엘로 이주하기로 했다. 그렇게 하면 여름 학기를 가르쳐 돈을 더 모을 수 있기 때문이었다.

나는 포드햄 대학교의 총장님께 긴 사직서를 썼다. 그분은 예수회 사제이면서 내 친구이기도 했다. 사직서에 내 감정과 믿음을 쏟아부었고, 새로운 삶과 예수님과의 관계가 대학교에서 하는 일과 양립할 수 없다는 것을 설명하려 했다. 나는 데이비드 윌커슨 목사님을 만나 사직서를 봐 달라고 부탁했다. 목사님은 조용히 읽으시더니 내게 돌려주시며 "직접적으로 말해 줄까요?"라고 물으셨다.

"네, 목사님." 나는 말했다.

"너무 길고 설교조예요. 한 페이지 안에 일어난 일을 다 쓰세요." "그리고 하나님께서 행하신 일을 증언할 수 있는 문이 열리도록 기도하세요." 그리고 물으셨다. "거기 18년을 있었다고요?"

"네." 나는 대답했다. 목사님께선 나를 빤히 쳐다보셨다.

브로드웨이와 69번가 모퉁이에서 헤어지는데, 목사님께서 나를 부르셨다.

"네, 목사님?" 나는 대답했다.

"새 마음을 주신 예수님께 감사하는 걸 잊지 마세요!" 그러고는 뒤돌아 가셨다.

추운 1월의 밤에 나는 브로드웨이에 서 있었다. 너무나 눈물이 나서 전철로 들어가기가 싫었고 브로드웨이 길을 걷기 시작했다. 내가 일하던 링컨 공연 예술 센터를 지나 타임 스퀘어까지 갔다. 극장 구역으로 들어서는데, 극장 차양에 붙어 있는 네온사인들이 번쩍였다. 나는 멈추어 주위를 둘러봤다. 더 이상 내겐 아무 의미도 없었다. 모두 비현실적으로 보였다. 계속해서 타임 스퀘어 길을 걸어갔다... 새로운 마음으로.

나는 목사님의 조언을 받아들여, 한 페이지에 사직서를 다시 타이핑했다. 이렇게 썼다. "저는 우리가 근본이 사라진 세상으로, 심연으로 질주하고 있다고 생각합니다. 우리가 바울 사도의 표현대로 창조주가 아닌 피조물을 예배하고 있기 때문입니다." 나는 하나님께서 나를 "사람들에게 자유를 주는 진리를 선포하고 당신의 아들을 보여 주도록" 부르셨다고 썼다.

총장님께 편지를 보내고 며칠 후, 총장님이 나를 만나고 싶어 하신다는 전화를 받았다. 내가 사무실에 들어서자 문을 닫았는데, 평소 그분 같지 않은 행동이었다. 나는 대체할 사람을 추천할 수 있냐고 물으실 것이라 생각했다. 연극 프로그램은 굉장히 성공 가도에 있었고 이전 해에는 능력 있는 학생들을 모집하는 데에 도움이 될 영상을 제작하도록 돈을 할당해 주시기로 했었다. 덴젤 워싱턴 등 이전에 내게 연극을 배운 성공한 학생들이 그 영상에 출연했었다. 서로 인사를 한 후에 내게 이렇게 물으셨다.

"데이브, 무슨 일이 생긴 거야?"

그분에게 나는 로마 가톨릭 집안에서 자랐지만 예수님을 안 적이 없었고 아무런 관계도 없었다고 말했다. 여러 차례 고해 성사를 했지만, 항상 다시 되돌아와 죄를 짓게 되었다고 말이다. 나는 더 이상 성경적이지 않은 성체 변화 등 로마 가톨릭의 성사 제도를 믿지 않는다고 말했고 예수님을 만난 것과 성경대로 물과 성령으로 세례받은 것도 설명했다. 사도행전 1장 8절의 예수님 말씀("오직 성령이 너희에게 임하시면 너희가 권능을 받고 예루살렘과 온 유대와 사마리아와 땅 끝까지 이르러 내 증인이 되리라 하시니라")을 인용해 이 능력이 나를 알코올과 성 중독으로부터 해방시켰다는 것도 이야기했다. 눈엔 눈물이 맺혔다. "나는 그런 경험을 해 본 적이 없네만."

"하실 수 있습니다." 나는 권면했다. 또 일부 사제들과 다른 교수진이 가르치고 있는 뉴에이지 행태들과 내가 수강한 포드햄의 구약과 신약 수업에서 하나님의 말씀이 조롱당하고 있음에 실망했다고 말했다. 그리고 이렇게 물었다. "예수님이 구원으로 가는 유일한 길이심을 믿으세요?"

긴 적막이 흘렀다. "그래, 믿지." 그분은 대답했다.

"그렇다면 이 대학교는 말이 안 되죠. 진리를 가르치지 않고 있잖아요. 그래서 제가 떠나야 하는 거에요."

나는 총장님의 지원에 감사를 표하고, 〈십자가와 칼〉 한 권을 건넸다. 떠나면서 나는 포드햄의 예수회가 한때 데이비드 윌커슨 목사님에게 와서 세례에 대해 물어봤던 것을 기억했다. 〈십자가와 칼〉 21장에도 나오는 이야기다. 나는 그 책이 그에게 영향을 미칠 수 있기를 바랐다.

학생 신문에서 나온 기자가 나를 인터뷰했다. 그 친구는 내가 포드햄에서 보낸 시간들에 대해 긴 기사를 썼는데, 내가 예수님을 만난 이야기도 다뤘다. 내 간증이 실려 캠퍼스의 모든 이들이 읽게 되었다. 여러 학생들이 내 사무실로 찾아와 울며 물었다. "왜 떠나셔야 해요?" 나는 예수님을 따라야 하고 주님께서 당신을 위해 일하라고 부르신다고 했다. 동료들 중 일부는 따뜻한 마음으로 이해해 줬지만, 수년 동안 알던 이들 중에 이제 나를 피하며 같이 엘리베이터도 타지 않으려는 이들도 있었다.

정년이 보장된 대학교의 안정적 일자리를 떠나는 것은 큰 결단이었다. 하지만 주님께서는 이 구절로 다시 확신을 주셨다.

"내가… 화평을 세워 관원으로 삼으며(사 60:17)"

그해 6월, 만원이 된 링컨 공연 예술 센터의 필하모닉 홀에서 나는 박사모와 가운을 걸치고 학생들에게 마지막으로 졸업장을 주었다. 졸업식이 끝날 때, 오헤어 총장님이 나를 보셨다. 교수진과 학생들, 학부모, 귀빈들 앞에서 그분은 말했다. "우리는 이스라엘에서 새로운 일을 시작하는 데이비스 박사를 위해 기도할 것입니다."

타임 스퀘어 교회는 폭발적으로 성장하고 있었다. 주님께서는 데이비드 윌커슨 목사님에게 51번가의 유명한 마크 헬린저 극장을 주실 것이라고 말씀하셨다. 헬린저는 뉴욕시의 랜드마크로, 많은 이들이 뉴욕에서 가장 아름다운 극장으로 꼽는 곳이다. 우리는 교회적으로 그곳을 위해 기도하기 시작했다. 당시 브로드웨이 역사상 가장 비싼 뮤지컬 〈레그즈 다이아몬드〉가 헬린저에서 리허설 중이었다. 그 작품이 성공해서 장기 공연을 하면, 교회는 극장을 확보할 수 없게 될 것이었다.

이 공연은 가증한 것이었다. 동성애를 옹호하고 사창가를 배경으로 하고 있었다. 브로드웨이에서 데뷔한 유명 나이트클럽 가수가 이 뮤지컬의 주인공이었다. 우리는 이 작품에 관여하고 있는 사람들을 위해 기도했지만, 이 공연은 신문과 TV에서 악평을 받도록 기도했다. 우리는 무대 장치와 관련하여 온갖 문제가 있었다는 보도를 들었다. 여러 차례 공연 시작일이 미뤄졌고 마침내 첫 공연을 하는 밤, 어떤 사람들이 중간 휴식 시간에 나가며 "저런 쓰레기를 보는 데에 50달러라니! 이런 바가지가 어디 있어?"라고 말했다. 이 공연은 브로드웨이 역사상 최악의 평을 받았다. 전설적인 실패작이 된 것이다. 이후 작품의 주인공이 한 TV 토크쇼에서 "하나님께서 우리 쇼를 내렸어요."라고 말했고 그는 결국 에이즈로 사망했다.

마크 헬린저 극장이 매물로 나왔고 타임 스퀘어 교회가 극장을 사들였다. 어느 날 아침, 나는 목사님과 그웬 사모님, 친구들, 여러 교회 일꾼들과 함께 마크 헬린저 극장으로 들어가 건물을 면밀히 살펴보았다. 멋진 천사 조각상들이 머리 위에 떠다녔고, 화려한 장식의 기둥들이 막중한 건축물을 떠받치고 있었으며 벽에 그려진 유화들이 우아함을 더했고 원형 홀의 천장까지 그림이 그려져 있었다. 극장의 정문에 들어서는데, 무대 담당자들이 무대 위에서 <레그즈 다이아몬드>의 무대 장치를 떼어서 뒷문으로 집어던지고 있었다. 공사 감독이 목사님께 대형 무대의 내부에 있는 분홍색 장치를 하나 놔 둬도 되겠냐고 물었다. 목사님은 대답했다. "아니오, 모두 없애야 합니다." 나는 옛 세상과 같은 쓰레기가 산산조각 나 하나님의 집 밖으로 던져지는 모습을 바라보았다. 이와는 대조적으로 무대 위 높은 곳에는 금빛으로 조각된 아름다운 왕관이 있었다.

교회가 41번가에서 51번가로 이전을 준비하고 있던 3월, 나는 이스라엘을 살펴보기 위해 2주간의 일정으로 이스라엘을 다시 찾았다. 마약 문제의 심각성을 보고, 어디서 누구와 일을 시작해야 할지에 대해 주님의 뜻을 구하고 싶었다. 윌커슨 목사님은 내게 이스라엘에 대한 자신의 파일을 주셨다. 그 안에는 두 명의 아랍 목회자들로부터 받은 편지가 있었는데, 베들레헴과 갈릴리에 있는 그들은 일찍이 1981년에 편지를 써서 마약 문제를 도와 달라고 요청했다.

이스라엘 전역을 다니면서 유대인과 아랍인 교회의 지도자들을 만났는데, 모두가 입을 모아 이스라엘에 마약 문제가 절정에 치달았으며 점점 악화되고 있다고 내가 제안한 사역이 필요함에 모두 동의했다.

시리아가 통제하는 레바논의 베카아 골짜기는 아편과 대마의 주요한 국제적 공급처였다. 시리아의 군용 트럭, 헬리콥터, 해군 함정들은 시리아를 통해 시리아의 항구와 터키 국경 근처의 장소들로 마약을 운송하기 위해 일상처럼 사용되었다. 당시 미국 마약 단속국은 이러한 마약 판매로 인한 시리아의 이윤이 연간 1억 달러에 달할 것으로 추정했다. 레바논은 세계 코카인의 메카 중 하나로, 미국에 유통되는 헤로인의 20%가량이 역시 레바논의 베카아 골짜기에서 오는 것으로 추정되었다.

막대한 양의 마약이 레바논, 이집트 국경을 넘어 이스라엘로도 밀반입되고 있었는데, 하이파 항구와 국제공항을 통해서였다. 이스라엘 육군과 공립 학교 제도는 이 문제로 병들었다. 정부는 해법을 찾기 위해 애쓰는 한편 이 상황을 가능한 한 조용하게 두려고 했다. 하지만 마약이 이스라엘 사회에 침투해 있음에는 의심의 여지가 없었다.

나는 여행을 하면서 계속해서 정보를 모았다. 예루살렘 올드시티에 특히 마약이 성행하고 있었다. 한 사회봉사자는 올드시티의 무슬림과 기독교 구역에는 세 가구 당 한 명의 마약 중독자가 있다고 했다.

복음주의 신자들이 운영하는 나사렛 병원의 응급실 담당 의사는 마약 과다 복용으로 죽은 아랍 젊은이들에 대해 이야기해 줬다. 최근 나사렛 주요 거리에서 마약 관련 살인 사건이 있어 사람들은 어두워지면 시내에 나가기를 두려워했다.

갈릴리 지역에서 두 명의 아랍 지도자를 만나게 됐는데, 최선을 다해 중독자들을 돕고 있는 사람들이었다. 이후에는 하이파의 작은 아랍 침례 교회에서 열린 모임에 가서 젊은 아랍인 조세프가 "캠프 안의 죄"에 대해 설교하는 것을 들었다. 성령께서는 언젠가 내가 그와 일할 것이라고 말씀하셨다.

1989년 3월 15일, 뉴욕으로 돌아오기 위해 벤구리온 공항에서 출국을 기다리면서 〈예루살렘 포스트〉를 집어 들었다. "이스라엘 마약 거래상 최소 4만 명"이라는 일 면 기사가 있었다. 이스라엘의 마약 확산이 공공연해진 것이다. 기사를 보니 한 소식통은 인구가 5백만이 되지 않는 이스라엘에 중독성 마약 중독자가 10만 명이라고 줄잡았고 어떤 이들은 이 수치가 2배에 달할 것이라고 보았다. 한 크네셋(이스라엘 국회) 의원은 말했다. "중독은 이스라엘에서 안보 다음으로 큰 문제이다." 이 기사는 "마약 전염병"이 이 땅에 당도했다고 표현했다. 이것은 우리의 부르심을 마지막으로 확증해 주신 것이었다. 뉴욕으로 돌아와서 데이비드 윌커슨 목사님께 내가 배운 것들에 대해 보고했다. 목사님은 다 알고 계셨다.

나는 데이비드 윌커슨 목사님이 설립한 초교파 국제 사역자들의 모임인 월드 챌린지에서 안수를 받기 위해 1년 이상 준비해 왔고 이스라엘에서 돌아와서 학업을 마치고 시험을 치렀다. 나는 주님께 당신의 복음을 전하는 사역자로 안수받는다는 것이 진정 어떤 의미인지 보여 주시고 가르쳐 주시기를 구했고 내 인생의 말씀으로 여기는 구절을 받았다.

"너희가 나를 택한 것이 아니요 내가 너희를 택하여 세웠나니 이는 너희로 가서 열매를 맺게 하고 또 너희 열매가 항상 있게 하여 내 이름으로 아버지께 무엇을 구하든지 다 받게 하려 함이라(요 15:16)"

1989년 4월 19일 주일 아침, 나는 마크 헬린저 극장의 무대 위에서 무릎을 꿇었다. 수년 전 나는 이곳에서 열린 토니상 시상식에 턱시도를 입고 샴페인을 마셨다. 하지만 이제 거룩한 하나님의 사람들이 손을 얹고 나를 위해 기도해 주었다. 하나님의 선하심에 압도당해 나의 내면이 깨어졌다. 하나님께서만 이러한 드라마를 쓰실 수 있는 것이다.

포드햄에서의 시간이 끝나 갈 때 나는 여름 학기 야간 수업을 했다. 나는 주님께 영혼을 구원할 수 있는 내 이야기를 전할 기회를 달라고 기도해 왔다. 그것은 사실 주님의 이야기였다. 어느 날 학생들에게 <에쿠우스> 영화를 보여 주었다. 영화가 끝나고 강의실 불을 켰다. 나의 대학교수 생활이 10분 남아 있었다. 뒷줄의 한 젊은이가 물었다. "데이비스 박사님, 이 영화의 심리학자가 신을 찾은 것 같으세요?"

"아니." 나는 대답했다. "못 찾았지. 현대인의 비극이야."

그러자 놀랍게도 그가 물었다. "박사님은 찾으셨어요?"

하나님께서 내 기도에 응답해 주신 것이었다. 나는 교실을 바라보며 내가 예수님을 만난 이야기, 그분께서 내 삶을 바꿔 주신 이야기를 했다. 앞줄의 한 아가씨는 울기 시작했다. "데이비스 박사님, 저는 예수님을 원해요." 그녀는 말했다. 우리는 강의실 바닥에 무릎을 꿇었고 내가 그녀를 위해 기도했다. 학생들은 앞에서 벌어지는 장면을 보며 조금씩 강의실을 나갔다. 그녀가 마음을 쏟아 놓고 있을 때 많은 이들은 복도에 남아 있었다. 이후 그 학생은 타임 스퀘어 교회에 다녔다.

며칠 후, 학생들의 마지막 시험을 채점한 뒤 점수를 제출하고 사무실로 돌아왔다. 나는 잠시 1,500권이 넘는 책이 있는 서재를 둘러보았다. 그러고는 모든 것을 뒤로하고 돌아서서 걸어 나왔다.

7월 초, 타임 스퀘어 교회 사무실로 예루살렘에 있는 한 믿는 친구로부터 편지가 왔다. 카렌은 집에 있는 내게 전화를 걸어 편지를 읽어 주었다. 이 친구는 예루살렘에 있는 한 부부가 해외 사역을 위해 1년간 이스라엘을 떠나게 되어, 그들의 아파트가 우리에게 이상적일 것 같다고 했다. 아파트는 8월 1일부터 빈다고 했다. 나는 카렌에게 기도해 보겠다고 하고 끊었다. 예루살렘? 나는 중독자들이 많은 올드자파에 갈 줄 알았다. 하지만 거기서 우리가 살 아파트를 찾아 주기로 한 형제로부터 답장을 받지 못했다. 그리고 9월이 되기 전에는 이스라엘로 갈 계획이 없었다. 나는 생각했다. '뭐, 우리가 여기 붙들려 있을 이유도 없지.'

예정했던 것보다 한 달이나 빠른 것이었다. 주님께 이것이 정말 주님의 뜻이냐고 묻자 이 구절을 내게 주셨다.

"너는 뿔에 기름을 채워 가지고 가라(삼상 16:1)"

나는 카렌에게 전화를 걸어 가야할 것 같다고 말했다. 카렌은 막 데이비드 윌커슨 목사님에게 편지를 보여 드렸다고 했다. 첫 몇 줄을 읽으시고는 편지를 돌려주셨다는 것이다. "하나님께서 문을 열어 주고 계시네요. 가세요." 목사님께서 말씀하셨다.

타임 스퀘어 교회에서 우리가 드린 마지막 예배에서 카렌과 나는 무릎을 꿇었고 데이비드 윌커슨 목사님과 다른 목사님들이 우리를 위해 기도해 주셨다. 나는 하나님의 자비의 실재와 나 자신의 무가치함에 완전히 깨어졌다. 성령께서는 강력한 능력으로 임하셨고, 나는 강단 위 목사님들의 의자 뒤로 쓰러졌다. 새로운 기름 부으심이 나를 감쌌다.

사흘 후 카렌과 나는 이스라엘행 비행기에 올랐다.

122 카르멜로 가는 길

CHAPTER
07

예루살렘

CHAPTER 07

예루살렘

기드온이라는 한 이스라엘 성도가 텔아비브 벤구리온 공항에서 우리를 맞이했다. 기드온은 마약 중독에서 벗어났고 우리와 함께 일하고 싶어 했다. 그는 예루살렘으로 우릴 태워다 주고 5층 아파트까지 짐을 옮기도록 도와줬다. 1년 동안 임차한 이 아파트는 예루살렘 시내 중심인 킹 조지 스트리트에 있었고, 자파 로드 모퉁이 근처였다.

새 집에 정착을 하자마자 우리는 프리다 가족을 만나러 가고 싶었다. 하지만 전화를 걸었다가 충격적인 이야기를 들었다. 남편 이브라힘이 프리다가 갑자기 암이 재발해 일주일 전에 죽었다고 이야기해 준 것이다. 우리는 그 가족을 방문하기로 했다. 프리다의 겸손한 거처로 향하는 "바늘구멍"을 지나면서도 재회의 기쁨을 느끼지 못했다. 오히려 30일간의 애곡 기간에 가족을 찾은 수많은 침울한 아랍인들과 마주 앉았을 뿐이었다. 이브라힘과 사브리나를 위로하며 왜 우리가 이스라엘로 이민한 바로 이때에 주님께서 이 여인을 데려가셨을까 궁금했다. 그녀는 주님께서 우리에게 마약 문제에 대해 알려 주시기 위해 사용하신 도구였기 때문이다. 우리의 부르심은 그녀의 입술에서 나왔던 것이다. 이해가 되지 않았다. 애곡 기간이 끝난 후 사브리나는 우리 아파트로 찾아오기 시작했다. 그녀는 카렌에게 마클루비, 마자다라흐 등 어머니의 레시피들을 가르쳐 줬다. 어떤 이들은 에서가 자신의 장자권을 판 것이 맛있는 렌틸콩 요리 마자다라흐 때문이었다고 한다.

사브리나는 자신이 다니는 올드시티의 아랍 기독교인 청년 모임에 나를 데려갔다. 주님의 영이 너무나 강력히 역사해, 약 50명의 젊은 아랍인들이 주님께 나아왔다. 요르단 출신의 목사님께서 내게 설교를 부탁했다. 나는 어려운 상황 가운데 사는 이 귀중한 젊은이들에게 전할 메시지를 위해 기도하기 시작했다.

이스라엘로 떠나기 얼마 전에 카렌과 나는 브루클린에 위치한 최초의 틴 챌린지 센터에 갔었고 그곳에서 살며 일하는 부부를 만났다. 우리는 이스라엘로 가기 전 조언과 기도를 받고 싶었다. 틴 챌린지를 모델로 하여 이스라엘 최초의 주거형 마약 재활 센터를 설립하고 싶었기 때문이었다. 우리는 예수님 안에서 자유의 삶으로 변화된 말쑥하고 생기 넘치는 젊은이들을 보며 큰 은혜를 받았다. 에이브러햄은 내게 〈십자가와 칼〉을 다시 읽어 볼 것을 권했다.

예루살렘의 아파트에 자리를 잡고 나서 에이브러햄의 충고대로 〈십자가와 칼〉을 다시 읽기 시작했다. 아랍 청년들에게 말씀을 전하기 전날, 데이비드 윌커슨 목사님의 책의 한 문단을 읽고 설교가 바뀌었고 이후 몇 년간의 복음 전파에 대한 접근이 바뀌었다. 책에서 데이비드 목사님은 펜실베이니아 목회를 내려놓고 뉴욕시로 가서 갱단과 마약 중독자들에게 나아가도록 부르신다는 이야기를 하며 할아버지께 조언을 구했다. 그의 할아버지는 잉글랜드-웨일즈-네덜란드계의 은퇴한 복음 전도자로, 서유럽과 영국 제도의 종교 개혁 때까지 거슬러 올라가는 신앙의 뿌리를 갖고 있었다. 할아버지는 설교의 "램 찹(어린 양 갈빗살) 학교"라고 부르는 것을 개발했다고 이야기하며 입에 오래된 뼈다귀를 문 개의 비유를 들려주셨다.

"뼈다귀를 뺏으면서 그것이 좋지 않다고 말하면 안 돼. 그러면 개가 짖을 거야. 개는 가진 게 그것뿐이잖니. 커다랗고 통통한 갈빗살을 앞에 던져 주면 뼈를 내뱉고 갈빗살을 물 거야. 꼬리를 살살 흔들면서 말이지. 그러면 친구가 되는 거야. 사람들한테시 뼈다귀를 뺏으려 하지 말고... 새로운 시작을 이야기해 주는 거야."

나는 준비해 온 설교 원고를 찢어 버렸다. 다음 날 나는 아무런 원고도 없이 올드시티로 걸어갔다. 내겐 성경뿐이었고, 사랑과 소망, 변화의 커다랗고 통통한 갈빗살을 그 아이들에게 던져 줄 작정이었다. 그들은 예수님이 십자가에 달리셨다고 알려진 곳에서 얼마 떨어지지 않은 2층 다락방에서 모였다. 젊은 아랍 목회자가 통역을 해 주었고, 나는 예수님의 탕자의 비유로 설교했다. 나는 내 간증을 예로 들었고 예수님의 사랑으로 변화된 뉴욕 마약 중독자들의 삶에 대해서도 이야기했다.

이 50명의 아랍 청년들을 위해 결신 기도를 하려는데, 뒷문에서 한 젊은이가 나타났다. 금발의 그는 반바지를 입고, 샌들을 신고 백팩을 메고 있었다. 그는 복도를 지나 천천히 앞으로 오더니 멈추어 나를 쳐다봤다. "창문을 통해 설교를 들었어요. 제 얘기를 하고 계시더군요."

그러더니 털썩 무릎을 꿇고 흐느꼈다. 그는 자신이 독일에서 온 여행객인데 주님으로부터 도망 다니고 있었다고 했다. 그를 위해 기도를 해 준 후, 많은 아랍 청년들이 앞으로 나아와 예수님께 삶을 헌신했다. 갈빗살은 모두가 먹기에 충분했다.

주님께서 우리를 왜 예루살렘으로 데려오셨는지 아직 이해가 되지 않았지만 우리는 그 시간을 잘 쓰기로 했다. 매일 서너 시간 동안 성경 공부를 했고, 또 이스라엘과 예루살렘의 역사도 읽었다. 나는 미국의 뉴저지주 하나만 한 이 작은 나라가 어떻게 전 세계 헤드라인을 지속적으로 장식해 왔는지 알고 싶었다. 성경을 보니 온 열방이 이스라엘에 등을 돌리는 태풍의 중심에 예루살렘이 있을 것이 분명했다.

예루살렘에서 성경을 공부하며 바로 이곳 중동에서 성경과 역사가 만난다는 것을 깨달았다. 역사는 그리스 철학자들이나 톨스토이가 생각했던 것처럼 무작위 하고 예측 불가한 세력들의 결과가 아니었다. 내가 살게 된 이 나라에서 일어난 사건은 단순한 일련의 사고들도 경제, 정치, 군사력의 결과물에 불과한 것도 아니었다. 하나님께서 친히 전략적으로 확립하신 것이었다. 이스라엘에서 수 세기 전에 이사야, 예레미야, 에스겔, 예수님께서 정확하게 예언하신 사건들을 깨달으면서 참여할 수 있다는 것이 얼마나 큰 특권인지를 인식하면서 흥분과 경외감은 커져 갔다. 하나님께서 이곳을 다스리고 계셨으며, 사건들이 일어나기도 전에 역사를 쓰신 것이었다!

나는 전과 전혀 다르게 성경은 본질적으로 하나님께서 이스라엘과 관계하신 것에 대해 유대인들이 기록한 책이며, 온 세상에 본이 되도록 주신 것임을 깨닫게 됐다. 그뿐만 아니라 나는 예언서로서의 성경에 대한 신선한 통찰을 얻게 되어, 하나님의 예언의 말씀이 인간사에 가장 강력한 힘이라는 결론에 이르렀다. 하나님께서는 예레미야에게 말씀을 지켜 그대로 이루려 한다고 말씀하셨다. 이스라엘에서 우리는 하나님께서 하겠노라 하신 일을 지금도 하고 계시다는 반박할 수 없는 증거들을 보고 있었다. 우리의 할 일은 주님의 뜻을 확실히 알아서, 우리 자신을 거기에 맞추는 것이었다.

예루살렘 거리를 서닐고 있사니 선시자들의 밀이 열리는 듯했다.

"너희는 전파하며 찬양하며 말하라 여호와여 주의 백성 이스라엘의 남은 자를 구원하소서 하라 보라 나는 그들을 북쪽 땅에서 인도하며 땅 끝에서부터 모으리라 그들 중에는 맹인과 다리 저는 사람과 잉태한 여인과 해산하는 여인이 함께 있으며 큰 무리를 이루어 이 곳으로 돌아오리라(렘 31:7-8)"

"여호와의 말씀이니라 보라 날이 이르리니 내가 이스라엘 집과 유다 집에 새 언약을 맺으리라 이 언약은 내가 그들의 조상들의 손을 잡고 애굽 땅에서 인도하여 내던 날에 맺은 것과 같지 아니할 것은 내가 그들의 남편이 되었어도 그들이 내 언약을 깨뜨렸음이라 여호

> 와의 말씀이니라 그러나 그 날 후에 내가 이스라엘 집과 맺을 언약은 이러하니 곧 내가 나의 법을 그들의 속에 두며 그들의 마음에 기록하여 나는 그들의 하나님이 되고 그들은 내 백성이 될 것이라 여호와의 말씀이니라(렘 31:31-33)"

하나님의 예언의 말씀에 따라 유대 민족에겐 지금도 그들의 메시아에 대한 신성한 약속이 있다.

예루살렘에 간 지 몇 달 안 되었을 때 우리는 또한 이스라엘 내 메시아의 몸이 어떤 상태인지를 직접 보게 되었다('메시아'라는 단어는 히브리 단어 마쉬아흐에서 온 것으로, '기름 부음 받은 자' 혹은 헬라어의 '그리스도'라는 뜻이다). 우리는 예루살렘 내의 교회 대부분을 방문해 현지 유대인과 아랍인, 열방에서 온 외국인들과 교제를 나눴다. 각종 교리가 바람과 파도처럼 예루살렘에서 충돌하고 있었다. 또한 성령을 두고 굉장한 전투가 벌어지고 있었다. <십자가와 칼>은 한 메시아닉 출판사를 통해 히브리어로 출판이 됐었지만 성령 세례에 대한 모든 내용은 데이비드 윌커슨 목사님도 모르게 삭제된 상태였다.

나는 히브리어를 아직 잘 몰랐지만 히브리어를 쓰는 올드시티의 "케힐랏 하마쉬아흐(메시아 공동체)"에서 가장 편안함을 느꼈다. 이 교회는 뉴욕에서 정통 유대교인으로 자란 두 형제가 인도하고 있었다. 약 20년 전, 이들은 예수님을 만났고 이스라엘로 이주했다. 그들의 초점은 "먼저는 유대인에게"였지만 아랍인들에 대한 진심 어린 부담감도 갖고 있었다. 이들은 종종 메시아의 신부로서 지녀야 할 정결함으로의 부르심에 대해 설교했다.

우리는 예루살렘에 살고 있었지만, 나는 하나님께서 북부 미약 중독자들을 위한 사역을 시작하실 것이라고 믿었다. 갈릴리와 카르멜산에서 주님께서 얼마나 강력하게 말씀하셨는지를 잊지 않았기 때문이다. 또한 뉴욕에서 주님은 내게 아주 구체적인 말씀을 주셔서 일기장에 기록해 두기까지 했다.

> "가서 그의 제자들과 베드로에게 이르기를 예수께서 너희보다 먼저 갈릴리로 가시나니 전에 너희에게 말씀하신 대로 너희가 거기서 뵈오리라 하라(막 16:7)"

몇 달 전 나는 타임 스퀘어 교회에서 드린 한 예배 중에 환상을 보았다. 아름다운 흰색 양털 같은 구름이 카르멜산으로부터 뻗어 나와 지중해를 덮고, 갈릴리를 가로질러 골란고원의 헤르몬산까지 이르고 있었던 것이다. 나는 주님께 그것이 무엇이냐고 물었고 주님은 내 영 가운데 이렇게 말씀하셨다. "이것은 수 세대 동안 이스라엘 북부로 올라간 성도들의 기도다. 나는 내 영광을 믿고 맡길 수 있는 남은 자를 찾고 있고 그들에게 내 영을 부어 줄 것이다."

이후 주님께 이 환상에 대한 말씀의 확증을 구했다. 나는 성령에 민감한 것이 얼마나 중요한지를 배우면서, 성령님께서 특정한 때에 내가 필요로 하는 말씀으로 항상 인도해 주신다는 것을 알았다. 이번에는 시편 68편 34-35절로 인도해 주셨다.

> "너희는 하나님께 능력을 돌릴지어다 그의 위엄이 이스라엘 위에 있고 그의 능력이 구름 속에 있도다 하나님이여 위엄을 성소에서 나타내시나이다 이스라엘의 하나님은 그의 백성에게 힘과 능력을 주시나니 하나님을 찬송할지어다"

이스라엘에 도착하고 두 달 후 우리는 갈릴리의 한 아랍 목사님으로부터 전화를 받았다. 약 7개월 전 이스라엘에서 만난 적 있는 분이었다. 그분에게도 마약 중독자들에 대한 부담감이 있었고, 아랍인 수감자들을 대상으로 사역도 하고 있었다. 그분은 자신의 가족들과 주말을 같이 보내자고 카렌과 나를 초대해 줬다. 또 주일 예배 때 내가 설교를 하고 카렌이 찬양을 해 달라고 부탁했다.

우리는 차를 렌트하여 갈릴리까지 갔다. 고속 도로에서 빠져나와 목적지인 무슬림 마을로 향하는 길로 들어섰더니, 카렌이 울고 있는 게 보였다. 나는 차를 멈췄다. "무슨 일이야?" 나는 물었다.

"여보, 이 사람들에 대해 아무것도 안 느껴져요. 내 마음이 너무 차가워." 카렌이 흐느꼈다. "나는 유대 민족을 위해 이스라엘에 왔는데, 지금 아랍 마을에 있는 아랍 교회에 가서 찬양을 하게 됐잖아요. 이들은 항상 우리 민족의 적이었어요. 내가 예수님처럼 이들을 사랑하지 않는데 어떻게 거기 가서 예수님 찬양을 할 수 있겠어요? 하나님이 아랍 민족을 사랑하시는 건 알지만, 내 마음에 먼저 역사하셔야만 해요!" 우리는 차 안에 앉아 기도했다.

그리고 카렌은 성경을 꺼내 예수님이 하신 말씀을 소리 내어 읽었다.

> "너희가 너희를 사랑하는 자를 사랑하면 무슨 상이 있으리요 세리도 이같이 아니하느냐 또 너희가 너희 형제에게만 문안하면 남보다 더하는 것이 무엇이냐 이방인들도 이같이 아니하느냐(마 5:46-47)"

카렌은 주님께 정말 죄송하고 아랍 민족을 향한 당신의 사랑을 달라고 기도했다.

나는 다시 시동을 걸었고 마을로 들어갔다. 그날 아랍 교회에서 "보세요, 저는 예수님 안에서 새롭게 됐어요. 이전 것은 지나갔고 모든 게 새로워졌죠."라고 찬양하는 나의 유대인 아내가 너무나 자랑스러웠다. 카렌은 아랍 민족을 향한 주님의 마음을 받았다.

나는 로마서 4장 17절로 설교했다. "하나님은 죽은 자를 살리시며 없는 것을 있는 것으로 부르시는 이시니라" 나는 하나님께서 아랍인과 유대인 중독자들 가운데 사역을 일으키실 것임을 믿으며, 이를 위해 기도해 달라고 말했다. 이후 우리는 목사님과 함께 앉았는데, 목사님이 카렌에게 몇 년 전 정통 유대교인들이 티베리아스 근처의 유대인 신자들이 모이는 곳을 불태웠고 목사님께서 이들에게 샤밧(안식일) 예배를 위해 이 교회 건물을 쓰도록 해 주었다고 했다. 한동안 유대인 신자들이 무슬림 마을에서 예배를 드렸던 것이다. 유대인 형제들에게 다가간 이 아랍 목회자에게 귀를 기울였더니 주님께선 우리에게 당신의 마음을 다시금 나타내고 계셨다.

그해 11월, 우리는 마약 문제와 해법 즉 예수님 안의 새 삶에 초점을 맞춘 콘퍼런스를 열었다. 브루클린에서 최초의 틴 챌린지 센터를 25년 동안 이끌어 온 데이비드 목사님의 형제 단 윌커슨과 펜실베이니아에서 틴 챌린지 농장 담당자로 있다가 은퇴한 프랭크 레놀즈가 미국에서 이스라엘까지 와 주었다. 둘은 아마도 세상 누구보다 많은 중독자들과 일해 보았을 것이다. 이스라엘 전역에서 온 약 백 명의 아랍인, 유대인, 외국인들이 콘퍼런스에 참석했다. 콘퍼런스 중 같은 아랍인 목사님과 다른 여러 갈릴리 출신 아랍 신자들이 나를 찾았고, 북부에서 사역을 시작할 수 있냐고 물었다. 단과 프랭크의 강의는 모두에게 도전이 되었다.

콘퍼런스 중 하루는 '커피숍 아웃리치'에 대해 이야기하며 하나님께서 한 곳을 일으켜 주시기를 함께 기도했다. 말씀을 마쳤을 때, 하이파 출신의 한 젊은 신자가 다가왔다. 그녀는 자신을 비롯한 여러 젊은이들이 하이파의 예배처 로비에 커피숍 사역을 시작하려 했다고 했다. 내게 도와줄 수 있냐고 묻길래 그러겠노라 했다.

얼마 지나지 않아 카렌과 나는 하이파에서 열린 금요일 저녁 그 청년들의 모임에 초대를 받아 가게 됐다. 그리고 다음 날 샤밧 예배에도 갔다. 샤밧 예배에서 예수님의 열 처녀의 비유를 설교하기 전에 카렌이 찬양을 했고 나는 신랑을 기다리던 중 기름이 떨어진 어리석은 다섯 처녀에 대해 전했다. 이 교회에는 성령의 기름 부으심이 절실히 필요했다. 이 교회에서 흔히 있는 일은 아니었지만 목사님은 내게 결신 초청을 하도록 허락해 주셨다. 회중의 절반 가량이 앞으로 나아왔고, 하나님께서는 당신을 더 갈망하는 많은 이들을 만지셨다.

주님께서는 이스라엘 북부에서 사역을 할 문들을 열고 계셨다. 나는 일주일에 이틀은 예루살렘에서 히브리어를 공부하고 주말에는 갈릴리에 갔다. 우리는 나사렛 병원에서 갈릴리에 거주하는 아랍 형제들을 정기적으로 만나 북부에서 마약 센터를 시작할 계획을 세우며 함께 기도했다. 그들은 이미 중독자들을 대상으로 사역하는 비영리 단체를 구성한 상태였다. 나는 주님께서 우리보다 앞서 갈릴리로 가고 계시며, 당신의 제자들에게 이를 말해야 한다고 이야기했다. 우리는 함께 기뻐하고 기도하며 교제했다. 동시에 가렌과 나는 하이파에서 젊은이들의 커피숍 창업을 도왔다.

하루는 하이파 청년 모임에서 말씀을 전하기로 돼 있었는데, 리더들에게 모임 전 기도 시간에 함께해도 되겠냐고 물었다. 함께 기도할 때에 이 젊은이들이 마음을 열고 그 모임 가운데 하나님께서 새로운 일을 행해 주시기를 간절히 부르짖었다. 성령이 우리 위에 임했고 사람들은 죄를 고백하기 시작했다. 모임이 공식적으로 시작된 적은 없었다. 성령께서 주도하셨다. 한번 둘러 봤더니 방안이 사람들로 가득했다. 언제 그렇게 많이 왔는지 알 수 없었다. 나는 두 번이나 설교를 하려고 했지만 불가능했다. 사람들은 계속 울며 회개했다. 우리는 찬양을 시작했고, 또 한번의 회개의 물결이 덮쳤다. 마침내 나는 설교를 했고 더 많은 사람들이 죄를 깨달았다. 이후 많은 젊은이들이 나아와 마음 가운데 있는 문제와 죄들을 토해 냈다.

나는 나사렛 병원에서 마약 중독에 대처하는 성경적 원칙들에 대해 이틀간의 세미나를 했다. 의사, 간호사, 사회봉사자, 두 명의 목회자 등이 관심을 갖고 함께했다. 우리 모임은 거듭난 신자들, 명목상의 기독교인들과 무슬림들이 섞여 있었다. 세미나를 마치고 나는 〈십자가와 칼〉 아랍어판을 모든 이들에게 무료로 주었다. 무슬림 간호사 한 명이 책을 받아 들더니 내가 가르친 원칙들 중 예수를 무함마드로 바꿔서 써도 되냐고 물었다. 나는 안 된다고 했다. 모든 것이 성경에 기초한 것이며 하나님과 예수님의 말씀이 하나님께로 가는 유일한 길이라고 설명했다. 그녀는 고맙다며 테이블에 책을 두고 나갔다. 나는 그녀가 돌아와 책을 다시 가져가길 기도했다. 잠시 후, 그녀는 방으로 돌아와 미소 짓더니, 책을 가져갔다.

나는 차를 타고 갈릴리를 왔다 갔다 했다. "오 주님, 집을 보여 주세요." 기도하고 또 했다. "장소를 보여 주세요. 뉴욕에서 제게 집을 지을 거라고 약속하신 것을 기억해 주세요."

성령께서 말씀을 주셨다.

> "예수께서 성령의 능력으로 갈릴리에 돌아가시니 그 소문이 사방에 퍼졌고(눅 4:14)"

나는 하나님께서 새 일을 시작하실 시점이 코앞에 다가왔다는 기대감에 부풀어 올랐다. 하지만 이스라엘에서 우리의 "허니문"은 거의 끝났으며 이제 싸움이 시작되려 한다는 것을 알지 못했다.

CHAPTER
08

카르멜산

CHAPTER
08

카르멜산

1990년 1월이었다. 카렌과 내가 이스라엘에 온 지는 6개월이 채 되지 않았다. 한 아랍 목회자가 전화를 걸어 왔는데, 우리가 마약 재활 센터를 위해 필요로 하고 있는 곳을 카르멜산 맨 꼭대기에서 찾은 것 같다고 했다. 그 집은 엘리야가 바알의 선지자들을 무찔렀던 곳 근처의 드루즈 마을 외곽에 자리하고 있었다. 드루즈족은 주로 이스라엘 북부와 레바논, 시리아에 사는, 아랍 종교 집단이었다.

카렌과 나는 성공회 재활 센터 근처의 스텔라 카르멜에 있는 카르멜산 꼭대기에서 그 목회자와 동역자를 만났다. 아래로 보이는 갈릴리의 광경은 굉장했다.

우리는 함께 커다란 2층집을 살펴보았다. 아주 합리적인 가격에 당장 임차할 수 있는 곳이었다. 건물은 우리의 필요에 맞는 것 같았다. 커다란 주방, 모임 장소, 그리고 8개의 침실이 있었다. 드루즈족과 아랍 기독교인, 몇몇 유대인 가정들이 옆에 살고 있어서 이웃들과도 편안하게 지낼 수 있으리라 생각했다. 우리는 임대 조건을 논의하기 위해 주인을 만났다.

아랍인 친구는 드루즈인 시장을 만나 우리의 계획을 설명하는 게 중요하다고 했다. 우리는 그 다음 주에 시장과 약속을 잡고, 다시 한번 예루살렘에서 스텔라 카르멜로 차를 몰았다. 시장은 이틀 동안 우리를 만나고 싶어 하지 않았다. 중동에서 관료들은 보통 대기 시간을 늘려, 자신들이 통제권을 갖고 있다는 기분을 느끼고 싶어 한다. 우리의 중보자들은 주님께서 시장의 마음을 부드럽게 해 주시기를 기도하고 있었다.

나도 이틀간 스텔라 카르멜에서 금식하며 기도했다. 기도 가운데 성령께서는 에스겔 34장 26절과 29절로 인도해 주셨다. "내가 그들에게 복을 내리고 내 산 사방에 복을 내리며 때를 따라 소낙비를 내리되 복된 소낙비를 내리리라 내가 그들을 위하여 파종할 좋은 땅을 일으키니 그들이 다시는 그 땅에서 기근으로 멸망하지 아니할지며…" 나는 우리가 알맞은 곳에 있으며 하나님께서 이 산과 그 주변에서 역사하실 것을 확신했다. 성령께서 나를 더욱 구체적으로 인도하시는 듯했고 다음의 말씀을 내게 강력하게 새겨 주셨다.

"나의 밭을 사라… 만군의 여호와 이스라엘의 하나님께서 이와 같이 말씀하시니라 사람이 이 땅에서 집과 밭과 포도원을 다시 사게

> **되리라 하셨다 하니라 내가 매매 증서를 네리야의 아들 바룩에게 넘겨 준 뒤에 여호와께 기도하여 이르되 슬프도소이다 주 여호와여 주께서 큰 능력과 펴신 팔로 천지를 지으셨사오니 주에게는 할 수 없는 일이 없으시니이다**(렘 32:8, 15-17)"

이 말씀은 내가 주님께 받은 그 어떤 말씀보다 또렷했다. 주님께서 '밭을 사라'고 말씀하시는 걸 알았다. 나는 이것이 스텔라 카르멜에서 140m쯤 떨어져 있는 곳에서 보았던 집을 임차하라는 의미인 줄로 생각했다.

이틀 후 우리는 시장 사무실로 안내를 받았다. 이스라엘 대통령과 총리의 사진들이 뒤편 벽에 걸려 있었다. 드루즈족 대부분은 이스라엘 국가를 지지하는 이스라엘 국민이었다. 그들은 이스라엘군에서 복무하며 열렬한 전사들로 알려져 있었다. 이들은 환생 이론을 믿기 때문에, 죽고 나면 다시 드루즈인으로 태어난다고 생각해서 죽음을 전혀 무섭게 느끼지 않았다.

평상시처럼 커피를 한 잔 마신 뒤 목사님과 그의 동역자는 우리가 주거형 마약 재활 센터를 시작하기 위해 마을에 주택을 임차할 계획이라고 말했고 나는 시장에게 성경의 원칙들을 가르치는 게 우리의 방식이라고 말했다. "예수님께 생명을 드릴 때 사람은 성령을 받게 됩니다. 그 능력으로 마약 중독에서 놓이게 됩니다." 나는 이렇게 설명하며 아랍어판 〈십자가와 칼〉을 건넸다.

시장은 굉장한 흥미를 보이며 내 모든 말에 기뻐했다. 그는 자원봉사자들을 보내 우릴 도와주겠다고 했다. 나는 정중하게 그의 제안을 거절했지만, 기꺼이 관할 시내의 학교들을 방문하여 마약

예방에 대해 가르치고 싶다고 했다. 그는 자신의 마을로 우리를 환영하며, 전기나 수도 요금을 부과하지 않겠다고 했다! 우리는 악수와 포옹을 나눴다.

우리 셋은 다시 차를 몰고 스텔라 카르멜로 가며, 우리가 받은 엄청난 호의에 기뻐했다. 그날 밤, 우리는 건물을 2년간 임차하겠다는 계약서에 주인과 서명했다. 그중 한 명은 이렇게 말했다. "아랍인이 이렇게 빨리 합의를 하다니 주목할 만한 기적이네요."

카렌과 나는 여전히 예루살렘에 살고 있었고 우리의 임대차 계약은 아직 6개월이 남았다. 우리가 살게 될 카르멜산의 건물에는 엄청나게 많은 수리가 필요했다. 우리는 주기적으로 버스를 타고 텔아비브에 가서 이스라엘에 도착했을 때 공항에서 우리를 맞아 준 유대인 신자 기드온과 우리 요리사가 될 그의 아내 르네를 만났다. 우리는 함께 차로 지중해 해변을 따라서 카르멜산을 올라가 우리 건물을 수리했다. 우리 넷은 완공이 되면 주거 스태프로 함께 건물에 들어가 살 계획이었다.

하나님께서 이전 해에 내게 보여 주신 하이파 출신의 아랍 청년 조세프가 우리 팀에 들어왔다. 이것을 시작으로 아랍인 둘, 유대인 하나, 그의 이방인 아내, 카렌과 나로 이뤄진 팀을 이뤘다. 우리는 이 프로젝트의 재정을 어떻게 감당할지 감이 오지 않았다. 월드 챌린지도 어느 정도 도움을 줬지만, 매일 기도하는 가운데 주님께서 음식, 페인트, 급여 등 빠르게 쌓여 가는 우리의 모든 필요를 공급해 주시겠다는 약속을 반복적으로 받았다. 우리에게 상황은 기도 가운데 모험으로 변했다.

뉴욕에서 대학교에 사직서를 낸 지 정확히 1년 후, 나는 몇몇 사람들에게 하나님의 말씀을 가르치기 시작했다. 코트를 껴입고 우리는 카르멜산 꼭대기의 매우 추운 집 바닥 위 작은 전기 히터에 둘러앉았다. 우리는 봄에 마약 재활 사역을 시작하기로 계획했다.

카렌과 나는 예루살렘에서 히브리어를 배우고자 여전히 분투하고 있었고, 매주 카르멜산에 다니고 있었다. 어느 날 우리가 임차한 건물의 꼭대기에서 기도하고 있을 때, 나는 아름다운 무지개를 보았다. 그 한쪽 끝은 스텔라 카르멜의 지붕으로부터 나오는 것처럼 보였고, 갈릴리를 쭉 가로질러 이어지고 있었다.

우리는 동예루살렘에 있는 하나님의 성회 일꾼들과 아랍인 신자들에게 종종 사역하고 있었다. 2월 초, 한 모임에서 카렌과 나는 이러한 예언을 받았다.

"주님께서 전쟁을 하도록 그대의 손을 가르치고 계신데, 이는 철로 된 활을 꺾게 하려 하심이다. 많은 이들이 이 일에 함께하고자 할 것이나 주님께서 제하셔서 남아 있지 못할 이들이 있다. 그러나 내가 부른 자들은 남아 있을 것이다. 그대의 아내에 주목하라. 내가 그녀에게 원수의 역사를 이해할 수 있는 분별력을 주었다. 그대는 이 일을 위해 부르심을 받았으며 그대의 열매는 남아 있다."

그들은 우릴 위해 500달러의 헌금을 모아 주었다. 우리는 큰 용기를 얻었다. 이스라엘에 있는 메시아 공동체로부터 처음 받은 선물이었다.

2월의 마지막 샤밧 그러니까 우리가 건물을 임차한 지 6주가 지났을 때, 약 20명의 드루즈족 남성들이 집으로 걸어왔다. "우리는 마약 중독자들을 재활시키지 않아요. 총으로 쏩니다!" 그들은 서로 아랍어로 이야기했다. "여기로 중독자를 데려오면 내가 쏴 버릴 거요. 그리고 그 미국인 부부가 여기로 이사한다면 그들도 쏠 거요. 그 다음엔 건물을 날려 버리지!"

그들과는 말싸움이 안 됐다. 진지하게 하는 이야기였다. 그들은 무기를 갖고 있었으며, 장난으로 하는 이야기가 아니었다.

나는 단 윌커슨에게 전화를 해서 무슨 일이 있었는지를 말했다. "드루즈족이 뭐죠?" 그는 물었다. 나는 우리가 완전히 새롭고 낯선 상황에 접어들었고 이전에 우리에게 주신 윌커슨 가족과 같은 "자원"이 더 이상 무익하다는 것을 깨닫게 됐다. 우리는 오로지 주님께만 의지해야 했고 주님께선 그렇게 하길 원하셨다.

그 충격에서 벗어났을 때 나는 기도 가운데 주님께로 나아갔다. 계속해서 나는 "밭을 사라... 나에게 너무 어려운 일은 없다."는 감동을 받았다. 그때까지 그렇게 친근했던 드루즈족인 시장은 이제 우리를 만나거나 우리의 전화를 받으려고도 하지 않았다. 우리는 모두 스텔라 카르멜에 모여 재활 센터를 운영하는 영국 목회자 부부와 함께 기도했다.

2주 후, 우리 아랍 형제들이 예루살렘에 있는 내게 전화하여 우리가 잘못 판단한 것 같다고 말했다. 그들은 우리가 임차한 건물이 잘못된 장소라고 생각했던 것이다. 전화를 끊었을 때 카렌과 나는 놓임을 느꼈다. 우리를 짓누르던 영적 중압감이 갑자기 사라지고 우리는 남다른 평안을 느꼈다.

그럼에도 불구하고 벌어진 일이 현실로 다가오면서 나는 주님 앞에 통곡하게 되었다. "밭을 사라고 말씀하지 않으셨어요? 제가 주님의 음성을 잘못 들었나요?" 나는 울었다. 응답은 없었다. 주님께서는 그래도 우리가 당신을 신뢰하는지 보시고자 시험하고 계셨다. 우리는 탈곡되고 있었다. "...한 알의 밀이 땅에 떨어져 죽지 아니하면 한 알 그대로 있고 죽으면 많은 열매를 맺느니라(요 12:24)" 비전은 죽어야 했지만 죽음은 고통스러운 것이었다. 우리는 산꼭대기로부터 굴욕의 골짜기로 떨어졌다.

그래도 나는 포기할 수 없었다. 우리는 임차한 집으로 돌아가 옥상에서 기도했다. 여러 드루즈족 남성들이 모였고, 집을 향해 언덕을 올라오기 시작했다. 나는 그들을 만나러 내려갔지만 그들의 언어는 전혀 몰랐다. 나는 예수님이 그들을 사랑하시고 그들을 위해 죽으셨다고 말하고 싶었다. 우리는 그냥 거기 서 있었다. 나는 무력했고 결국 차를 타고 떠났다.

한편 나는 조세프와 다른 아랍 목회자 한 명과 함께 하이파에서 마약 중독자들의 집을 방문했다. 아버지, 어머니, 딸과 아들(헤로인 중독)로 구성된 가족 모두가 바닥에 무릎을 꿇었고, 아들에게 용서해 달라고 구하는 아버지와 함께 통곡했다. 목회자 친구는 그런 것은 본 일이 없다고 했다. "무슨 일이 있었던 거야?" 떠나면서 그는 내게 물었다.

"성령이 임하셨어. 그래서 그런 거야!" 나는 대답했다.

주님께서는 여전히 카르멜산 기슭에 있는 하이파의 중독자들에게로 나를 인도하고 계셨지만, 우리는 산꼭대기의 집을 잃었다. 나는 혼란스러웠고 무슨 일인지 이해할 수가 없었다.

하나님께서 잠잠하실 때는 우리 마음속에 무엇이 있는지를 보여 주고자 하실 때가 많다. 압박과 위기는 우리의 진정한 의도가 무엇인지를 끌어내는 경향이 있다. 매일 주님을 구하면서 나는 점차 내 교만을 보게 되었다. 주님을 위해 무언가를 하겠다는 열정 가운데 나는 독자적으로 행동했었다. 나는 그 집을 다섯 명의 유대인 중독자와 다섯 명의 아랍인 중독자를 첫 거주자 삼아 깔끔하게 시작할 것으로 상상했다. 대학교에서 했던 것과 같은 프로그램들을 계획하고 있었으며 주님보다 앞서 달렸다. "무릇 하나님의 영으로 [계속적으로] 인도함을 받는 사람은 곧 하나님의 아들이라(롬 8:14)" 나는 좋은 아들이 되고 싶었다. 내 영은 애통했지만 더 중요한 것은 주님의 영을 애통하게 해 드렸다는 것이었다. 이 시련은 내게 내 마음속에 있는 추한 것을 보여 주었고 나는 그 추악함이 뿌리 뽑히길 원했다. 나는 더 이상 "나만의 것"을 하길 원하지 않았다. "주님의 것"을 하고 싶었다.

이 기간에 동예루살렘의 아랍 교회에서 설교를 했는데, 풀무불에 던져진 세 히브리 소년들에 대한 메시지였다. 나는 그것을 "불 속의 노래"라고 불렀다. 그들의 시련 한가운데 "하나님의 아들과 같은 이"가 불 속에 그들과 함께 계셨다(단 3:25 참조). 우리의 믿음이 시험받아 정제되고 있는 동안, 우리는 주님께 이 은혜로운 약속을 받았다. "모든 은혜의 하나님 곧 그리스도 안에서 너희를 부르사 자기의 영원한 영광에 들어가게 하신 이가 잠깐 고난을 당한 너희를 친히 온전하게 하시며 굳건하게 하시며 강하게 하시며 터를 견고하게 하시리라(벧전 5:10)"

함께 일을 시작한 두 명의 아랍 기독교인들과 계속 동역할 수 없으리라는 것이 우리에게 명백해졌다. 우리는 건물을 하이파 대학교 학생들에게 전대(轉貸)하기로 했다. 이 아랍 신자들을 깊이 사랑하긴 했지만 우리의 비전이 같지 않다는 것을 깨달은 것이었다. 마지막으로 나사렛으로의 먼 길을 운전하려는데, 상황을 아는 한 친구가 전화를 해 자신에게 내가 들어야만 하는 테이프가 있다고 말했다. "누구 테이프야?" 나는 물었다.

"데이비드 윌커슨 목사님." 그는 대답했다.

"예루살렘에서 나오는 길에 가져갈게."

카렌과 나는 요르단 계곡으로 운전해 가며 여리고를 통과했을 때 테이프를 틀었다. 데이브 형제는 사무엘상 13장의 말씀으로 "교만이라는 끔찍한 죄"를 설교하고 있었다. 사울왕은 교만 때문에 길갈에서 사무엘 선지자를 기다리지 않았다. 그는 하나님께 불순종하고 자기 손으로 해결하려 했다. 테이프에 녹음된 우리 목사님 목소리를 들으며 나는 차창 밖을 내다봤다. 왼쪽으로 길갈을 지나는 가운데 나의 영적 아버지께서 테이프를 통해 내게 말씀하고 있었던 것이나.

데이브 형제는 타임 스퀘어 교회가 처음 시작되었을 때 자신도 하나님을 압박했었다고 고백했다. 예배를 위해 마을 회관을 임차하면서 참을성이 없었고 주님께서 약속하신 브로드웨이 극장을 서둘러 주시기를 바랐다고 말했다. 데이브 형제는 육으로 상황을 추진한 것을 회개했고 이제 온 회중 앞에 서서 자신의 교만을 고백한 것이었다. 그의 말씀을 들으면서 깊은 책망이 내 위에 임했다.

데이브 목사님은 교만이라는 죄가 사울을 무너뜨렸다고 설명했다. 그는 기름 부으심을 잃었고 결국 길보아산에서 자살을 했다. 이후 블레셋은 머리가 잘린 그의 몸을 벳스안의 성벽에 못 박았다. 데이브 형제가 이야기의 이 부분을 말해 줄 때 우리는 실제로 벳

147

스 샨(벳스안)을 빠져나가고 있었으며 왼쪽으론 길보아산이 나타났다. 더 이상 감당할 수가 없었다. 나는 길 한편에 차를 세웠다. 주님께 그리고 아내에게 내 교만을 고백했다. 데이브 목사님의 메시지는 하나님께서 내게 보여 주고 계시던 것을 확인해 주었다. 나는 거룩하신 하나님께서 보시기에 교만이 얼마나 끔찍한 것인지를 그 어느 때보다 또렷이 깨달았다. 나는 그 모든 것을 내려놓고, 비전도 놓고 하나님으로 하여금 당신의 방법대로 행하시게 해야 했다.

나사렛에서 가진 모임에서 나는 사람들에게 그들과 함께 일할 수 없을 것이라고 말했다. 두 개의 비전이 있을 때는 나눠져야 한다고 설명했다. 고통스러운 모임이었지만 필요한 것이었다. 산꼭대기의 집에서 탄생한 비전은 죽었다. 카렌과 나는 또 다시 홀로였지만, 우리는 옳은 일을 했다는 걸 알았다. 우리가 알지 못했던 것은 주님께서 우릴 놀라게 해 줄 준비를 하고 계시다는 것이었다.

예루살렘으로 돌아갔을 때 나는 금식하며 열심으로 기도했다. 우리는 시민권을 신청했지만 진전이 없는 상태였다. 4월 4일, 우리의 관광 비자가 만료되는 날, 나는 일찍 일어나 마가복음을 읽기 시작했다. 충격적이었던 것은 "곧"이라는 단어의 반복이었다. "성령이 곧 예수를 광야로 몰아내신지라" "곧 그물을 버려 두고 따르니라" "곧 부르시니 그 아버지 세베대를 품꾼들과 함께 배에 버려 두고 예수를 따라가니라(막 1:12, 18, 20)" 이 단어는 1장에서 최소한 10번이 쓰였다. 카렌이 일어났을 때 나는 내무부로 돌아가서 다시 신청을 해야겠다고 말했다. "언제?" 그녀가 물었다.

"곧." 나는 대답했다.

그날 아침 우리는 6개월 전 갔던 그 사무실을 다시 찾았다. 유월절을 기념하기 위해 일주일간 모든 관공서가 문을 닫기 하루 전이었다. 지난번 찾아온 이후로 소련이 무너졌고 러시아 유대인들이 마침내 고토로 돌아오고 있었다. 이전엔 텅 비었던 홀들이 이제 러시아어를 쓰는 이민자들로 가득 찼다. 직원이 우리 번호를 불렀고 우리가 방으로 들어가자 비서가 타자기로 우리 서류를 작성하기 시작했다. 15분 후, 우리는 러시아의 파도에 휩쓸려 이스라엘 시민권을 받아 자파 도로에 서 있었다.

카렌과 나는 예루살렘 최고의 스테이크 하우스에서 자축했다. 레스토랑의 스피커에선 헨델의 "메시아"가 흘러나오고 있었다. 카렌은 헨델과 바흐의 성스러운 작품들을 노래하고 연주하던 자신의 학생 시절 내내 주님께서 자신을 부르고 계셨다는 생각에 울음이 터졌다. 카렌은 어렸을 적 음악의 아름다움에 너무나 압도되어 자신의 파트를 거의 부를 수 없었던 때를 떠올렸다. 이스라엘의 메시아에 대한 영광의 찬양을 다시 듣는 지금, 카렌은 주님을 만나기 수년 전에 주신 약속을 떠올렸다. 주님께서는 언젠가 카렌이 유업으로 받은 땅에 살며 당신의 사랑을 동족 유대인들에게 전할 것이라고 말씀하셨다.

카르멜산에서 참패를 당한 것 같은 상황 중에 하나님께서는 우리를 당신의 땅에 심으셨다. 카렌은 나를 쳐다보며 말했다. "주님께서 우리가 머무르기를 분명히 바라시는 것 같아."

150 카르멜로 가는 길

CHAPTER
09

역경의 골짜기는
소망의 문

CHAPTER
09

역경의 골짜기는 소망의 문

 카르멜산 비탈의 북쪽 끝에는 두 개의 거대하고 낡은 아랍식 긴 물이 있는데, 이것은 한때 믿는 자들의 공동체가 사용했던 것의 잔해이다. 하이파항을 내려다보는 이 두 구조물 중 더 오래된 것은 1900년에 지어졌다. 영국 기독교인들이 의사, 간호사, 자원봉사자들로 구성된 의료 클리닉을 운영했는데, 이들은 아랍인과 유대인 모두를 진료해 주었다. 한 의사는 50년간 그곳에 살면서 애를 썼다. 하이파의 일부 장년 주민들은 지금도 처처 의사가 당나귀를 타고 까만 가방에 까만 성경을 들고 왕진을 오던 따뜻한 추억을 떠올린다. 그가 당나귀를 세워 두던 작은 석조 건물은 지금도 있다.
 이후 1930년대에는 〈나의 발을 사슴과 같게 하사〉의 저자 하나 허나드가 바로 이 건물에 살면서 일했다. 〈그 땅의 여행자〉라는 책에서 하나는 주님께서 그 건물에서 있었던 기도 모임에서 자신에게 말씀하신 이야기를 한다. 주님께서는 당시 "팔레스타인"으로 불리던 곳의 모든 유대 정착촌을 방문하라고 하셨다(주후 70년, 예루살렘의 제2성전을 파괴한 이후 로마는 이스라엘의 이름을 "팔레스타인"으로 바꿨다. 이 새 이름은 이스라엘의 오랜 원수 "블레셋"에서 가져온 것이었다. 로마는 유대 민족의 모든 흔적을 박멸하려는 것이었다). 하지만 신약은 이스라엘 땅의 문제에 대해 분명히 말씀한다. 이스라엘이라는 이름이 여러 곳에 나온다. 요셉, 마리아, 아기 예수는 "이스라엘 땅"으로 돌아왔다(마 2:20-21). 예수님께서는 열두 제자들을 "이스라엘 집의 잃어버린 양"에게로 보내셨다(마 10:6). 예수님은 제자들에게 "이스라엘의 모든 동네"를 다 다니지 못하고 인자가 오실 거라고 하셨다(마 10:23).

하나 허나드는 주님께 차와 히브리어를 통역해 줄 사람을 구했다. 주님께서는 그녀에게 믿는 유대인을 보내 주심으로 응답하셨는데, 그는 히브리어와 영어 모두 능통한 사람이었다. 그리고 차는 잉글랜드의 아버지가 보내 주셨다. 그녀는 주님께 순종하여 모든 유대인 마을에 복음을 전했고, 후에는 모든 무슬림 마을까지 갔는데 아주 어려운 상황일 때가 많았다.

1년 앞서 "땅을 정탐하러" 왔을 때 나는 건물 두 채를 봤는데 모두 내놓은 것이라고 들었다. 그 건물들을 소유한 잉글랜드의 단체는 재정적 문제를 겪고 있었다. 그들의 현지 대리인이 믿는 유대인이었는데 내게 그 단지를 사는 데에 관심이 있냐고 물었다. 하지만 나는 거액 모금을 시작하도록 주님께서 인도하심을 느낄 수 없었다. 카렌과 내가 예루살렘으로 이사하여 하이파로 왔다 갔다 하기 시작한 뒤 나는 그 낡은 건물 두 채 중 한 곳에서 밤을 지새는 경우가 많았다.

한번은 우리 일이 산꼭대기에서 중단되었는데, 단지 에이전트가 내게 건물 한쪽 꼭대기 층에 있는 아파트가 곧 임대로 나올 것이라고 말해 주었다. 카렌과 나는 그곳을 보러 갔다. 그곳에 살고 있는 가족은 다른 이들과 함께 오랜 시간 이 건물이 마약 중독자들을 돕는 데에 사용되도록 기도해 왔다고 했다. 우리는 그들과 함께 이 단지를 향한 하나님의 목적이 성취되도록 기도했다.

1990년 5월의 마지막 날, 카렌과 나는 예루살렘에 있는 우리 집 거실에서 기도를 했고 나는 두 가지 환상을 보았다. 한 장면은 미사일이 이스라엘에 떨어지고 유대 민족이 몇몇 신자들을 향하여 신약을 달라고 하는 모습이었다. 두 번째 환상은 카렌과 내가 하이파의 단지에서 다른 이들과 함께 하나님을 찬양하는 모습이었다. 2주 후 우리는 제안받은 아파트를 임차하여 하이파로 이사했다.

예루살렘의 많은 신자들이 북쪽으로 이사하는 우리를 위해 기도하고 있었다. 떠나기 전 나는 "아골 골짜기는 소망의 문(호 2:15 참조)"이라는 제목으로 설교를 했다. 히브리어로 아골은 "곤란"을 뜻하는 것이다. 우리는 "곤란의 골짜기"에 있었지만, 이사를 하는 것이 하나님께서 우리를 소망의 문으로 인도해 주시는 새로운 시작임을 감지했다.

카렌과 나는 아랍식 빌라의 꼭대기 층에 위치한 큰 아파트에 새로 살림을 꾸렸다. 일꾼들과 해외에서 온 봉사자들이 3층 건물의 우리 아랫집에 살았다. 정문 현관에서는 하이파만, 항구, 그리고 지중해가 보였다. 맑은 날이면 우리는 북쪽으로 40km가량 떨어진 레바논까지도 볼 수 있었다. 내가 주님과 홀로 시간을 가질 수 있는 작은 공부방 겸 기도실도 있었다.

하게펜(**포도나무**) 길에 위치한 이 단지는 가파른 카르멜산 기슭 안에 세워져 있었다. 아주 오래된 올리브나무와 무화과, 귤, 아몬드, 레몬 그리고 자몽나무까지도 단지 내에 자라고 있었다. 건물 자체는 리노베이션이 절실히 필요한 상태였고 한때 아름다웠던 땅과 정원도 전혀 관리가 되지 않아 잡초가 무성해진 상태였다. 건물들이 매물로 나왔기 때문에 우리는 겨우 6개월만 임차할 수 있었는데 그게 1990년 말까지였다.

새로 이민을 왔기에 우리는 5개월간 무료 집중 히브리어 학습을 제공받았다. 우리는 올림(**히브리어로 "이민자"라는 뜻, 하늘로 올라가는 번제를 뜻하는 어근에서 파생**)이라고 불렸는데 올림은 또한 월세도 거의 다 낼 수 있도록 5개월간 수당을 받았다. 카렌과 나는 우리가 사는 곳에서 여러 블록 떨어진 곳에 있는 이민자 정착 지원 센터 안에 있는 학교에 걸어 다녔다. 30명이 있는 우리 반에는 우리 말고 미국인은 한 명뿐이었다. 다른 모든 학생들은 구소련에서 온 러시아어 사용자들이었다. 아마 내가 반에서 가장 나이가 많았을 것이고 분명 최악의 학생이었을 것이다. 바로 1년 전만 해도 대학교수였는데 이제는 선생님께 이름을 불려 또 부끄러움을 당할까 봐 공포와 떨림 가운데 앉아 있었다. 브로드웨이 극장에서 음향 시스템을 운영하려고 하는 것보다 훨씬 좋지 않았다!

물론 러시아인들은 모두 우리가 왜 "돈이 나무에서 열리는(그들은 그렇게 생각했다.)" 미국을 떠났는지 도무지 이해하지 못했다.

우리는 히브리어가 늘어 가고 있었기에 이 소중한 동급생들 여럿에게 우리의 이야기와 복음을 전할 수 있었다. 구소련에서 그들은 극심한 억압을 받았다. 대부분은 성경을 가져 본 적도 읽어 본 적도 없었다. 내가 미국에서 읽은 <닥터 지바고> 같은 러시아 책들이나 알렉산드르 솔제니친 등의 작품도 금지되어 있었다. 이제 드디어 이스라엘에서 자유를 맞은 이들은 새로운 사상에 대해 열려 있었다.

어느 날 아침, 이스라엘의 공군 대위 한 명이 우리 반에 와서 연설을 했다. 큰 지도를 펴고 시리아인들과 이집트인들이 함께 욤 키푸르 전쟁 시발에 이스라엘을 공격해 온 이야기를 들려주었다. 그는 자신이 골란고원 상공으로 자신의 전투기 편대를 이끌고 가다가 시리아 미그 제트 전투기와 마주친 것을 얘기해 주었다. 그의 가장 친한 친구가 격추되어 죽었다고 했다.

러시아 이민자들 일부가 손을 들었다. "시리아가 어떻게 미그기를 갖고 있나요?" 한 사람이 물었다.

"러시아에서 온 거죠." 대위가 대답했다.

소련이 아랍 국가들을 무장시켜 줬음을 알고 그들은 충격을 받았다. 카렌의 친구 중 하나는 굉장히 속이 상했다. "전혀 몰랐어요." 수업 후 그녀는 카렌에게 말했다. 이전의 자신의 나라가 이스라엘의 원수들을 무장시켰다는 사실에 대해 굉장히 수치심을 느꼈다.

우리 각자는 히브리어로 5분 동안 발표를 해야 했다. 내 차례가 되었을 때 나는 겁에 질렸지만 나는 주님께 간증을 할 수 있도록 도와 달라고 기도했다. 과거를 되짚으면서 나는 동급생들에게 내가 러시아의 고전인 안톤 체호프의 <세 자매>에서 베르쉬닌 대령 연기를 했었다고 말했다. 그 이후로 그들의 나를 향한 냉전적 태도는 눈에 띄게 녹아내렸다. 러시아 출신의 동급생 일부는 나를 "대령" 혹은 "베르쉬닌"이라고 부르기 시작했다. 때때로 나에게 경례를 하는 이들도 있었다! 내가 뉴욕에서 주님을 어떻게 만났는지를 설명하려는데 선생님이 갑자기 호출을 받아 교실에서 나갔다. 주님께서 기회의 문을 열어 주신다는 걸 알 수 있었다.

수업 발표를 위해 카렌은 작은 신시사이저를 가져가 히브리어로 두 곡을 찬양했다. 학교장이 카렌에 대한 이야기를 듣고 학교 전체를 위해 카발라트 샤밧(안식일을 맞이하는 노래)을 불러 달라고 했다. 카렌이 노래한 날 우리는 단지 내의 한 무리에게 그 시간을 위해 기도해 달라고 했고, 한 신자와 나는 홀 뒤편에서 기도했다. 수백 명의 이민자들과 교사들을 앞에 두고 강당 무대 위에 섰을 때, 카렌은 히브리어로 이사야서 61장 1-2절 말씀을 읽고 노래했다.

> "주 여호와의 영이 내게 내리셨으니 이는 여호와께서 내게 기름을 부으사 가난한 자에게 아름다운 소식을 전하게 하려 하심이라 나를 보내사 마음이 상한 자를 고치며 포로된 자에게 자유를, 갇힌 자에게 놓임을 선포하며 여호와의 은혜의 해를 선포하여"

성령이 그 자리를 가득 채우셨다. 어떤 이들은 울기 시작했다. 한 여성은 벽으로 달려가 손가락으로 귀를 막았다. 그날은 마침 우리 선생님 생일이었는데, 선생님은 울면서 카렌에게 다가왔다. "이렇게 특별한 생일 선물을 주셔서 정말 감사해요. 너무나 아름다웠어요. 심금을 울리네요." 사람들이 줄을 지어 나갈 때 카렌은 몇몇 이들에게 간증을 하며 러시아어 성경을 나눠 주기도 했다.

우리는 러시아인들의 마음이 열려 있어서 큰 용기를 얻었지만 일부 믿는 유대인들의 태도가 부정적이라 낙심하게 됐다. 유대인과 일할 것인가 아랍인과 일할 것인가 물으면 우린 항상 "둘 다."라고 대답했기 때문이다.

사람들은 이렇게 말하곤 했다. "그럴 순 없을 거에요." 그러면서 그들은 "두고 보세요"라고 말하듯 우리를 쳐다봤다. 물론 카르멜산 정상에 마약 재활 사역을 심으려는 우리의 실패한 시도는 어쩌면 그들이 옳게 보이도록 만들었을지 모른다. 한 메시아닉 유대인 의사는 내게 말했다. "마약 중독자들은 도와줄 수 없어요. 내가 알아요. 해 봤거든요."

"저는 사람의 지혜를 믿지 않아요." 나는 대답했다. "하나님의 능력을 믿습니다."

때때로 이렇게 일부 회의적인 신자들과 만남을 갖고 난 뒤 카렌과 나는 집에 가서 낙심의 영을 꾸짖곤 했다. 그러고서 주님을 찬양하며 우리에게 주신 약속 위에 굳게 섰다.

부정적인 이야기들이 만연한 가운데 네 쌍의 젊은 부부가 내게 "성결한 신앙생활"을 주제로 주간 성경 공부를 시작해 달라고 부탁해서 깜짝 놀랐다. 우리가 하이파로 이사하고 일주일밖에 안 되어서 더 기분이 좋았다. 한 부부는 아랍인으로 조세프와 그의 아내였고, 나머지 셋은 유대인들이었다. 주님께 중독자들과 함께 일하라고 부르신 유대인과 아랍인을 보여 주실 것을 기도하고 있던 차였다. 나는 이 갈급한 젊은이들을 위해 목요일 밤마다 성경 공부를 시작하기로 했는데, 이것이 중독자들을 섬기고 싶어 하는 이들을 위한 기초가 될 수도 있을 것 같았다. 나는 중독적인 생활 방식으로 인한 더러움과 수모에 묶인 사람들에게 사역을 하면서 조금이라도 성공을 바라려면 우리 일꾼들이 주님 앞에서 깨끗해야 한다고 믿었다.

단지로 이사한 지 열흘밖에 안 되었는데 하나님의 거룩하심과 "성결의 대로"로 행해야 하는 신자의 책임에 대해 가르치고 있었다. 나는 예수님의 복음이 더러운 세상에서 깨끗한 삶을 살 능력을 준다고 설명했다. 성경 공부 소식은 퍼져 나갔다. 한 달 만에 50명이 넘는 유대인, 아랍인, 이방인들이 우리 집 거실, 부엌, 복도 그리고 발코니까지 들어찼다.

카렌은 신시사이저를 연주했고 히브리어, 아랍어, 영어로 하나님을 높여 드리는 찬양이 단지에 울려 퍼졌다. 성령께서 역사하시기 시작했다. 우리는 여러 마약 중독자들을 위해 기도했다. 믿는 이들은 회개하며 자기 죄를 고백했다. 몇몇 부부들은 결혼 상담을 요청해 왔다. 어떤 이들은 갈릴리 지역에서 차를 몰고 찾아와 "말씀과 예배"를 위해 왔다고 말했다. 이스라엘에 온 지 1년 만에 카렌과 나는 점점 커져 가는 가정 모임의 필요를 채우고자 애를 쓰고 있었다.

이스라엘에는 시내 및 시외버스 시스템이 탁월했지만 우리에겐 차가 필요했다. 중동의 한여름 더위는 고문이라 할 만했고 나는 종종 중독자들의 가정을 방문하러 다녔던 것이다. 이 상황을 두고 기도하는 가운데 우리는 시편 121편의 약속을 받았다.

"여호와는 너를 지키시는 이시라 여호와께서 네 오른쪽에서 네

그늘이 되시나니 낮의 해가 너를 상하게 하지 아니하며 밤의 달도 너를 해치지 아니하리로다(시 121:5-6)"

다음 날 이스라엘을 떠나는 한 신자가 우리에게 전화했다. 그는 가족들이 미국으로 돌아갈 비행기표 값 정도만 주면 차를 넘기고 싶다고 말했다. 그도 과거에 마약 중독자였기 때문에 거의 새 것인 자기 차가 마약 중독자들을 위한 사역에 쓰이면 좋겠다고 말했다. 우리는 이것이 하나님의 선물임을 알았다. 에어컨까지 있었다! 여름은 너무 더워서 대부분의 상점과 회사들은 오후에 문을 닫는다. 많은 이들이 열을 차단하기 위해 창문을 닫고 실내에 머문다. 우리가 하이파에서 처음으로 맞는 8월을 살아갈 수 있도록 때맞춰 주신 것이다.

우리는 아직도 매물로 있던 단지를 위해 계속 기도했다. 지역 부동산 개발사들은 그 단지를 구매하여 건물들을 부수고, 고층 아파트를 세우고 싶어 했다. 뉴에이지 이단인 바하이교도 그곳을 원했다. 그들은 카르멜산 북쪽 끝 전역의 토지와 건물을 사들이고 있었다. 그들의 국제 본부와 황금 돔 사원은 하이파만 건너 아코에 있는 바하이 선지자의 무덤을 마주하고 있었고 카르멜산에 있어서 우리와 가까웠다. 구매하려는 사람이 집을 찾아와 아파트를 측정해 가는 일이 생기면서 우리는 강력한 기도 전쟁으로 들어가 하나님의 말씀을 선포하고 주님께 "성문에서 싸움을 물리치시라(사 28:6 참조)"고 부르짖었다. 이스라엘 전역과 전 세계 기도 모임들로부터 하이파의 이 단지를 하나님의 일과 목적을 위해 구해 달라는 기도가 올라

161

갔다. 건물을 향한 싸움 가운데 카렌은 주님께 이 말씀을 받았다.

> "...내가 너희를 모든 죄악에서 정결하게 하는 날에 성읍들에 사람이 거주하게 하며 황폐한 것이 건축되게 할 것인즉 전에는 지나가는 자의 눈에 황폐하게 보이던 그 황폐한 땅이 장차 경작이 될지라 사람이 이르기를 이 땅이 황폐하더니 이제는 에덴 동산 같이 되었고 황량하고 적막하고 무너진 성읍들에 성벽과 주민이 있다 하리니 너희 사방에 남은 이방 사람이 나 여호와가 무너진 곳을 건축하며 황폐한 자리에 심은 줄을 알리라 나 여호와가 말하였으니 이루리라(겔 36:33-36)"

이 기간 동안 영국 기독교 사역 단체에서 온 두 사람이 유대인과 아랍인들이 함께 예배하고 있던 우리 모임에 참석한 적이 있었다. 그들은 주로 무슬림 사역을 하고 있었는데, 영국에서 기도 모임 중에 카르멜산을 향한 "한 새 사람"의 비전을 동일하게 받았다. 카렌과 내가 이스라엘로 오기 전에 그들은 이 단지와 산 정상의 재활 센터인 스텔라 카르멜을 위해 기도하고 있었다. 한 스위스 복음주의 단체 지도자들이 단지에 도착했을 때에 이 두 중보자들은 우리와 함께 지내고 있었다.

스위스 사역 단체는 이스라엘의 유대인과 아랍인을 대상으로 오랫동안 사역해 온 역사를 갖고 있었고, 카르멜산에 신자들을 위한 콘퍼런스 센터가 있었다. 스위스 리더십 팀과 우리 집 거실에서 모였을 때, 두 명의 새로운 영국 친구들이 응접실에서 조용히 기도를 하고 있었다. 나는 하이파와 이스라엘 전역에 전염병과 같이 퍼진 마약이 얼마나 심각한지와 우리가 아랍인과 유대인에게 "선한 사마리아인"과 같은 사역을 하고 싶은 마음을 이야기했다. 나는 우리가 주님께서 우리의 일을 위해 주신 비전을 믿는다고 설명했다. 이사야 58장 7-8절에 기초한 유대인과 아랍인 중독자들을 위한 사역을 일으키는 것 말이다.

> "또 주린 자에게 네 양식을 나누어 주며 유리하는 빈민을 집에 들이며 헐벗은 자를 보면 입히며 또 네 골육을 피하여 스스로 숨지 아니하는 것이 아니겠느냐 그리하면 네 빛이 새벽 같이 비칠 것이며 네 치유가 급속할 것이며 네 공의가 네 앞에 행하고 여호와의 영광이 네 뒤에 호위하리니"

하이파항을 바라보는 현관에 서서 스위스 대표에게 어디서 태어났는지를 물어봤다. 스위스라고 대답할 거라고 생각했는데 마이어 씨는 놀랍게도 "하이파"라고 했다. 그의 아버지와 할아버지는 카르멜산과 갈릴리에서 일하며 유대인과 아랍인에게 복음을 전했다고 했다. 그는 하이파에서 자랐고 어렸을 때 당나귀를 타고 산을 오르던 기억도 있다고 했다. 그는 중앙 버스 정류장을 가리켰다. "저희 아버지는 버스 정류장 근처에 있는 공동묘지에 묻히셨어요." 그가 말했다.

마이어 씨는 분명 하이파에 만연한 마약에 대해 들었을 때는 속이 상했을 것이다. 나는 그에게 이 단지의 진료소에서 우리보다 앞선 개척자들이 시작한 전인적(육, 혼, 영) 사역을 이어 가는 것이 우리를 향한 부르심이라고 믿는다고 했다. 우리는 모두 함께 기도했고 그들은 떠나갔다.

모임 가운데 우리는 그 어느 때보다 단지를 위해 열심으로 기도했다. 이 스위스 기독교인들이 건물들을 사서 그토록 중요한 전

초 기지가 하나님 왕국의 대적들의 손에 넘어가는 일을 막게 되기를 전 세계의 신자들이 기도하고 있었다. 3주 후 카렌은 전화 한 통을 받았다. 대화를 나눈 뒤 카렌은 나를 쳐다봤다. "스위스 사람들이 단지를 사기로 결정했대요." 카렌은 말했다. "우리가 여기서 재활 센터를 시작하기를 원한대요." 우리 둘은 무릎 꿇고 주님께 감사를 드렸다.

우리 아파트에서 가진 어느 목요일 철야 모임의 말미에 주님의 임재가 특별히 달콤하게 느껴졌다. 그 밤의 메시지는 주님께 "다른 향(출 30:9)"을 사르는 위험에 대한 것이었다. 여호와께서는 당신의 말씀으로 우리를 훈계하셨으며 잠잠한 임재로부터 순결하고 즉흥적인 찬양이 일어나 그 자리를 채웠다. 카렌은 아랍어, 히브리어, 영어로 우리가 찬양하도록 인도했다. 이곳에 모인 우리의 새로운 가족을 둘러보며 나는 경이로움을 느꼈다. 유대인, 아랍인, 호주와 뉴질랜드, 스웨덴, 노르웨이, 루마니아, 아프리카, 일본, 한국, 러시아, 잉글랜드, 아르헨티나에서 온 일꾼들이었다. 우리 가운데에는 홀로코스트 생존자, 무슬림 출신으로 최근 지중해에서 세례를 받은 자, 아랍 록 밴드 출신으로 나이트클럽의 세계를 떠나 예수님을 섬기기로 한 이들도 있었다. 나는 다윗왕의 말씀으로 기도할 때 하나님의 신실하심에 압도되었다. "주 여호와여 나는 누구이오며 내 집은 무엇이기에 나를 여기까지 이르게 하셨나이까(삼하 7:18)"

하나님께서 우리의 목요 철야 모임을 계속 축복해 주셨는데, 나는 다양한 지역 교회에서 설교도 했고 스텔라 카르멜 재활 센터에서 설교하는 경우도 종종 있었다. 9월 초, 나는 나사렛 병원 주중 모임에서 설교를 해 달라는 요청을 받았다. 나는 로마서 11장을 본

문으로 유대인들을 향한 하나님의 목적에 대해 전해야 한다고 느꼈다. 나사렛은 여전히 이슬람과 공산주의의 영향이 아주 강한 아랍 마을이기 때문에 아주 민감한 문제가 될 것임을 알았다. 아랍인과 아랍인들 가운데 일하는 이들만 그 모임에 올 것이었다. 나는 공부방 밖의 작은 현관에 앉아 이 딜레마를 두고 기도하다가 이런 말씀을 읽게 됐다.

> "또한 가지 얼마가 꺾이었는데 돌감람나무인 네가 그들 중에 접붙임이 되어 참감람나무 뿌리의 진액을 함께 받는 자가 되었은즉 그 가지들을 향하여 자랑하지 말라 자랑할지라도 네가 뿌리를 보전하는 것이 아니요 뿌리가 너를 보전하는 것이니라 그러면 네 말이 가지들이 꺾인 것은 나로 접붙임을 받게 하려 함이라 하리니 옳도다 그들은 믿지 아니하므로 꺾이고 너는 믿으므로 섰느니라 높은 마음을 품지 말고 도리어 두려워하라 하나님이 원 가지들도 아끼지 아니하셨은즉 너도 아끼지 아니하시리라(롬 11:17-21)"

말씀을 다 읽었을 때 올려다보니 내 앞엔 아주 오래된 올리브나무가 서 있었다. 너무나 놀랍게도 가지 하나가 꺾여 바닥에 놓여 있었다. 전날에는 그 나무에 달려 있었던 것이다. 나는 카렌을 현관으로 불러 죽은 올리브 가지를 보여 주었다. 나는 하나님께서 유대인들에 대한 당신의 말씀을 가르치는 데에 타협하지 말라고 말씀하시는 것임을 알았다.

카렌과 나는 나사렛으로 차를 몰았고, 조세프가 아랍어 통역을 위해 우리와 함께 갔다. 마약에 크게 의존하다가 놓임 받은 젊은 유대인 신자 에스더도 함께 갔다. 나사렛 병원에서 나는 주님의 말씀에 순종해 로마서 11장을 설교했다. 어떤 이들은 좋아하지 않았다. 하지만 무슬림 출신으로 거듭난 한 사람이 모임 후에 내게 와서 감사를 표했다. 그는 유대 민족을 향한 하나님의 사랑과 목적을 알고자 했는데, 그런 메시지는 처음 들어 봤다고 했다.

1990년 가을에는 전쟁의 기운이 감돌고 있었다. 뉴스 미디어에선 "걸프 위기"라고 부르고 있었다. 이라크의 지도자 사담 후세인은 이미 8월에 쿠웨이트를 침공했고, 우리는 그가 미사일로 이스라엘을 칠 수 있음을 알았다. 후세인과 조지 부시가 서로를 향해 무력을 과시하는 가운데, IDF는 민간 시민들에게 가스 마스크를 배포했다. 우리는 모임 중에 그 상황을 두고 많이 기도했다.

한편 스위스인들은 실제로 1월이 되어야 그 건물의 소유권을 가질 것이었지만, 나는 관심 있는 여러 현지 신자들에게 중독자들을 대상으로 사역하는 법을 가르치기 시작했다. 우리는 곧 재활 센터를 개원할 수 있게 되기를 바랐다. 해외에서 온 여러 자원 간호사와 다른 일꾼들이 여전히 우리 집 아래 2층에 살고 있었지만, 성령께서는 이곳이 하나님께서 재활과 조화를 위한 사역을 심기 위해 선택하신 곳임을 계속 확인시켜 주셨다. 다시 한번 주님께서는 당신의 말씀으로 알려 주셨다.

"집은 지혜로 말미암아 건축되고 명철로 말미암아 견고하게 되며 또 방들은 지식으로 말미암아 각종 귀하고 아름다운 보배로 채우게 되느니라(잠 24:3-4)"

우리는 하나님께서 눌리고 깨어진 이들로 이 집을 채우실 것을 확신했다. 주님께 너무나 소중한 이들 말이다.

12월 말, 카렌과 나는 모든 가구와 소지품들을 포장해 하이파로 보내기 위해 뉴욕으로 돌아갔다. 데이비드 윌커슨 목사님이 우리에게 이스라엘에 대해 교회에 보고해 달라고 요청하시기도 했다.

타임 스퀘어 교회에 전한 나의 메시지는 "걸프(Gulf) 위기"라는 제목이었다. 나는 이스라엘과 중동에서 일어나고 있는 일을 내가 본 대로 묘사하려 했다. 진짜 문제는 유대 민족과 아랍 민족, 그리고 하나님 간의 "큰 구렁(gulf)의 위기"라고 설명했다. 누가복음 16장에 나오는 부자와 나사로에 대한 예수님의 비유로 말씀을 전했다. 가난한 나사로는 천국에 갔지만 부자는 지옥에서 고통당했다. 비유에서 아브라함은 부자에게 천국에 있는 자들과 지옥에 있는 자들 사이에 "큰 구렁텅이"가 놓여 있다고 말한다. 부자는 아브라함에게 자기 형제들에게 경고해 줄 것을 간청하지만 아브라함은 이렇게 엄숙한 말을 했다.

> "그들에게 모세와 선지자들이 있으니 그들에게 들을지니라 이르되 그렇지 아니하니이다 아버지 아브라함이여 만일 죽은 자에게서 그들에게 가는 자가 있으면 회개하리이다 이르되 모세와 선지자들에게 듣지 아니하면 비록 죽은 자 가운데서 살아나는 자가 있을지라도 권함을 받지 아니하리라 하였다 하시니라(눅 16:29-31)"

나는 사람들에게 우리가 이스라엘 백성과 하나님 사이에 있는 구렁을 잇는 다리를 놓아, 그것이 영원히 굳어지지 않게 하려 한다고 말했다. 큰 구렁텅이를 건너게 해 주는 다리, 영생으로 건너게 해 주는 길은 예수님이다. 주님을 아는 우리에겐 "화목하게 하는 직분(고후 5:18)"을 주셨다. "우리가 그리스도를 대신하여 사신이 되어 하나님이 우리를 통하여 너희를 권면하시는 것 같이 그리스도를 대신하여 간청하노니 너희는 하나님과 화목하라(고후 5:20)"

타임 스퀘어 교회는 걸프 위기를 위해 주기적으로 기도하기 시작했다. 데이비드 윌커슨 목사님은 부시 대통령에게 서한을 보내 나라에 기도를 촉구할 것을 요청하기도 했다. 그는 남북 전쟁 때 미국에 기도를 촉구했던 에이브러햄 링컨을 인용했다. 이 서한은 〈월 스트리트 저널〉, 〈워싱턴 포스트〉와 〈USA 투데이〉에 실려 이 말씀이 미국 국민들에게 전해졌다.

"내 이름으로 일컫는 내 백성이 그들의 악한 길에서 떠나 스스로 낮추고 기도하여 내 얼굴을 찾으면 내가 하늘에서 듣고 그들의 죄를 사하고 그들의 땅을 고칠지라(대하 7:14)"

전쟁의 위협이 커져 가는 가운데 우리는 모든 소유물을 하이파에 배로 보냈다. 사담 후세인에게 쿠웨이트에서 나가라고 한 기한이 다가오면서, TWA는 우리 것을 포함한 이스라엘행 항공편을 모두 취소했다. 엘알 항공만 이스라엘로 비행했는데, 모든 비행편이 완전히 만석이었다. 이스라엘 육군은 예비군을 소집했고 그중 일부가 미국에 있었기 때문에 많은 이들이 고국으로 돌아가고 있었다. 우리도 그곳에 가야 했다. 이스라엘은 우리의 집이었기 때문이다.

우리는 데이비드 윌커슨 목사님과 이 문제에 대해 이야기를 나눴다. 목사님은 우리가 두려운지 물으셨다. "조금요." 카렌이 대답했다.

목사님은 이스라엘에 제자가 있냐고 물으셨다. "네." 내가 대답했다.

"가셔야겠군요." 목사님이 말씀하셨다.

"그래야 할 것 같습니다." 목사님은 두려움을 대적하며, 주님께서 길이 없어 보이는 상황 가운데 길을 내 주시기를 기도해 주셨다.

나는 록펠러 센터에 있는 엘알 항공 사무실로 갔다. 붐비고 소란스러웠다. 마침내 예약 데스크에 있는 직원과 이야기를 할 수 있게 됐다. 이스라엘행 모든 항공편이 완전히 매진이라고 했다. 나는 컴퓨터를 한번만 더 봐 달라고 했는데, 그녀는 그렇게 하지 않았다. 나는 기도한 뒤 다시 한번 요청을 했다. 그녀는 신경이 날카로웠다. "좋아요, 그래요." 컴퓨터 화면을 보고 잠시 가만히 있더니, 놀란 표정을 지었다. "오늘 저녁 비행기에 두 자리가 있어요." 그녀는 소리쳤다.

"저희에게 주세요." 나도 소리를 지를 뻔했다.

우리는 걸프 전쟁이 시작되기 이틀 전에 텔아비브에 도착했다.

170 카르멜로 가는 길

CHAPTER
10

카르멜의 전쟁

CHAPTER
10

카르멜의 전쟁

이스라엘 시각으로 1991년 1월 17일 오전 1시 32분, 미국이 지휘하는 연합군이 이라크에 대규모 공습을 개시했다. UN이 이라크에게 쿠웨이트로부터 철수하라고 준 시한이 지나고 몇 시간 만에 "사막의 폭풍 작전"은 굉음을 내며 실행되었다. 약속대로 불과 이틀 후 이라크의 사담 후세인은 이스라엘에 스커드 미사일을 쏘는 보복을 했다. 첫 번째 스커드 미사일은 1월 18일 오전 2시 30분에 하이파를 공격했고 우리는 밀폐된 방공호로 달려 들어갔다. 그 다음 날 밤, 우리는 방공호에서 자기로 했다. 또 하나의 스커드 미사일이 다음 날 아침 7시 15분에 하이파에 떨어졌다. 셋째 날 밤에는 미사일 공격이 없었고 아침에는 하이파만에 무지개가 떴다.

이스라엘을 전쟁으로부터 구하기 위한 노력으로 미국이 서독에서 패트리어트 미사일을 이스라엘로 급파했다. 우리는 미군과 이스라엘군이 우리 단지를 지나 카르멜산 위로 미사일과 발사대를 천천히 이동시키는 것을 보았다.

패트리어트 미사일 발사 기지는 1986년 여름 주님께서 라디오에서 들려오는 아치 데니스의 노래를 통해 내게 말씀하셨던, 우리 바로 위에 위치한 스텔라 마리스로 결정되었다. 우리는 그때 거기서 언덕을 조금만 내려오면 되는 곳에 살고 있었다. 두 명의 미군이 패트리어트는 비행기들을 맞추기 위해 설계된 것이지 다른 미사일을 맞추기 위한 것이 아니라고 내게 말해 줬다. 미사일이 제대로 작동할지도 그들은 전혀 몰랐다. 첫날 밤, 그들은 레이더 스크린에서 스커드 미사일 하나가 하이파를 향해 오고 있는 것을 보고 두 발의 패트리어트를 발사했다. 그리고 패트리어트 한 발이 스커드와 꼭 부딪혀 폭파시키는 것을 지켜보았다. 미군과 이스라엘군은 방방 뛰며 소리쳤다. "됐다! 됐어!"

1월 25일 금요일, 카렌과 네덜란드에서 온 한 친구는 우리 블록에 사는 유대인 중독자와 그 여자 친구와 대화를 하려고 방문했다. 밖이 어두워지기 시작하자 나는 걱정이 되었다. 사담 후세인은 해가 지고 안식일이 시작되면 정통 유대인들이 걸어 다닐 것을 분명히 알고 있을 테고, 그때가 이스라엘을 공격하기엔 딱 좋은 때인 것이었다.

카렌과 친구는 오후 5시 45분에 돌아왔고, 나는 얼마나 불안했던지를 이야기했다. 우리는 빨리 저녁을 먹고 그날은 방공호에서 보내기로 결정했다. 밥을 다 먹기도 전인 오후 6시 10분에 공습 사이렌이 울리기 시작했다. 우리는 뒷문으로 달려나가 단지를 가로질러 방공호까지 질주했다. 도착했을 때 문은 잠겨 있었고 열쇠도 지정된 곳에 숨겨져 있지 않았다. 우리는 밖에 갇힌 것이었다! 사이렌이 계속 울려 대는 가운데 나는 외쳤다. "방독면을 쓰고 기도하자!" 우리는 함께 방공호의 잠긴 문 곁에서 쭈그려 앉았다. 산이 흔들리기 시작했다. 우리는 카르멜산에서 두 개의 밝은 주황색 빛줄기가 날아가는 것을 보았고, 패트리어트 두 발이 하늘에서 큰 소리를 냈다. 미사일은 람밤 병원 위로 힘껏 날아가더니 표적을 만나 엄청난 폭발음과 함께 하늘과 항구를 밝히며 터졌다. 또 하나의 스커드 미사일이 터졌다. 두 발의 패트리어트 미사일이 밤하늘에서 요동치자 다시 산이 진동했다. 그것들이 방향을 바꾸더니 바로 우리 머리 위에서 날아오는 또 하나의 스커드 미사일을 반기는 듯 그러나 귀를 찢는 굉음과 함께 폭발했다. 나는 기도하면서 응원했다.

이후 우리는 사담이 금요일 저녁에 이스라엘을 향해 일곱 발의 미사일을 쏘았음을 알게 됐다. 한 미군은 그날 밤 자신의 레이더 스크린이 "스타 워즈 (**별들의 전쟁**)"처럼 보였다고 했다. 일요일 자 신문에 텔아비브의 한 가족이 방공호 열쇠를 분실하여, 밀폐된 방으로 들어갔는데 몇 초 후, 스커드 미사일이 방공호를 폭격해 완전히 파괴됐다는 기사가 실렸다. 기자는 "무신론자를 불가지론자로 만들기에 충분한 일"이라고 결론지었다.

또 다른 곳에서는 연로한 유대인 여성이 그녀가 사는 아파트의 지붕과 벽들은 다 날아간 채로 테이블 밑에 앉아서 시편을 읽고 있다가 발견되었다. 또 브엘셰바 근처에서 지프를 운전하며 옆에 탄 정통 유대인 전우에게 예슈아를 전하고 있던 한 믿는 유대인 병사에 대한 이야기도 들었다. 정통 유대인 병사가 그 이름을 저주하기 시작했을 때 잘못 날아온 스커드 미사일 한 발이 그들이 있는 곳 가까운 사막에서 터졌다. 그는 갑자기 소리를 지르기 시작했다. "미안해요! 죄송해요!! 용서해 주세요!"

공격이 끝난 아침 나는 러시아어를 쓰는 이민자들의 교회에서 말씀을 전했다. 주님께서는 우리에게 이 말씀으로 약속해 주셨다. "내 백성아 갈지어다 네 밀실에 들어가서 네 문을 닫고 분노가 지나기까지 잠깐 숨을지어다(사 26:20)" 나는 그들에게 "하나님의 왕국을 여는 열쇠"를 갖고 있다면 방공호 열쇠가 없어도 된다고 말했다. 그리고 우리가 성령의 인 치심을 받았다면 밀폐된 방도 필요 없다고 말했다.

"사막의 폭풍 작전"이 이어지면서 방공호에서 보내는 우리의 저녁 시간은 철야 기도 모임이 되었다. 우리의 사명은 이스라엘 사람들의 안전과 그들이 하나님께 회개하는 것이었다. 로마서 1장 18절은 내게 살아 있는 현실이 되었다. "하나님의 진노가 불의로 진리를 막는 사람들의 모든 경건하지 않음… 에 대하여 하늘로부터 나타나나니"

사담 후세인의 군대가 쿠웨이트의 다른 무슬림들을 강간하고 고문하고 도륙하고 있다는 공포스러운 이야기들이 들려오기 시작했다. 우리는 그 이라크 군대 위에 하나님을 경외하는 마음이 임하기를, 그리고 많은 이들이 항복하고 나아오기를 기도했다. 이슬람 외의 모든 종교가 이라크에선 불법이었기 때문에 우리는 이라크인들이 연합군이나 이라크, 쿠웨이트의 지하 교회에 소속된 신자들을 만나기를 기도했다. 또한 연합군의 많은 이들이 주님의 이름을 부르기를 기도했다. 우리는 사막에서 연합군 가운데 작은 부흥들이 터지기 시작했다는 소식을 듣고 너무나 짜릿했다. 전쟁 이후 나는 10만 미군 부대가 이라크 사막 내의 인공 수영장에서 세례를 받았다는 소식을 읽었다.

카렌과 내가 전쟁 초반 이스라엘에 돌아갔을 때, 건물에 살던 외국 자원봉사자들이 모두 나라를 떠났다는 것을 알게 됐다. 놀랍게도 이제 우리는 그 거대하고 낡은 건물에 홀로 살고 있었다. "하나님께서 당신의 일을 위해 이 집을 비우도록 전쟁을 사용하셨어." 나는 카렌에게 말했다. 우리는 방공호에서 모임을 갖기 시작했고 나는 세 명의 아랍 젊은이들을 계속 가르쳤다. 그들은 중독자 사역에 대한 열망이 있는 신자들이었다.

내 생일인 2월 5일, 나는 하루 종일 금식하며 마약 사역을 개시하기 위해 이 젊은이들과 함께 이 건물을 복구할 재정을 두고 기도했다. 그들은 집에 가고 나는 아파트에 들어섰다. "생일 선물이 뭔지 볼래요?" 카렌이 물었다. "식탁 위에 있어요."

나는 테이블에 놓여 있는 팩스를 집어 들었다. 그 단지를 매입한 스위스 단체로부터 온 것이었다. "너무나 기쁘게 우리는 여러분의 사역을 후원하기로 하며 이렇게 헌금합니다." 이렇게 써 있었다. "하이파의 마약 중독자들을 위한 사역을 세우는 목적이라고 선포할 것입니다." 그들은 사역의 시작을 돕기 위해 1만 달러를 보낸 것이었다. 카렌과 나는 도저히 기쁨을 주체할 수가 없었다!

전쟁 중반에 나는 "자유를 위한 외침"이라는 틴 챌린지의 영상을 보여 주었다. 주님께서 잃어버린 영혼들을 향한 중보의 영을 부어 주셔서 우리는 통곡했다. 얼마 지나지 않아 우리 중 몇몇이 근처에 있는 정부의 메타돈 클리닉 밖에 있는 중독자들을 방문했다. 6천 명의 아랍인과 유대인 중독자들이 거기에 등록되어 있었다. 두 명의 무슬림들은 그날 예수님을 영접하였고 몇몇 유대인들은 우리가 건넨 신약을 받아 들었다. 한 무슬림이 우리에게 자신의 가정에서 모임을 갖자고 요청해 왔다. 나는 유대인과 아랍인 신자들로 구성된 현지 스태프진을 일으키고 훈련하고, 지원해 주시기를 계속 주님께 기도했다. 우리는 이 약속 위에 섰다.

> "주의 권능의 날에 주의 백성이 거룩한 옷을 입고 즐거이 헌신하니 새벽 이슬 같은 주의 청년들이 주께 나오는도다(시 110:3)"

주님께서는 우리가 이 점령된 영토에서 영향력의 중심이 되며 오순절의 능력으로 행하기를 원하신다는 것을 내게 알려 주셨다. 앞서 데이비드 윌커슨 목사님과 이 말씀을 나눴을 때, 웃으며 내게 말씀하셨다. "성령의 키부츠가 필요하네요."

걸프 전쟁은 계속 되었지만 그렇다고 우리가 주님께서 주신 땅을 준비되도록 하는 일은 중단할 순 없었다. 우리는 정원의 잡초를 뽑고 무, 양상추, 시금치, 양파를 심었다. 2월 말의 어느 이른 아침, 해가 뜰 때 공부방 창밖을 내다봤는데 한 나무에 흰 꽃이 만발해 있었다. 전날에는 꽃이 하나도 피지 않았었는데 말이다. 매혹적이었다. 그런 것은 본 적이 없었다. 새들이 내려앉아 나무를 가득 채우고 있었다. 조세프가 아침 기도 모임을 위해 왔을 때, 나는 그에게 나무를 보여 주며 무슨 나무냐고 물었다. "아몬드나무에요." 그가 말했다. "이스라엘에서 처음으로 꽃을 피우는 나무죠."

이후 나는 공부하다가 예레미야 1장 11-12절을 읽게 됐다. "예레미야야 네가 무엇을 보느냐 히시매 내가 대답하되 내가 살구나무 (almond tree) 가지를 보나이다 여호와께서 내게 이르시되 네가 잘 보았도다 이는 내가 내 말을 지켜 그대로 이루려 함이라" "아몬드"라는 단어와 "지켜보다"라는 단어는 같은 히브리 어근에서 파생되었다. 이 나무는 이스라엘의 봄을 알리는 전조인 것이다. 꽃을 피울 이른 기회를 지켜보기 때문에 "관찰하는 나무" 또는 "깨우는 나무"로도 불린다. 하나님께서는 예레미야에게 당신께서 지켜보고 계시며 항상 당신의 약속을 성취할 때를 놓치지 않으신다고 가르쳐 주시는 것이었다. 이 진리가 예레미야의 예언 사역의 기반을 형성했다.

사람들이 아무리 부정적인 말을 해도, 예레미야 선지자는 하나님께서 말씀하시면 이루실 것을 알았다. 예레미야는 또한 하나님께서 당신의 말씀과 비전을 지켜보고 계시며, 당신의 때에 행하실 것임을 내게 가르쳐 주었다. 나는 내게 주신 주님의 말씀을 신뢰하고 주님께 순종해야 했다. 창밖으로 아몬드나무를 보니 주님께서 다스리고 계심에 대한 확신이 밀려들어 왔다.

전쟁이 이어지던 어느 상쾌한 샤밧 아침, 나는 현관에 앉아 내 영성 일기를 읽고 있었다. 나는 뉴욕에 있을 때 꾸었던 꿈에 관한 메모를 보았다. 꿈속에서 데이비드 윌커슨 목사님과 나는 뉴욕 최고층 건물 꼭대기에서 놀라운 뷔페 음식을 먹고 있었다. 하나님께서는 그분이 원하시는 내가 있어야 할 곳은 어디인지 물어보셨고 나는 하나님께 "뉴욕"이라고 말씀드렸다.

"아니다." 주님께서 말씀하셨다. 그리고 내 머리를 돌려 샌프란시스코만처럼 보이는 곳을 향하게 하셨다.

나는 이 부분을 읽고 눈을 들었다. 하이파만을 향해 있었는데,

많은 사람들이 거기를 보면 샌프란시스코만이 생각난다고 했다. 내가 앉아 있던 곳의 광경은 내 꿈에서 본 장면의 시점과 동일했다. 내가 3년 전에 본 것과 정확히 일치했다. 나는 놀라서 현관에 있는 카렌을 불러, 무슨 일이 일어났는지를 이야기했다. "이번에는 우리가 여기 온 게 맞다는 걸 알겠어." 나는 말했다

홀로코스트 생존자로 아프리카에 선교를 나가기도 했던 고령의 유대인 신자가 전쟁 기간 중에 우리 집에 함께 살았다. 2월 23일, 부시 대통령은 사담 후세인에게 오후 7시까지 쿠웨이트에서 떠나지 않으면 지상전을 각오하라고 했다. 함께 저녁을 먹으며 나는 농담조로 사담이 아마도 7시 1분에 미사일을 발사해 올 것 같다고 했다. 6시 50분, 사이렌이 울렸고 우리는 밀폐된 방으로 달려갔다. 내 예상보다 11분 먼저 닥쳐온 공격이었다.

다음 날, 연합군이 도착해 지상전이 시작되었다. 2월 25일, 두 발의 무해한 미사일이 이스라엘에 떨어졌다. 두 번째이자 마지막 미사일은 39번째 스커드 미사일이었다. 다음 날, 연합군이 쿠웨이트시의 관문에 접근할 때 단지 정문으로 우리 가구가 도착했다. 전쟁 내내 하이파 항구에 있었던 것이다. 세 명의 힘센 러시아 이민자들이 우리의 물건들을 들고 3층에 있는 우리 집까지 올라와 줬다. 카렌은 자신의 오랜 업라이트 피아노가 계단으로 올라오는 걸 보고 짜릿해했다. 우리는 세 명의 가구 배송 기사들에게 복음을 전하고, 우리 주님에 대해 이야기할 모든 기회를 인해 감사했다.

2월 28일, 나는 우체국에 가서 우편물을 받아 왔다. 미국에서 보내 주는 월정 후원금이 6배로 늘어났다. 그날 오후에 걸프에서 휴전이 선언되었다. 그날은 유대인들이 에스더서를 읽으며 자신들

을 멸하려 한 악한 하만에 대해 승리한 것을 기념하는 부림절이었다. 이스라엘 전국에서 사람들이 밀폐된 방을 열고 부림절, 그리고 전쟁의 종료를 기념했다.

그날 밤, 나는 우리의 작은 양 떼에게 이 구절을 나눴다.

> "그가 땅 끝까지 전쟁을 쉬게 하심이여... 너희는 가만히 있어 내가 하나님 됨을 알지어다(시 46:9-10)"

모임 중에 우리는 쿠웨이트와 이라크의 생존자들을 위한 중보기도를 시작했다. 우리는 주님께서 의사, 간호사, 일꾼과 전도자로 구성된 자원봉사자의 군대를 보내 주시기를 기도했다. 예수님 안에서 산 신앙으로 피해자 가정을 도울 수 있는 이들 말이다. 우리는 "주님의 추수"가 승리하는 신자들의 군대를 일으키게 되기를 간청했다. 세상 전쟁의 무기들이 아니라 "진리의 말씀과 하나님의 능력으로 의의 무기를 좌우에 가진(고후 6:7 참조)" 이들로 말이다. 우리는 주님께 엘리야처럼 분쟁을 일으키는 자들을 보내 주시기를 요청했다. 한 손에는 하나님의 말씀을, 또 한 손에는 성령의 능력을 들고 중동에 진정한 평화와 구원이 임하게 할 사람들을 구했다.

전쟁은 끝났지만 나는 그것이 다가올 일들의 총연습일 뿐이라는 걸 감지했다. 주님의 몸 된 교회는 한동안 진지해졌다. 나는 우리가 일상으로 돌아가는 데에 얼마나 걸릴까, 그리고 우리가 전쟁을 통해 정말 교훈을 얻었을까 궁금했다. 나는 우리가 보호 관찰이자 집행 유예 상태라는 느낌이 들었다. "그러므로 여호와께서 맹렬한 진노와 전쟁의 위력을 이스라엘에게 쏟아 부으시매 그 사방에서 불타오르나 깨닫지 못하며 몸이 타나 마음에 두지 아니하는

도다(사 42:25)"

지상전이 이어진 백 시간 동안, 이라크는 쿠웨이트에서의 호우와 소용돌이 바람으로 독가스나 신경가스를 쓸 수 없었다. 전문가들은 바람이 "이 계절에 평년과 같은 패턴으로" 불지 않았다고 했다. 걸프의 미 해군 사령관은 "공격 직전에 일어난 풍향의 변화"가 아니었다면 사담이 진군해 오는 연합군에게 화학 무기를 사용했을 것이라고 했다. 그 해군 장성은 사담의 작전이 "풍향 급변"으로 차단되었다고 말했다.

나는 얼마나 많은 이스라엘인과 미국인들이 걸프에서 기적적인 승리를 주시는 하나님의 손을 보았는지 궁금했다. 이스라엘을 향한 그 많은 미사일 공격 가운데, 미사일로 인한 직접적 결과로 단 한 명이 죽었고, 12명이 간접 피해로 부상을 입었다. 하이파 유일의 사망자는 하이파의 유명한 아랍계 이스라엘 축구 선수의 어린 딸로 방독면을 쓰고 있다가 질식해 죽었다. 1,600이상의 가정들이 대피를 했고, 4천 개가 넘는 건물들이 파괴되거나 훼손되었다. 전쟁 중에 우리는 자주 부르던 곡의 후렴구를 살짝 바꿨다. "어떤 사람은 애국(Patriots-원래는 병거를 뜻하는 chariots), 어떤 사람은 군사력(forces-원래는 말을 뜻하는 horses)을 의지하나 우리는 여호와 우리 하나님의 이름을 자랑하리로다(시 20:7 참조)"

주님께서는 죽음의 천사로 하여금 이스라엘을 "넘어가게" 하셨고 동시에 러시아와 에티오피아에서 온 유대인들로 나라를 계속 채우셨다. 어떤 면에서 이스라엘에 대한 비이성적 공격은 알리야(이민-유대 민족이 그들의 성경적 고토로 돌아가는 것)를 늦춤으로써 하나님의 계획을 중단시키기 위한 시도였다. 그러나 주님의 말씀은 꺾이지 않을 것이다. 하이파 거리를 걸으며 새로 온 이민자들을 보며 난 경외감을 느꼈고, 주님의 이 말씀이 떠올랐다.

> *"내가 북쪽에게 이르기를 내놓으라 남쪽에게 이르기를 가두어 두지 말라 내 아들들을 먼 곳에서 이끌며 내 딸들을 땅 끝에서 오게 하며 내 이름으로 불려지는 모든 자 곧 내가 내 영광을 위하여 창조한 자를 오게 하라(사 43:6-7)"*

걸프전은 끝났지만, 마약에 대한 우리의 전쟁은 이제부터 시작이었다.

184 카르멜로 가는 길

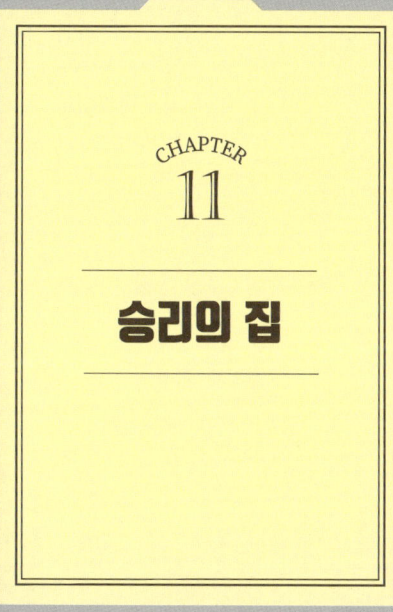

CHAPTER
11

승리의 집

CHAPTER
11

승리의 집

걸프에서 휴전이 이뤄지고 2주 후, 우리는 미약 재활 프로그램을 개시했다. 처음으로 함께 지내게 된 두 사람은 무슬림 공산주의자 출신과 수감 전과가 있는 뉴욕 출신의 유대인 이민자였다. 카렌과 내가 우리의 "새 가족"과 함께 앉아 식사를 하는데, 결혼 후 얼마 있다가 꾼 꿈이 생각났다. 꿈에서 우리는 젊은이들에게 둘러싸여 기다란 테이블에 앉아 있었다. 나는 거기에 이스라엘 카르멜산의 아랍인과 유대인들이 포함될 줄은 상상도 못했다. 아랍인 간사 유세프와 아르헨티나에서 온 유대인 파비오, 그리고 그의 아내 마릴린과 세 자녀도 그 자리에 같이했다.

4월 말 어느 늦은 밤, 우리는 40세의 아랍인 헤로인 중독자 이브라힘을 맞았다. 벤구리온 공항 근처의 한 마을에서 그를 태워 오기 위해 여러 신자들이 나갔다. 이브라힘을 밴에 태웠는데 시동이 걸리지 않았다. 마약상 몇 명이 밴으로 막 달려와 마약을 손에 들고 이브라힘을 약 올렸다. 창문을 때리며 소리쳤다. "걔네랑 가면 안 돼! 네가 어떻게 약을 끊는다고 그래!" 마침내 밴에 시동이 걸렸고 마을에서 쏜살같이 빠져나올 수 있었다. 이브라힘은 달빛 아래 앉아 있었다. 그는 걸어 다니는 해골, 마치 죽은 사람처럼 보였다. 10년이 넘도록 헤로인, 코카인, 그리고 이스라엘의 메타돈인 아둘란에 중독되어 있었다. 그가 도착했을 때 우리는 이브라힘을 데리고 방공호로 들어갔다. 거기서 목사님 한 분과 내가 함께 밤을 지냈다.

이브라힘은 약물의 도움 없이 마약을 즉각 중단했다. 마약을 딱 끊고자 하는 중독자들은 금단 현상을 겪는다. 보통 여러 가지 육체적 고통과 편두통, 구토와 어지럼증, 발한과 오한이 나타난다. 대부분의 중독자들은 3일에서 일주일 동안 계속되는 살아 있는 지옥을 겪으며 공포를 느낀다.

다른 현지 신자들이 이브라힘과 내내 함께 머무르며, 그를 위해 기도하고 아랍어로 성경을 읽어 주었다. 고통을 호소할 때마다 우리는 기도해 주었고, 그러면 그는 아픈 게 사라졌다고 했다. 그는 화장실 가는 것 외엔 사흘 동안 침대에서 나오지 않았다.

이브라힘이 오고 사흘 뒤 목요 철야 모임에서 약 50명의 유대인과 아랍인이 무릎 꿇고 그를 위해 기도했는데, 그는 아직 방공호 내의 침상에 있었다. 그 모임에서 마약 중독인 한 유대인 매춘부가 기도를 요청했다. 우리는 그녀를 우리 집 근처에 있는 3층의 작은 집으로 데려가, 네덜란드 틴 챌린지에서 일한 적이 있는 여성 봉사자와 함께 살게 했다. 또 우리는 공동체원들이 밤새도록 한 시간씩 돌아가며 기도하는 "기도 릴레이"를 일으켰다. 다음 날 아침 8시, 이브라힘이 침대에서 나왔다. 샤워를 하고 아침을 먹은 뒤, 산에 조깅을 하러 갔다! 이것은 우리가 목도하게 된 "카르멜산의 기적들" 중 하나일 뿐이었다.

그러고서 얼마 지나지 않아 한 어린 유대인 커플이 2층 부엌의 문을 두드렸다. 파비오가 문을 열었다. "사람들을 도와주는 분들이세요?" 소년이 물었다. 놀란 파비오는 그 친구와 여자 친구를 부엌으로 들여 커피를 대접했다.

다나는 임신 5개월이었다. 두 친구의 부모들은 다 낙태를 주장했지만, 다나는 아기를 죽이고 싶지 않았다. 다나와 야리브는 어디로 가야 할지, 어떻게 해야 할지를 몰라 하이파의 한 공원에서 노숙하고 있다고 했다. 그들은 절박했다. 이 친구들은 또 뉴에이지 운동에 속해 있기도 해서, 유대인 구루와 함께 영들을 접신하고 있었다. 이 구루는 다나에게 낙태를 권했는데, 그렇지 않으면 다음 생에서 다시 만날 것이라는 이유였다. 환생을 믿도록 배웠기 때문에, 자살 역시 합리적인 해법으로 생각되고 있었다. 그들은 마약 한 봉지를 갖고 있었고 과다 복용을 시도할까 고민 중이었다.

나는 이들을 일단 집에 머무르게 했다. 우리는 다나를 현재 여성들을 위해 쓰고 있는 작은 아파트 위층에, 야리브는 아래층에서 자게 했다. 다음 날 우리는 이들에게 복음을 전하고 에일랏에서 믿는 이들이 운영하는 청소년 호스텔로 야리브를 보냈다. 버스를 타고 가는 긴 시간 동안 그는 요청하여 받아 간 히브리어 신약을 읽기 시작했다.

우리가 처음 이스라엘에 왔을 때, 이스라엘 사회에 만연해 있는 퇴폐적이고 육욕적인 모습에 충격을 받았었다. 하이파는 뉴욕의 타임 스퀘어를 생각나게 했다. 가판대, 비디오 가게에서 포르노를 쉽게 볼 수 있었고, 성매매와 마약 중독이 널리 퍼져 있었다. 이스라엘의 낙태율은 전 세계 최고 수준이었다.

한번은 수백 명의 유대인 청소년들이 카르멜 중심에 위치한 공원에서 나오는 걸 보았다. 주택가 전체에 귀청이 떨어질 것 같은 로큰롤 음악이 울려 댔다. 10대들은 술을 마시고 마약을 한 상태였다. 어떤 이들은 공공장소에서 대마초를 피웠다. 이스라엘 청소년들은 서구 문화를 우상화하고, 종종 모방했다. 얼마 전 있었던 마돈나와 마이클 잭슨 콘서트는 기록적인 관객을 모았다. 미국, 영국, 유럽에서 온 포르노 수준의 뮤직비디오가 TV 화면을 물들였다. 섹스, 마약, 로큰롤, 뉴에이지 사상들이 카르멜산과 이스라엘 전역을 지배했다.

고통받는 이들로 집이 가득차기 시작하자 스태프 간에 긴장이 고조되었다. 남자, 여자, 어린이를 포함하여 유대인과 아랍인이 한 가족으로 공동체를 이루는 "한 새 사람"의 비전이 분열되었다. 문화가 충돌했다. 일부 아랍 형제들은 남성 마약 중독자들만 대상으로 해야 한다고 생각했다. 그들은 왜 중독자가 아닌 다른 종류의 고통받는 이들을 이 단지에 살도록 허용했는지 이해하지 못했다. 나는 주님께서 보내시면 "누구든지" 비전에 포함되며, 이 집을 향한 주님의 비전은 이사야 58장 7절 말씀으로 주신 것이라고 설명했다.

> "또 주린 자에게 네 양식을 나누어 주며 유리하는 빈민을 집에 들이며"

담배를 피우는 문제에 대해서도 첨예한 대립이 있었다. 이 형제들은 흡연을 제한적으로 허용해야 한다고 느꼈다. 하지만 나는 전 세계 어디서라도 신자들이 운영하여 성공한 주거형 마약 재활 센터는 흡연을 허용하지 않는다는 것을 알았다. 그러므로 우리는 성경의 원칙을 고수했다.

스태프 회의에서 나는 주님께서 이 건물에 대한 목적이라고 말씀하신 내용을 상기시켰다.

> "내가 주릴 때에 너희가 먹을 것을 주었고 목마를 때에 마시게 하였고 나그네 되었을 때에 영접하였고 헐벗었을 때에 옷을 입혔고 병들었을 때에 돌보았고 옥에 갇혔을 때에 와서 보았느니라(마 25:35-36)"

"스스로 분쟁하는 집마다 설 수 없다"는 것이 명백했다. 나는 아모스 3장 3절을 읽었다.

> "두 사람이 뜻이 같지 않은데 어찌 동행하겠으며"

나는 우리가 나눠져야 함을 깨닫게 됐다. 아주 고통스러웠다. 이 젊은 아랍인들 중 두 명은 내게 아들과 같았다. 나는 해변을 걸으며, 그들을 위해 기도로 울부짖는 몇 시간을 보냈다(그때부터 우리의 관계는 회복되었다. 이 젊은이들 중 한 명은 우리 스태프로 다시 돌아왔고, 다른 한 명은 목회자가 되었다. 카렌과 나는 최근 그의 교회에서 사역을 했다.).

이틀 후의 목요 철야 모임에서 6명의 러시아 이민자들이 주님을 영접했다. 우리와 사는 임신한 유대인 청소년 다나도 예슈아를 메시아로 받아들이는 기도를 했다. 오래 지나지 않아 그녀의 남자 친구가 주님을 향한 열정에 불타올라 에일랏에서 돌아왔다. 그는 우리의 통역 담당이 되었고, 나는 감사하게도 스텔라 카르멜에서 야리브와 다나를 주례했다. 아름다운 여자 아기가 태어났다. 아기에게 루트라는 이름을 붙여 주었다. 지금 그들은 다섯 자녀를 두고 있다!

야리브와 다나는 우리가 이스라엘의 젊은이들 가운데 마주하고 있는 병적 현상의 대표 격이었다. 정부에서 마약 "남용자"라고 발표한 수치가 하이파에만 3만 명이었다. 도시 인구의 10%에 달했다! "부자 동네"에 위치한 이스라엘에서 가장 좋은 고등학교들이 마약이라는 질병에 막대한 피해를 입었다. 15세의 이스라엘 여자 아이들은 마약 복용을 지속하기 위해 성매매를 했다.

시온주의자들의 이상이 달성되었던 것으로 보이는 북부의 아름다운 해변 마을이 둘 있다. 부유한 아랍 셰이크(족장 지도자)들로부터 매입한 늪지대가 아름다운 도시들로 변모된 것이었다. 하지만 오늘날 주민들은 다음 세대를 압도하고 있는, 걷잡을 수 없이 밀려드는 마약과 자연스럽게 뒤이어 들어오는 부패와 범죄에 당황하고 분노하고 있다. 최근 10대 딸 둘을 둔 어머니가 난처해하며 내게 물었다. "마 라아소트(어떡하죠)?" 한번은 왜 그렇게 많은 사람들이 감옥에서 마약에 중독되는지를 한 경찰관에게 물어봤다. 그는 두 손을 들며 그 어머니와 같은 대답을 했다. "어떡하겠어요?" 하이파 근처의 한 교도소는 "리틀 콜롬비아"라는 별명까지 붙어 있었다. 마약이 너무 창궐했기 때문이었다.

　헤로인, 코카인 혹은 LSD가 젊은이의 삶을 지배하게 될 때, 모든 윤리와 도덕, 억제력은 "더 많이" 원하는 아주 강력한 욕구에 휩쓸려 사라져 버린다. 한 중독자는 내게 말했다. "약이 나의 하나님이에요."

　마약에 열광할 때 나타나는 부작용 하나는 최근 이스라엘에서 유행으로 커져 가고 있는 "데스메탈"과 "스래시" 밴드들이다. 블랙 사바스, 메가데스, 슬레이어와 같은 영미 인기 밴드의 패턴을 따른, 이스라엘 최고의 인기 그룹인 인카네이션환생과 레비티커스레위기는 중산층 청소년들로 구성되어 있다. 기타가 요란하게 울리고 멤버들이 끼익 하는 소리로 만드는 노래들은 기독교 상징과 사탄 숭배, 폭력, 죽음, 자살에 대한 표시들을 혼합한다. 이 아이들 중 일부는 사탄의 뜻을 행하며 밴드에 있지 않았다면 자살을 했을 거라는 말을 한 걸로 알려졌다. 사탄저 해변 파티도 유행인데, "마쉬아흐 로 바메시아는 오지 않아"라는 인기곡으로 청소년 운동의 주제가로 쓰이기도 한다. 한 밴드는 나치의 심벌까지 쓴다.

　"스래시" 음악을 하며 마약을 거래하는 어떤 이는 자신의 레코드나 티셔츠, 잡지, 소식지를 가장 많이 사는 고객이 열 살부터 스물다섯 살까지라고 한다. 예루살렘, 텔아비브, 하이파의 10대 클럽들에서 소리 지르는 아이들은 범퍼카처럼 서로 치고받고, 폭력 사태가 벌어지는 경우도 흔하다.

　"스래시"와 "데스메탈"의 가사들은 모두 영어인데, 이 아이들은 18세에 자신들을 기다리고 있는 의무 군 복무를 끝내고 이스라엘을 떠나 런던이나 뉴욕으로 가기를 갈망하기 때문이다 (남자 아이들은 3년, 여자 아이들은 2년을 복무한다.). "스래시"에 빠진 한 아이의 어머니는 자기 아들에 대해 이야기했다. "가사로 인해 아이의 어휘가 놀랍게 늘었어요. 몸이 썩는 것을 26개의 동의어로 표현할 수 있죠. 식탁에 와서 '내장이 쏟아져 나오다.'를 영어로 뭐라고 하는지 즐겁게 묻는다니까요!"

마약과 헤비메탈의 반문화적 생활 방식에 유기적으로 연결되어 있는 것이 소위 "뉴에이지" 운동이다. 하지만 여기엔 새로울(New) 것이 없다. 모세의 때로부터 심령술은 토라와 선지서에서 정죄를 받았다. "접신한 자와 박수무당을 음란하게 따르는 자에게는 내가 진노하여 그를 그의 백성 중에서 끊으리니 너희는 스스로 깨끗하게 하여 거룩할지어다 나는 너희의 하나님 여호와이니라(레 20:6-7)" 영과 접신한 일이 사울을 몰락시켰다 (삼상 28장 참조). 이사야는 사람들에게 이렇게 도전했다. "어떤 사람이 너희에게 말하기를 주절거리며 속살거리는 신접한 자와 마술사에게 물으라 하거든 백성이 자기 하나님께 구할 것이 아니냐 산 자를 위하여 죽은 자에게 구하겠느냐 하라 (사 8:19)" 하지만 수천 년이 지나, 자칭 구루라 하는 자들이 카르멜을 어슬렁대며 거짓말 보따리 장사로 큰돈을 벌고 있었다. 똑똑하고 호기심 많은, 하지만 공허한 이스라엘 젊은이들은 중동의 미친 듯한 환경 속에서 의미를 갈구하고 있어, 이 심령술사들의 좋은 먹잇감이 되었다.

세속 유대인들은 초정통 유대교 공동체에 대한 화가 있었다. 매일 TV와 신문에서 선출된, 불안정한 정부 권력을 견제해야 하는 정통 유대교 정치 지도자들의 부패, 뇌물, 위선에 대해 듣고 보기 때문이다. 여러 유명 유대교 정치인들이 사적으로 불법 뇌물을 수

수해 기소되었다. 청소년들은 해답과 의미를 찾기 위해 자연스레 다른 곳에 눈을 돌리고 있었다.

"뉴에이지"는 공개적이고 직접적으로 토라의 유대-기독교적 근간을 반대한다. 인격적인 하나님과 절대 도덕, 그리고 죄, 심판, 대속하는 메시아의 희생을 통한 자비라는 모든 것을 말이다. 한번은 명상 시간에 한 젊은 여성이 갑자기 아모스의 한 구절을 떠올렸는데, 그것은 이스라엘 자손들이 다른 신들에게로 돌아섬으로 임할 심판에 대한 경고였다. 자신의 구루에게 그것을 언급했을 때, 즉각 그것이 나쁜 영으로부터 온 것이라는 이야기를 들었고 그녀는 그 책을 다시 읽지 않았다.

"뉴에이지"라는 나무에도 다양한 가지들이 있지만, 그 유독한 뿌리에는 모두 음흉한 가르침들이 있다. 1) 우리는 모두 신이다. 2) 의식을 키워 다양한 기술을 통해 우주의 영과 하나 될 수 있다(그 기술 중 다수는 동방 종교에서 가져온 것이다.). 3) 우리 모두는 환생할 것이기에, 낙태도 자살도 받아들일 수 있다.

야리브와 다나는 자신들을 묶고 있던 성령과 예슈아의 이름이 갖는 권세와 능력을 체험하기 시작했다. 두 사람의 부모는 이들에게 일어난 변화를 보고 아연했다. 예슈아를 믿는 것은 자유로 향하는 문과 같다. 성령께서는 회개하는 마약 중독자들, 습관으로 길러진 마인드 컨트롤이라는 죽음의 사슬에 매여 있는 모든 자들을 풀어 주는 실질적 능력이신 것이다. 멍에를 부러뜨리는 기름 부으심(사 10:27 참조)이다. "포로된 자에게 자유를, 갇힌 자에게 놓임을 선포(사 61:1)"하도록 풀어 주시는 하나님의 능력이다. 해방의 열쇠는 사람의 영, 혼, 육을 온전하게 만드는 완전한 구원을 받는 것이다. 점차 야리브와 다나는 다른 새 신자들과 함께 온전한 성격적 원리에 근거한 새로운 삶을 살기 시작하면서 성령의 인도와 지배를 받았다.

한번은 레바논 국경 근처의 아름다운 해안 도시 나하리야의 가정 교회에서 사역을 했다. 유대인 이민자들, 이스라엘 토박이들, UN 직원들 등 남녀노소가 집을 가득 채웠다. 영국 출신의 연로한 신사가 모임을 여는 영광스러운 기도를 했고 나는 즉시로 이 사람을 사귀어야겠다는 생각을 했다. 카렌이 예배를 인도했고 성령께서는 우리를 강력하게 만나 주셨다. 나의 메시지는 잠언 22장 11절("마음의 정결을 사모하는 자의 입술에는 덕이 있으므로 임금이 그의 친구가 되느니라")을 기반으로 한 "왕과 친구이십니까?"였다. 열 명의 러시아 출신 이민자들이 앞으로 나아와 회개했다. 이후 한 유대인 어머니는 자신의 아들이 그날 예슈아를 믿게 됐다고 전화를 걸어 말했다. 우리는 남편이 랍비였던 다른 여성과도 이야기를 나눴다. 그녀의 남편은 몇 년 전에 예슈아를 믿게 되었는데 그녀는 이를 받아들일 수 없어 남편과 이혼을 하고 싶었다는 것이다. 하지만 예슈아께서 그녀에게 두 번이나 직접 나타나셨고 그후 그녀는 예슈아를 영접하게 되었다. 그녀는 손을 들고 히브리어로 말했다. "이 다음엔 어떻게 해야 해요?"

나는 영국 신사 스탠리 로버츠와 시간을 보내기 시작했다. 영국 위임 통치령 시절 해군 장교를 지낸 스탠리는 1940년대 하이파 전투에 참전했다. 그는 그보다 수년 앞서 아내 에델과 함께 이스라엘에서 살기 위해 돌아왔는데, 그전엔 영국에서 목사요, 전도자로 지냈다. 그는 이스라엘을 위해 기도했던 영국 그룹과 연결된 중보사였고 자신의 집에서 매주 기도 모임을 가졌다. 스탠리는 카르멜산에서 벌어진 영적 전쟁에 대해 이야기해 주었다. 엘리야의 시대로부터 이 산에 거짓 선지자들의 무리가 있어 왔다고 설명했다. 그는 하이파가 이스라엘에서 성령에 가장 저항적인 곳들 중 하나라고 본다며, "우리의 씨름은 혈과 육을 상대하는 것이 아니요 통치자들과 권세들과 이 어둠의 세상 주관자들과 하늘에 있는 악의 영들을 상대함이라(엡 6:12)"는 말씀이 중요하다고 했다. 스탠리는 우리의 사역을 적극 지지했지만, 우리는 이곳에 수 세기 동안 단단히 자리 잡은 영들을 대적하는 것이라고 말했다. 개척자로서 우리는 마약과 알코올이라는 요새를 공격하는 최전선에 서는 것이라며, 스탠리는 우리가 전쟁에 들어섰음을 알라고 경고했다.

여러 날이 지나고 나는 새벽 2시쯤 단지 내에 거인들이 있다는 분명한 느낌에 잠에서 깼다. 우리 건물 양편에 서 있는 눌을 분별할 수가 있었다. 그들은 흉포스러웠고 건물보다도 키가 컸으며 긴 턱수염에 엄청난 근육까지 있었다. 그들은 팔짱을 끼고 있었는데 마치 "우리를 움직이려 하지 마라. 여긴 우리 것이다."고 말하는 것 같았다.

나는 카렌을 깨워 내가 본 것을 이야기해 주었다. 우리는 즉시 침대에서 빠져나와 무릎을 꿇고 성령으로 기도했다. 우리는 하나님의 말씀에 따라 이 영들에 대한 권세를 취했다. 예수님께서 십자가상에서 모든 악한 세력을 이기셨고, 당신을 믿는 자들에게 원수의 모든 능력을 제어할 권능을 주셨다고 말씀하고 있기 때문이다(눅 10:19 참조). 우리는 예수의 보혈의 능력을 선포했다. 한 시간이 넘도록 강력한 기도를 하자 두 거인은 떠나갔다. 그리고 우리는 수 주 동안 겪고 있었던 단지 내의 불길한 억압으로부터 풀려나는 느낌을 받았다.

스탠리 로버츠는 그 주에 우리 모임에서 "소망 없는 날"이라는 제목으로 설교했다. 나흘 동안 죽었던 오빠 나사로에 대해 마리아와 마르다가 어떤 느낌을 가졌을까에 대한 것이었다. 기쁜 소식은 예수님께서 나사로를 죽음에서 살리셨다는 것이었다. 우리는 큰 용기를 얻었고, 영의 양식과 힘을 받았다.

나는 새로 만든 센터를 "아둘람 굴"이라고 부르고 싶었다. 고통과 상처받은 자들이 다윗왕을 만난 동굴의 이름을 딴 것이었다. 그러나 메타돈을 뜻하는 히브리 단어가 "아둘란"이라서 사람들이 우리가 또 하나의 메타돈 클리닉이라고 잘못 생각할까 우려했다. 주님께서는 대신 카렌에게 베이트 니짜혼이라는 이름을 주셨다. "승리의 집"이라는 뜻이었다.

하지만 첫해 여름에 중독자들과 다른 이들을 도와주려 분투하는 가운데 승리는 거의 없었다. 진이 빠지도록 일했고 때로 카렌과 나는 기진맥진하여 침대에 쓰러졌다. 그럼에도 불구하고 우리는 아랍인과 유대인, 때때로 드루즈인까지 만지시는 하나님의 사랑과 능력을 목도하고 있었다.

한여름에 나사렛 병원의 원목이자 아랍인 크리스천 심리학자가 엘리아스라는 이름의 중독자를 우리에게 보냈다. 엘리아스는 30대의 잘생긴 남성이었다. 그가 우리 정문 밖에서 마지막 담배를 태운 뒤, 우리는 샤워를 시키고 마약이 있는지 보기 위해 그의 옷과 가

방을 살폈다. 그날 밤 나는 방공호 안에서 그와 함께 잤다. 수님께서는 엘리아스를 만지셨고 그는 아무런 고통 없이 마약을 끊을 수 있게 됐다. 며칠 후 우리는 그를 집으로 옮겼다.

그날 밤 카렌과 나는 위층 현관에서 잉글랜드에서 온 한 기독교 여성과 함께 미혼인 남성 봉사자를 보내 주시도록 "추수하시는 주님"께 기도하고 있었다. 우리는 일손이 부족했고 상당히 지쳐 있었다. 단지 아래의 어둠 속에서 우리는 한 외침을 들었다. "데이비드 데이비스 씨가 여기 사십니까?" 나는 기도 시간을 방해하는 사람이 누군가 궁금해, 내려가 그 낯선 이를 만났다.

그는 뉴욕의 타임 스퀘어 교회에서 온 미국계 메시아닉 유대인으로 키도 크고 젊었다. "타임 스퀘어에서 봤어요. 유럽 전역을 배낭여행 하다가 방금 그리스에서 배를 타고 왔어요. 자원봉사자 받아 주시나요?" 그가 물었다. "여기서 돕고 싶어요. 그리고 저를 제자 삼아 주세요. 원하시는 건 무엇이든 할게요." 우리는 기도의 응답을 받아 큰 안도감을 느꼈다. 더그는 엘리아스와 함께 살기 위해 들어왔고, 주님께서는 계속해서 당신의 말씀을 우리에게 행하셨다. "주의 권능의 날에 주의 백성이 거룩한 옷을 입고 즐거이 헌신하니(시 110:3)"

우리는 엘리아스에게 복음을 전했고, 또 텔아비브 출신인 그의 유대인 여자 친구에게도 전했다. 하지만 엘리아스는 6주 동안 우리와 지낸 후 자신의 마음이 "돌과 같이 굳었다."면서 떠나기로 결정했다는 말을 했다. 나는 그에게 간청했지만 들으려 하지 않았다. 그가 나가려고 할 때 나는 그와 함께 기도하며 이 경고를 읽어 줬다.

> "만일 그들이 우리 주 되신 구주 예수 그리스도를 앎으로 세상의 더러움을 피한 후에 다시 그 중에 얽매이고 지면 그 나중 형편이 처음보다 더 심하리니 (벧후 2:20)"

우리는 그의 여자 친구에게 전화해서 그를 집에 들이지 말고, 분명 마약을 구하는 데 쓸 테니 절대 돈을 주지 말라고 했다. 일주일 후 우리는 샤밧 모임을 마치고 돌아와 자동 응답기 메시지들을 재생해 보다가 슬픈 소식을 듣게 됐다. "데이비드! 데이비드! 엘리아스가 죽었어요! 엘리아스가 죽었어요!" 여자 친구의 목소리였다. 두 번째 메시지는 나사렛에 있는 엘리아스의 형에게서 온 것이었다. "데이비드! 엘리아스가 죽었어요! 엘리아스가 죽었다고요!" 우리의 조언에도 불구하고 그의 여자 친구는 엘리아스를 집에 들이고 돈을 주었던 것이다. 엘리아스는 그렇게 마약 과다 복용으로 사망했다.

더그와 나는 나사렛에서 치러진 엘리아스의 장례식에 갔다. 거기서 한 아랍인 목사는 엘리아스의 죽음을 유대인 여자 친구의 탓으로 돌렸다. 예배 후 나는 더그를 그 목사에게 소개시켜 주며, 더그가 엘리아스의 생애 마지막 6주 동안 그를 위해 모든 것을 던진 유대인 신자라고 설명했다. 하이파로 돌아가는 길에 나는 언젠가 주님께서 자유롭게 풀어 주신 아랍인, 유대인들과 함께 예수님의 고향에 돌아가고 싶다고 주님께 말했다. 나는 그곳 주민들이 "예수 그리스도께서는 어제나 오늘이나 영원토록 동일하시다."는 것을 보게 되길 원했다. 2년 후 우리는 그렇게 할 수 있게 되었다.

CHAPTER
12

카르멜 공동체

CHAPTER
12

카르멜 공동체

승리의 집을 세우려고 분투하고 있을 때 하나님께서는 우리의 주간 모임 가운데 계속 역사하셨다. 수많은 사람들이 내게 공동체를 개척하라고, 자신들의 목사가 되어 달라고 요청했다. 나는 중독자 사역을 개척하기 위해 파송되었지 공동체를 목회하기 위해 온 것이 아니라고 말했다. 나는 주님께 공동체 개척을 원하시는지 여쭤 봤다. "이미 내가 시작했다." 주님께서 말씀하시는 게 들렸다.

"내 양을 먹이라."

나는 단 윌커슨 씨에게 전화를 해 상황을 설명했다. 그는 자신과 형 데이비드 목사님이 알고 있었다고 했다. "순결한 말씀을 선포할 때 그렇게 되는 거에요. 굶주린 사람들이 오기 시작하죠." 이렇게 말하는 것이었다. "진행하세요!"

나는 또 하이파 지역의 세 리더에게 조언을 구했다. 그들은 모두 유익한 조언을 해 주며, 내게 새 양 떼를 돌보라고 격려해 주었다. 우리 건물의 새로운 스위스 주인도 호의적이었고, 수년 동안 단지 내에 모임이 있어 왔다고 상기시켜 줬다. 그중 일부는 책에 기록되어 있기까지 했다. 나는 하이파에 새로운 공동체가 하나만 필요한 게 아니라는 생각을 하게 됐다.

우리가 하이파로 온 지 1년밖에 안 되었을 때 승리의 집에서 열린 목요 철야 모임에서 나는 주님께서 새로운 공동체를 일으키셨으며 우리가 샤밧 모임을 시작할 것이라고 발표했다. 우리는 이를 "케힐랏 하카르멜" 즉 카르멜 공동체라고 불렀다.

처음에 우리는 샤밧에 단지 내에서 모였다. 3주 후 우리는 스텔라 카르멜 담당자로부터 전화를 받았다. 그는 샤밧 모임을 그곳의 채플에서 가지라고 제안했다. 그 다음 주에 우리는 산꼭대기에서 모였다. 너무나 많은 일이 시작된 스텔라에서 말이다!

스텔라에서 가진 첫 모임에서 주님께 우리가 맞는 곳에 있는 건지 여쭈었다. 우리는 그곳에서 유대인들이 편안하다고 느낄지, 아니면 성공회의 소유물이라 너무 "교회스럽게" 느낄지 알고 싶었다. 다음 샤밧, 우리의 두 번째 모임 중에 한 유대인 부부가 커피를 마시려고 재활 센터에 들어왔다가 위층에서 우리가 히브리어로 노래하는 소리를 들었다. 우리가 예수를 믿는 메시아닉 유대인이라는 이야기를 들은 그들은 함께할 수 있냐고 물었다. 그들은 완전히 즐기고 있는 것 같았다. 그들은 우리가 준 신약을 받았으며 읽기로 약속했다. 응답을 주신 것이었다. 우리는 1년 전에 갑자기 일이 멈추게 되었던 그곳에서 140m 정도 떨어진 카르멜 산꼭대기에서 자리를 잡은 것이었다.

나는 주님의 손이 카르멜 산꼭대기에 공동체를 심으시는 것을 보기 시작했다. 그곳은 가족들이 도시에서 벗어나고 아이들이 야외, 그것도 흙에서 놀 수 있는 놀랍고 평화로운 곳이었다. 이전 해에 우리는 산꼭대기에서 마약 사역을 시작하려고 했을 때 낮춰지고 시험받고, 가지치기되었다. 그러나 나는 이제 주님께서 그 에피소드를 사용하사 우리와 스텔라 카르멜을 연결시키셨음을 깨달았다. 그리고 주님께서는 산 밑의 하게펜 스트리트에 재활 센터를 위한 더 좋은 곳을 주셨다.

그때 우리는 마약상들이 우리 배후에서 위협을 하고 있다고 의심하고 있었고 마약 업계의 관심에 노출되지 않기를 원했다. 승리의 집을 열고 얼마 지나지 않아 1백만 달러 규모의 헤로인 단속이 있었고, 우리가 사역을 시작하려 했던 마을의 정치인과 그 조카도 연루되어 있었다. 우리가 집을 빌렸던 곳 근처의 숲에서는 상당한 규모의 마약 은닉처가 발견되었다. 그리고 그 마을에서 중독자로 의심되는 자가 한 젊은 아랍 의사를 푸주 칼로 살해했다. 나는 마태복음 10장 14-15절에 나온 예수님의 말씀이 떠올랐다.

> "누구든지 너희를 영접하지도 아니하고 너희 말을 듣지도 아니하거든 그 집이나 성에서 나가 너희 발의 먼지를 떨어 버리라 내가 진실로 너희에게 이르노니 심판 날에 소돔과 고모라 땅이 그 성보다 견디기 쉬우리라"

나는 신약이 보여 주는 리더십의 여러 모델을 믿었고 이 원칙에 담긴 지혜를 직접 경험했다. 우리는 급히 도움이 필요했다. 어려운 사람들이 언제고 문 앞에 나타났기 때문이었다. 잠을 자기 위해 초인종을 없앨 수밖에 없는 상황까지 이르렀다! 우리는 에베소서 4장 11절 말씀으로 간절히 기도하며, 주님께서 사도와 선지자, 전도자, 목사, 교사들을 보내 주시거나 일으켜 주시기를 바랐다.

카렌과 나는 피터와 리타 추카히라 부부를 막 알아 가고 있었는데 그들은 우리 모임에 나오고 있었다. 이들은 일본에서 이스라엘로 이민 온 미국인들이었다. 일본에서 피터는 협력 목사이면서 사업가였다. 이곳 이스라엘에서 자신의 사업을 계속하고 있었지만 하이파의 다른 여러 믿는 부부들처럼 이스라엘 내의 가족 같은 공동체 혹은 교회를 찾지 못하고 있었다.

나는 피터에게 승리의 집 모임에 나와 한번 가르칠 것을 제안했다. 우리는 그가 도움을 요청한 우리 기도에 응답일 것이라는 느낌을 받기 시작했다. 가정 모임을 시작한 지 1년 후, 나는 샤밧 모임에서 피터에게 손을 얹었고 그를 목사로 세웠다. 리타는 점점 더 많아져 가는 공동체의 아이들을 위한 샤밧 학교를 조직하고 가르치는 일을 도왔다. 추카히라 부부는 빠르게 케힐랏 하카르멜이 기초를 다지고 발전해 나가는 데에 큰 역할을 했다.

샤밧이 되면 사람들은 카르멜과 갈릴리 등 다양한 지역에서 차를 타고 이 고립된 재활 센터로 왔고, 채플은 금세 가득 찼다. 카렌이 소규모 예배 팀을 훈련하고 인도하는 가운데, 우리는 찬양과 예배가 우리를 진실로 자유케 하는 것을 경험하기 시작했다. 공동체로서 우리는 또한 수콧**초막절**과 페싸흐**유월절** 같은 성경적 유대 절기를 기념하기 시작했다. 메시아 예슈아 안에 있는 우리의 구원을 너무나 아름답게 보여 주고 있기 때문이었다. 아랍인 신자들은 유월셋 만찬에 참여하도록 초대받아 본 적이 없있는데, 이제 잔칫상에 모여 유대 형제 자매들과 함께 앉으니 자신들이 믿는 예슈아 신앙의 유대적 뿌리를 이해하기 시작했다.

몇 부부가 다른 공동체를 떠나 우리와 함께하기로 했을 때 우리는 격렬한 공격을 받았다. 근거 없는 비난이 담긴 편지가 데이비드 윌커슨 목사님께 발송되었고 상황을 알지 못하고 관심도 없는 이스라엘 전역과 해외 사람들에게도 보내졌다. 데이비드 윌커슨 목사님은 자신에게 발송된 편지가 상관도 없는 그 많은 사람들에게 보내졌다는 것을 알고 자신이 얼마나 놀랐는지를 설명하며 편지 발송자에게 답장을 하셨다. 목사님은 이 사람에게 지역적인 수준에서 이 문제를 해결할 것을 촉구했지만 그는 거부했다.

이 편지로 선동한 사람은 하이파에 있는 공동체의 목회자인데 나를 만나기를 거부했다. 많은 이들이 중재하기 위해 그에게 갔지만 그는 여전히 의지가 없었다. 나는 그가 원래 떠나기로 되어 있던 일정보다 6개월 먼저 이스라엘을 떠난다는 이야기를 들었고, 카렌과 함께 말 없이 그를 보러 갔다. 우리는 우리의 말이나 행동으로 혹시 상처를 받았다면 미안하다고 했다. 그를 위해 내가 기도했지만, 그는 함께 기도하려 하지 않았다.

또 다른 공동체 리더와 그의 아내는 실제로 우리가 하이파에 있는 게 싫다며 다른 도시로 갈 것을 제안했다. 나는 옛 현자 가말리엘 랍비의 말을 인용해 응수했다. "이 사상과 이 소행이 사람으로부터 났으면 무너질 것이요 만일 하나님께로부터 났으면 너희가 그들을 무너뜨릴 수 없겠고 도리어 하나님을 대적하는 자가 될까 하노라 (행 5:38-39)" 카렌과 나에게 이것이 고통스러웠던 만큼 우리는 다시 한번 예수님의 말씀에만 의지하고 서게 됐다. "나로 말미암아 너희를 욕하고 박해하고 거짓으로 너희를 거슬러 모든 악한 말을 할 때에는 너희에게 복이 있나니 기뻐하고 즐거워하라 하늘에서 너희의 상이 큼이라 너희 전에 있던 선지자들도 이같이 박해하였느니라(마 5:11-12)" 바로 그때 우리는 독일 기독교 마리아 자매회를 설립한 바실레아 쉴링크 수녀로부터 벽걸이 액자를 받았는데, 이렇게 써 있었다.

> "높이 계신 여호와의 능력은 많은 물 소리와 바다의 큰 파도보다 크니이다(시편 93:4)"

"하나님께서는 항상 우리 문제보다 크십니다."

주님께서 갈릴리 서편의 카르멜산 위에 이 두 개의 새로운 사역을 심으시면서, 갈릴리 동편 티베리아스에는 또 다른 사역을 일으키고 계셨다. 티베리아스 출신의 복음주의 이스라엘인 클로드가 나를 만나러 왔다. 그는 키부츠에서 바나나를 따던 중에 레바논에서 들려온 라디오 복음 방송을 직접 들은 사람이었다. 그는 예슈아를 믿게 됐고 얼마 후 그의 아내와 아이들도 주님께로 나아왔다. 클로드는 매일 일을 마친 후 러시아 출신의 이민자들을 방문한다고 했다. 가족 단위로 주님을 영접하고 있으며, 일부는 무릎을 꿇기도 한다는 것이었다.

이 가정 방문들로부터 새로운 공동체가 탄생했고, 클로드는 금세 목회를 배워 가고 있었다. 그도 새로운 사역 때문에 다른 신자들의 공격을 받고 있었다. 얼마 지나지 않아 클로드 목사는 갈릴리 건너편에서 자신의 공동체에 출석하는 이민자 40여 명을 데려와 우리와 만났다. 우리는 꽉 찬 채플로 이 형제 자매들을 맞이했고 히브리어, 러시아어, 영어로 함께 예슈아를 예배했다.

카르멜 공동체는 계속해서 성장했다. 나는 매주 "교회에 주신 그리스도의 일곱 편지", "남은 자들", "주님께서 열두 제자를 훈련하신 방법" 등 기초적인 성경 공부 시리즈를 통해 제자 훈련의 원칙들을 가르치기 시작했다.

카렌과 나는 완전히 지쳤다. 그해 가을에 우리는 키프로스섬으로 가서 너무나 필요했던 열흘간의 쉼을 누렸다. 회복을 하는 가운데 나는 주님께 나를 목사로 만들어 주시기를 구했다. 내가 배워야 할 것이 많고 주님의 백성들을 효과적으로 목양하려면 내 안에서 깊은 것들을 행하셔야 함을 알았다.

미국에서 온 한 신사가 하이파를 방문하여 세인드루이스에서 하고 있는 생명 보호 운동에 대해 들려준 뒤 고통받는 이들을 향한 우리의 사명감은 배 속의 태아까지 확장되어 갔다. 우리는 하이파의 낙태 상황에 대해 매주 기도 모임을 시작해야겠다는 감동을 받았다.

어느 날 밤, 우리는 자신들이 아이들을 살해해 왔다는 것을 깨닫게 됐다는 간증을 들려주는 의사와 간호사들의 영상을 공동체에게 보여 줬다. 그리고 우리는 "불편한 진실"이라는 제목의 6분짜리 영상을 보았는데, 텍사스주 휴스턴의 한 낙태실 뒤편에서 태아들의 사체들이 조각조각 쓰레기통에 버려지는 것을 그대로 보여 주고 있었다. 사운드 트랙 〈회개〉가 마음을 찌르는 가운데 자그맣게 해체된 머리와 팔, 다리, 그리고 아름답게 생긴 몸통들이 우리에게 조용히 외치고 있었다.

부모가 버린 두 남자 아이들이 승리의 집에서 함께 살고 있었는데, 이들이 울음을 터뜨렸다. 한 아이는 자신이 낙태되기를 바랐었다고 이야기했다. 한 젊은 여성이 에스겔 23장 39절을 읽었다.

"그들이 자녀를 죽여 그 우상에게 드린 그 날에 내 성소에 들어와서 더럽혔으되 그들이 내 성전 가운데에서 그렇게 행하였으며"

산고의 영이 우리에게 임했고 우리는 이 땅에서 저질러지는 이 죄악의 공포로 인해 애곡했다.

우리는 낙태가 만연해 있는 끔찍한 현상을 그대로 노출시키는 것이 이스라엘의 세속과 종교계를 깨워 이 나라가 짓는 죄악의 실체를 볼 수 있도록 하는 방법일 수 있음을 보게 됐다. 수 세기 동안 소위 "기독교인들"의 손에서 자행된 반유대주의는 유대 민족에게 집단적으로 자기 의를 갖게 했다. 스페인에서 벌어진 로마 가톨릭의 종교 재판, 러시아 정교회의 포그롬, 독일의 홀로코스트 같은 끔찍한 사건들을 통해 유대 민족은 스스로가 영원한 피해자라는 의식을 갖게 됐다. 이들에게 "모든 사람이 죄를 범하였으매 하나님의 영광에 이르지 못하더니(롬 3:23)"라는 진리는 깨닫기 어려운 것이었다. 우리는 이들이 아기들을 몰살시키고 있는 것을 목격할 기회만 있다면, 자신들도 그저 무죄한 피해자가 아니라 가해자이며 진정 "죄의 삯은 사망"이라는 것을 이해하길 바랐다. 그 목표를 위해 우리는 하이파 시내에서 영상을 보여 주고 반낙태 전단지 배부 허가를 받았다.

아웃리치가 조직되고 수백 장의 전단지가 배포되었다. 우리는 대형 백화점 밖에 테이블들을 차려 놓고 영상을 보여 줬다. 많은 행인들이 그것을 보고 공포를 느꼈으며, 정부에 낙태법 개정을 요구하는 우리의 청원에 기꺼이 서명했다. 한 정통 유대교 남성은 우리를 꾸짖었다. 사체를 보여 주는 것은 잘못된 일이라고 했다.

"홀로코스트로 죽어 간 이들의 몸을 보는 것이 잘못된 일인가요?" 우리와 함께한 자매가 반문했다. "이것은 또 하나의 홀로코스트에요." 그녀는 이렇게 말했다.

우리는 하이파에 사무실을 연 이스라엘의 생명 보호 단체 베아드 하임과 함께했다. 우리 공동체에 속한 이스라엘 여성 오리트는 그 사무실 운영을 담당하기로 되었고, 피터는 목회적인 관리를 하기로 했다. 점차 오리트 등 여러 사람이 전화 문의와 사무실 방문자를 응대하고 학교나 다른 기관에 나가 강의도 하게 됐다. 이스라엘인들은 진실을 배워 가고 있었다. 때로는 한 아기의 생명을 구하기도 했다. 그러므로 주님이 주신 사명을 통해 기도로 탄생된 또 하나의 사역이 카르멜산에 심긴 것이었다. 이 캄캄한 산 위에 조금 더 밝게 빛이 비추고 있었다.

스텔라 카르멜과 승리의 집에서 갖는 우리 모임은 유대인과 아랍인, 중독자들과 열방에서 온 봉사자들로 가득하게 되었다. 모두 하나님을 갈망하는 이들이었다. 어느 샤밧에는 아직 메시아 예슈아를 알지 못하는 유대인이 여섯 명이나 왔다. 예배가 너무나 강력해서 프로그램에 참여 중인 한 중독자가 모임 중에 뛰쳐나가기도 했다. 우리는 예배 가운데 하나님의 영광과 이사를 맛보기 시작했고, 새로운 노래가 터져 나오고 있었다. 예배실은 회개, 기쁨, 감사와 해방의 눈물로 씻기는 듯했다. 사람들이 예수님을 직접 만나고 무릎을 꿇고 통곡했기 때문이었다. 청소년과 어린이들도 만지심을 받았다. 예배실을 둘러보면 삶이 변화된 이들과 감사 가운데 주님 안에서 성장해 가는 가정들이 보였다. 나는 우리가 "성장"의 해로 들어서고 있다고 우리 양 떼에게 말했다. 심고 물 주는 때가 지난 후, 부흥의 때가 다가오고 있었다.

> "야곱아 내가 반드시 너희 무리를 다 모으며 내가 반드시 이스라엘의 남은 자를 모으고 그들을 한 처소에 두기를 보스라의 양 떼 같이 하며 초장의 양 떼 같이 하리니 사람들이 크게 떠들 것이며 길을 여는 자가 그들 앞에 올라가고 그들은 길을 열어 성문에 이르러서는 그리로 나갈 것이며 그들의 왕이 앞서 가며 여호와께서는 선두로 가시리라(미 2:12-13)"

이제 백 명이 넘는 사람들이 모임에 나오고 있었다. 우리 모임은 70명까지 수용할 수 있도록 지어진 채플보다 더 커진 것이었다. 어떤 이들은 바깥 베란다에 혹은 복도에 앉아야만 했다. 우리는 공간이 더 필요함을 깨달아 하이파 시내에서 임차 혹은 매입할 수 있는 영화관을 찾았다. 우리는 특별히 대형 포르노 극장이 폐관하여 임대로 나오게 되기를 기도하기 시작했다. 또 이미 폐관한 다른 극장도 두 곳을 보았다.

이 기간에 나는 이스라엘의 다른 목회자들과 함께 이집트 카이로에서 열린 리더 콘퍼런스에 참석했다. 우리는 여러 이집트 목회자들과 만나, 이집트에서 일어나고 있는 부흥에 대해 들었다. 수만 명의, 주로 명목상 기독교인들이 주님을 알게 되었다고 했다. 우리는 이사야 19장 23-25절에 따라 이집트로부터 이스라엘, 레바논, 터키, 시리아, 이라크를 통해 약속된 부흥이 임하기를 기도했다.

> "그 날에 이집트에서 앗수르로 통하는 대로가 있어 앗수르 사람은 애굽으로 가겠고 애굽 사람은 앗수르로 갈 것이며 애굽 사람이 앗수르 사람과 함께 경배하리라 그 날에 이스라엘이 애굽 및 앗수르와 더불어 셋이 세계 중에 복이 되리니 이는 만군의 여호와께서 복 주시며 이르시되 내 백성 애굽이여, 내 손으로 지은 앗수르여, 나의 기업 이스라엘이여, 복이 있을지어다 하실 것임이라"

나는 이집트에서 거짓 종교에 묶인 한 민족의 어둠과 낙심, 빈곤과 절망을 보았다. 나름대로 "온건한" 이슬람 국가로 여겨지는 그 곳에서 스파이들이 우리 모임에 잠입해 들어왔고, 카이로 거리에는 특별 경찰 병력이 일반 경찰을 관찰하고 있었다.

나는 카이로 변두리에 있는 "죽은 자들의 도시"에 방문했다. 백만에 가까운 사람들이 판잣집 혹은 오랜 무덤에 잔뜩 모여 살고 있었다. 카이로시는 쓰레기를 그곳에 쏟아부어, 많은 가족들이 그 쓰레기를 파헤쳐서 먹고살고 있었다. 수 킬로미터가 떨어진 곳에서도 기절할 듯한 악 취가 느껴졌다.

이 어둠의 사막 한가운데서 나는 감사하게도 한 교회를 방문하여 사역하게 됐는데, 억눌리고 가난에 시달리는 카이로 지역의 빛이요 오아시스 같은 교회였다. 여러 무슬림들이 그 교회에서 주님을 알게 되었다. 그런 결정을 내리면 그들은 쉽게 목숨을 잃을 수 있는데도 말이다.

이집트에 있을 때 나는 또한 성공회 이스라엘 신탁(ITAC)의 현장 담당자를 만나기도 했는데, 이들은 스텔라 카르멜을 소유한 영국 단체였다. 그는 유대인과 아랍인 모두에게 나아가는 메시아닉 공동체가 스텔라에서 모인다니 ITAC 이사회는 얼마나 축복받았는지를 이야기했다. 내가 스텔라 카르멜을 떠날 생각을 하고 있다고 했을 때 그는 언짢아했다. 그러고서 그는 우리 공동체를 위한 워십 센터를 지을 수 있도록 자신들의 토지 일부를 준다면 떠나지 않겠냐고 물었다. 그는 이 아이디어에 대해 런던의 이사회가 어떻게 반응할지 모르겠다면서, 함께 기도하기로 했다.

이스라엘로 돌아온 후 우리 공동체는 위층 채플에서 더 큰 아래층 회의실로 옮겨서 공간을 더 확보했다. 하지만 우리는 곧 그 장소보다도 더 커졌다. 스텔라는 응접실과 카페테리아 사이의 벽에 있는 두 개의 대형 아치를 잘라 내도록 허락해 주어, 샤밧에 우리가 모이는 공간은 거의 두 배가 되었다. 토요일 아침마다 스텔라의 봉사자들은 카페테리아의 모든 가구를 옮겨 와 우리 안내자들이 예배 준비를 할 수 있도록 했다.

단 윌커슨 목사님이 카르멜산에서 일어나고 있는 일들을 직접 보고 피터를 월드 챌린지 사역자로 안수하기 위해 오셨다. 은퇴하는 ITAC의 현장 담당자, 그의 후임, 그리고 아내들, 런던 이사회장이 모두 그 모임에 함께하게 되었다. 이후에 우리는 모두 오찬을 함께했다. ITAC 이사회장이 내게 물었다. "재활 센터 뒤편의 부지를 드린다면 더 머무시겠습니까? 직접 워십 센터를 지으실 수 있을 텐데요." 해당 부지는 말 그대로 카르멜산 최정상에 위치해 있었고 일부는 기반암으로 이루어져 있었다. 그런데 쓰레기 소각 용도로만 사용되고 있었던 것이다. 우리는 제안을 가지고 논의한 뒤 함께 기도했다. 카렌과 나는 단 목사님과 함께 스텔라 카르멜 밖으로 차를 몰고 나갔다. "이게 기적이라는 건 아시죠?" 목사님이 내게 물으셨다. "카르멜산 꼭대기를 주겠다는 거라고요."

"알죠." 나는 대답했다.

"50만 달러에 대한 믿음이 있으세요?" 목사님이 물으셨다.

"있습니다." 우리는 차에서 이를 놓고 기도했다.

다음 금요일 나는 뉴욕으로 돌아가신 단 목사님으로부터 전화를 받았다. "오늘 아침에 데이비드 목사님과 만났어요." 단 목사님은 말했다. "내게 물으셨죠. '하이파에서 본 걸 얘기해 주겠니, 아니면 네가 간 동안 성령께서 내게 말씀해 주신 걸 이야기할까?' 나는 먼저 이야기해 보라고 했어요." "성령께서 무슨 일을 진행하고 있든지 데이비드와 카렌 씨에게 50만 달러를 주라고 하셨어. 이제 네 차례다."

단 목사님은 데이비드 목사님에게 우리가 카르멜산 꼭대기를 제안받은 이야기를 하며, 우리가 기도 가운데 50만 달러에 뜻을 모았다고 했다! 데이비드 윌커슨 목사님은 이 프로젝트를 위해 그 액수를 서약하셨다.

카렌과 내가 일이 이렇게 놀랍게 전개된 것에 대해 이야기하고 있을 때, 주님의 손이 역사하시는 것을 다시 보게 되었다. 나는 주님께서 2년 전에 내게 하신 말씀이 기억났다. 우리가 임차하려던 건물을 두고 스텔라 카르멜에서 금식 기도했을 때 말이다. "밭을 사라." 주님께서 말씀하셨던 것이다. 이제 우리는 주님께서 내게 말씀하셨던 바로 그곳의 빈 밭을 제안받은 상황에 놓인 것이다!

나는 예레미야 32장을 다시 연구하기 시작했다. 주님께서는 예레미야 선지자에게 아주 구체적으로 지시하셨다.

> "은으로 밭을 사며 증인을 세우라 하셨으나… 나는 여호와요 모든 육체의 하나님이라 내게 할 수 없는 일이 있겠느냐(렘 32:25-27)"

선지자는 감옥에 있었고 이스라엘에는 원수가 들끓고 있었지만, 하나님께서는 그에게 예언적인 선언을 공식적으로 하라고 말씀하셨다. 주님께서 흩으신 당신의 백성을 궁극적으로 그 땅에 다시 모아 구속하시겠다는 표징으로 한 필지의 땅을 사라고 지시하신 것이다. 성경이 우리와 우리 상황에 대해 이보다 구체적으로 말씀할 수는 없었다.

> "만군의 여호와 이스라엘의 하나님께서 이와 같이 말씀하시니라 사람이 이 땅에서 집과 밭과 포도원을 다시 사게 되리라 하셨다 하니라(렘 32:15)"

나는 공동체의 헌신된 성도들을 불러 모으고, 함께 그 제안을 논의했다. 대부분은 제안을 받아들이고 우리만의 모임 장소를 짓는 것을 지지했다. 한두 사람이 그 아이디어에 반대했다.

1993년 10월 중순, 땅을 두고 협상을 하고 있던 중이었는데 나는 열왕기상 18장 41절 말씀으로 "큰 비 소리"라는 제목으로 설교를 하게 됐다. 엘리야는 갈멜산에서 하늘로부터 불을 불러 내렸고 주님께서는 모두가 보도록 바알의 선지자들을 물리치셨다. 엘리야의 기도대로였다. 3년이 넘게 비가 오지 않은 상태였다. 하나님의 음성을 들은 이 한 사람만 비가 오는 소리를 들을 수 있었다.

엘리야의 기도는 주님께서 그에게 아합과 그의 타협한 세상에 맞서라고 말씀하셨을 때 주신 하나님의 약속에 근거한 것이었다(왕상 18:1 참조).

내가 전한 메시지는 사람들에게 기도를 촉구하는 것이었다. 이스라엘에는 근 6개월간 비가 안 온 상태였다. 그리고 메시지 끝에 성령의 기름 부으심으로 나는 "오늘 비가 올 겁니다"라고 말하게 됐다.

그날 늦은 오후, 스텔라 카르멜의 베란다에 ITAC 대표들과 함께 앉아 있을 때는 하늘이 맑았다. 그 땅에 대한 권리를 부여하는, 우리가 받은 계약서를 읽어 나가는데, 하늘이 어두워지고 바람이 불더니 그 서류에 빗방울이 떨어지기 시작했다. 우리 모두는 놀라 서로를 쳐다보며 웃기 시작했다. 충만한 비가 내리는 걸 보고 우리는 실내로 옮겼다.

공동체 사람들은 서로 전화를 걸었다. "산꼭대기에 비가 내리고 있어요!" 양측이 온전히 합의할 만한 계약서가 작성되기까지는 만 1년간의 격렬한 협상이 이어졌다. 땅은 해결되었지만, 건물에 대한 전투는 이제 막 시작된 것이었다.

218 카르멜로 가는 길

CHAPTER
13

마약 전쟁

CHAPTER
13

마약 전쟁

1992년 3월 6일, 헤로인 불시 단속으로 2,100만 달러 규모의 헤로인 250kg이 몰수되었다! 아랍인과 유대인이 힘을 합친 여섯 개의 갈릴리 갱단이 연루되어 있었다. 그해 봄, 하이파 대학교의 사회 복지 학부는 이스라엘에 커져 가는 마약 확산에 초점을 둔 "연구의 날"을 가졌다. 이들은 마약 사용이 아랍인과 유대인 측 모두 사회의 전 분야에 침투해 있으며, 통제 불능의 상태라는 결론을 내렸다.

우리는 텔아비브의 두 대형 메타돈 센터에 과부하가 걸렸고 수용 능력을 초과했다는 이야기를 들었다. 합성 약을 구하지 못하는 헤로인 중독자들은 거리에서 소리를 지르고 있었다. 마약상들은 자파의 메타돈 센터 뒷골목에 가게를 차리고 있었다. 정부는 텔아비브에 또 하나, 남부에 두 개를 개원하고 서부 갈릴리 노상에 이동식 센터를 차릴 계획이었다.

국립 "마약과의 전쟁 당국"이 세속적 수단을 통해 점점 만연해가는 마약이라는 질병에 맞서는 가운데, 주님께서는 개개인의 삶을 계속해서 만지셨다. 승리의 집에선 또 한 명의 유대인 중독자가 이틀 연속으로 우리 공동체 성도들의 밤샘 기도를 받은 뒤 아무런 고통 없이 금단 증상을 벗어났다. 이 젊은 유대인과 아랍인 중독자들 일부에게는 사회의 리더가 될 수 있는 잠재력이 있었다. 그런데 이들은 이렇게 낙오자로 지내고 있었던 것이다.

그런 중독자 가운데 30대 중반의 키 크고 잘생긴 유대인 남성이 있었는데, 그는 군대에서 마약 투여를 시작했다고 했다. 한때 잘나갔던 사업도 이제 저물고 있었다. 승리의 집에 들어왔을 때 그의 아내는 이혼하겠다고 위협 중이었다. 카렌은 복음을 들고 그녀에게 다가가려 했지만, 그녀는 아무런 관심을 보이지 않았다. 그녀는 오히려 "뉴에이지" 행위들을 통해 해답을 찾고 있었다.

도착하고 일주일 뒤, 이 남성은 "심장을 돌로 으스러뜨리는 것 같다."며 떠나야겠다고 했다.

"하나님께서 그것을 없애 주시고 예슈아께서 누구신지를 형제님에게 계시해 주시기를 함께 기도하지요." 나는 대답했다. 우리가 함께 기도하는 가운데 그는 부엌 바닥에 무릎을 꿇었고 통곡하기 시작했다. 그는 자신이 아내와 아이들에게 한 일들에 대해 하나님께 용서를 구했다. 한동안 그는 부엌 바닥에서 내 팔에 기대어 있었다. 얼마가 흘렀을까, 우리는 일어나 서로를 마주하고 앉았다.

마침내 그가 입을 열었다. "사라졌어요. 돌이 없어졌다고요!

이곳에 머무르고 싶어요." 부엌을 떠나려다가 그가 돌아봤다. "놀라워요." 얼굴에 기분 좋은 당황감이 서린 그는 말했다. "20년 동안 운 적이 없었거든요. 놀라워요." 그는 나가면서 고개를 저었다. 그는 일생의 절반을 강력한 마약에 의존해 살았다. 강한 사람이었지만, 하나님께는 강할 수 없었다.

그 주 금요일 늦은 저녁, 공동체가 함께 갖는 에레브 샤밧(안식일 전야) 만찬 때는 독일에서 온 한 일꾼과 러시아의 한 젊은이가 기타와 바이올린으로 바흐의 곡을 연주했다. 스위스 봉사자의 생일을 축하하기 위해서였다. 마약에서 놓임을 받은 중독자들은 기절할 듯 아름다운 음악이 우리 부엌을 가득 채우는 가운데 귀를 기울이고 있었다. 연주가 끝났을 때 나는 곡 제목을 물어보았다. "<예수, 인간 소망의 기쁨>이요." 그들이 대답했다. 나는 유대인과 아랍인, 열방에서 온 이방인들로 구성된 이 "한 새 사람의 모임"에 함께하고 있음에 감동받았다.

사역에 대한 소문이 퍼지면서 우리는 마약 문제로 도움을 간절히 바라고 있던 아랍인과 유대인들로부터 전화를 받기 시작했다. 절박했던 젊은 여성 그레이스는 모멸과 도착의 삶을 살아왔다. 그녀는 마약상들에게 구타와 칼부림을 당했고, 이제는 생명이 위태로울 지경이었다. 우리는 그녀를 여성 아파트에 들였다. 우리와 살기 시작하고 셋째 날 밤, 그녀는 귀신의 억압으로부터 극적인 놓임을 받았다. 점차 그레이스의 성품도 변화되기 시작했다. 자신의 마음을 지키기 위해 수년간 쌓아 온 단단한 벽들이 무너지기 시작하고, 그녀가 쓰고 있던 온갖 탈들 뒤에서 사랑스럽고 젊은 숙녀가 등장했다. 그레이스는 하나님의 말씀에 갈급해 있었다. 승리의 집을 떠난 뒤, 그레이스는 다른 나라에서 신학을 했다.

한 노년의 아랍인 중독자는 카나에서 우리에게로 보내졌다(이곳은 예수님께서 혼인 잔치에서 물을 포도주로 바꾸는 첫 기적을 행하셨던 그 마을이다. 안타깝게도 현재 그곳은 무슬림들의 본거지다.). 그의 어머니는 우리에게 그를 승리의 집에 계속 있게 해 달라고 간청했다. 그는 기도의 능력으로 고통 없이 금단 현상을 모두 넘겼다. 카나의 아랍인들은 예수님께서 오늘날도 기적을 행하시며, 그분을 믿는 자들이 자신들에게 관심이 있다는 것을 듣게 됐다.

한 유대인 중독자는 우리에게 와서 자신이 12세 때부터 마약을 해 왔다고 말했다. 그는 주사로 마약을 투여하고 있었고, 여러 가지 알약들도 다량 복용했으며 매일 위스키를 1/5병씩 마셨다고 했다. "그 정도면 코끼리도 넉넉히 죽겠네요." 나는 말했다. "하나님의 은혜가 아니었으면 벌써 죽었겠어요."

"알아요." 그는 대답했다. "여기서 받아 주지 않으시면 전 소망이 없어요."

그와 첫날 밤을 보내는데 그는 우리에 갇힌 짐승처럼 밤새도록 방을 배회했다. 구토도 한 번 했다. 그가 일어날 때마다 나는 그를 위해 기도했고, 그러면 그는 다시 침대에 누웠다. 두 번째 밤 그는 더 잘 잤고, 아침에는 나은 것 같다고 했다. 그는 믿어지지 않는다고 했다. 모든 통증이 사라졌다는 것이었다. 그날 밤, 그는 우리에게 벨트 춤에 숨기고 있던 작은 단검을 건네줬다.

우리가 승리의 집에서 겪는 여러 씨름 가운데는 적합한 일꾼들을 찾는 것도 있는데, 당시에는 외국인 봉사자들을 찾는 게 주였다. 19세의 독일인은 우리에게 딱 맞는 정원사가 되어 주었다. 그는 땅과 정원들을 아름답게 꾸며 주기 시작했다. 잡초도 뽑고 잔디와 새로운 꽃들도 심었다. 겉으로 보기에 그가 유대인 중독자들을 위해 일한다는 것은 잘못돼 보였다. 그는 너무 어렸고, 이름은 "크리스티안(역주: '기독교인'이라는 뜻)"이었으며 금발의 파란 눈으로 히브리어는 아예 못하고 영어도 제한적이었다. 하지만 그의 마음은 옳았다. 그리고 중독자들도 그를 좋아했다. 우리와 함께 보낸 아홉 달 동안 그는 우리의 땅을 완전히 바꿔 놓았고, 성령으로 세례를 받았다. 그는 지금 독일에서 청소년 목회자로 섬기고 있다.

승리의 집은 또한 아웃리치 센터가 되었다. 우리는 한 방에 히브리어와 아랍어, 러시아어, 암하라어(역주: 에티오피아의 공식 언어)로 된 성경책, 복음서 쪽성경, 전도지들을 쌓아 두었다. 그리고 "기쁜 소식"을 들고 하이파 거리로 나가기 시작했다. 어느 저녁 동네 공원에 나가기 전에 기도를 할 때 크리스티안에게는 센터에 남아서 기도해 달라고 제안했다. 그는 히브리어도 못하고 영어도 거의 못했기 때문이었다. 하지만 그는 말했다. "아뇨, 가고 싶어요." 그날 밤 공원에서 히브리어와 러시아어로 찬양하는데 나는 크리스티안이 한 노인과 독일어로 열정적인 대화를 나누고 있는 것을 보았다. "독일 유대인을 만나서 예수님 이야기를 해 줬어요." 그는 후에 내게 말해 줬다.

카르멜산 위의 승리의 집 정문 현관에서 카렌과 나는 오데사로부터 오는 배들이 구소련 출신의 유대인들을 하이파 항구로 실어 오는 것을 자주 보았다. 하나님께서는 당신의 백성을 이스라엘로 다시 모으시겠다는 말씀을 우리 목전에서 성취하고 계셨다. 우리는 그 과정을 그저 먼발치에서 보지만은 않았다. 이 이민자들을 직접 만나 함께 일했다.

한 러시아 유대인 신자 가정의 아버지가 우리에게 구소련에서 탈출하려고 시도했다가 투옥된 이야기를 들려주었다. 그는 로켓 과학자였는데 현재 이스라엘에서는 유리 공장에서 일하고 있었다. 그의 큰아들 이반은 우리 교회의 음향 기술자가 되어 승리의 집에서 1년간 함께 일하다가 하이파 대학교에 진학했다.

1992년 6월, 카렌과 나는 너무나 지쳐 미국에서 쉼을 가지고 타임 스퀘어 교회 식구들에게 보고도 하는 시간을 가진 뒤 돌아왔다. 우리는 미혼모와 미망인들을 위한 타임 스퀘어 교회의 새로운 사역인 한나의 집에서 머무르는 축복을 누렸다. 그곳에 있는 동안 하나님께서는 이스라엘의 낙태 문제에 대해 우리에게 큰 사명감을 주셨다. 이스라엘의 모든 여자들은 고등학교를 마친 뒤 군대에서 2년을 복무해야 한다. 군대는 얼마나 문란함이 만연해 있는지 모른다. 이 문제를 "해결"하기 위해 군사령관들은 복무 기간 동안 2~3회의 무료 낙태 시술을 제공한다. 우리는 이 고통 중의 여성들과 다른 이들을 위한 별도의 공간이 필요하다는 것을 느꼈다.

우리는 이스라엘에서 우리를 도와줄 봉사자들을 찾기 위해 차를 타고 펜실베이니아 중부의 틴 챌린지 훈련 센터로 갔다. "하나님의 산" 위의 "농장"은 주님께서 뉴욕에서 시작하신 재활 사역에 필요한 두 번째 단계로 30년 전에 세워졌다. 그 내용은 〈십자가와 칼〉 책과 영화에 담겨 있다. 세월이 지나면서 수천 명의 중독자들이 절망적인 인생을 되살리는 체험을 했다. 틴 챌린지 졸업생 중 86%

는 프로그램을 마치고 7년 이상 마약 없이 산다는 통계가 있다(출처: 미국 정부 연구 중 국립 마약 남용 연구소 통계).

다음 날 아침 우리는 채플로 걸어 들어갔다. 갖가지 인종으로 구성된 250명의 탈중독자들이 예수님을 찬양하며 노래하고 있었다. 나는 그곳에서 이스라엘의 마약 전쟁에 대해 이야기하며 우리 사역을 위해 자원해 줄 봉사자 여럿이 필요하다고 말했다. 나는 그들에게 우리와 동일한 심령과 비전을 가진 "디모데"들을 하나님께서 찾고 계시다고 말했다. 나는 빌립보의 사랑하는 성도들에게 자신의 영적인 아들을 보내고 싶다고 감옥에서 편지를 쓴 바울의 예를 들었다. "이는 뜻을 같이하여 너희 사정을 진실히 생각할 자가 이밖에 내게 없음이라(빌 2:20)" 연극 연출자로서 나는 수백 명의 배우들을 두고 오디션을 하고 면접을 보았지만, 이것은 오디션이 아니었다. 그날 아침 나는 우리와 함께 일할 생각이 있는 30명의 탈마약 중독 졸업생들을 인터뷰했다. 나는 각 사람에게 새로워진 삶에 대해 물었고, 하나님께서 구속하신 사랑과 은혜로 이루신 기적의 이야기들을 하나하나 들었다.

어느 토요일 오후, 나는 타임 스퀘어의 다락방에서 설교를 하게 됐다. 내가 중독자들을 대상으로 처음 일했던 곳이었다. 주님께서는 여전히 그곳에 당신의 영을 부어 주고 계셨고 나의 영적 뿌리에 다시 연결될 수 있다는 것은 엄청난 축복이었다. 담당자에게 이스라엘에서 봉사할 사람들이 아직 필요하다고 말했더니, 에릭 벤슨을 소개해 주었다. 로드아일랜드주의 자이언 신학원을 졸업한 에릭은 다락방에서 일하고 있었다. 그는 이스라엘을 향한 사명감을 갖고 있다고 말했다. 이스라엘을 너무나 사랑하여 신학원의 다른 학생들이 "벤슨 랍비"라고 부를 정도였다! 그는 키부츠에서 두 번이나 일했지만, 유대인이 아니라서 이스라엘의 메시아닉 유대인 교회에서 온전히 받아들여진 적이 한번도 없었다고 말했다. 내가 카르멜산에서 유대인과 아랍인이 함께 살며 일하는 "한 새 사람"의 비전에 대해 이야기하는 것을 듣고 그는 그곳에 속하고 싶다고 느꼈다고 했다.

타임 스퀘어 교회의 리더십과 카렌과 나는 에릭을 이스라엘로 부르셨음에 모두 동의했고, 그는 곧 우리의 하이파 사역에 동참했다. 에릭은 1년이 넘게 승리의 집 학생들과 함께 살며, 그들을 섬기고 가르쳤다. 주님께서는 더 영구적으로 섬길 스태프를 구하는 우리의 기도에 응답하고 계셨다.

주님께서는 승리의 집에서 아파하고 있는 사람들을 계속해서 만지셨다. 하이파 출신의 한 젊은 아랍인 중독자가 아무런 고통 없이 금단 증상을 이겨 냈다. 어느 날 나는 그가 주먹으로 무릎을 치고 있는 모습을 보고 왜 그러냐고 물었다. "통증이 시작되도록 하고 있어요. 극복해 보려고요." 그는 이렇게 말했다. 하지만 통증은 한 번도 찾아오지 않았다.

마약과 알코올 중독자뿐만 아니라 그들의 가족과 친구들도 그들이 겪는 변화를 보았다. 이 젊은 남성의 어머니는 모임에 왔다가 아들이 변한 것을 보았다. "저 애가 전에는 제 돈을 훔쳤어요." 그녀는 말했다. "이제는 저를 위해 기도해 주더군요."

바로 이 사람의 사랑스러운 여동생 소피아도 모임에 나오기 시작했다. 그녀는 주님께 헌신하고 예수님을 향한 사랑 가운데 성장해 갔다. 그리고 소피아는 에릭을 만났다. 그리고 둘은 사랑에 빠졌다. 이후 나는 스텔라 카르멜에서 둘의 결혼식 주례를 섰다. 유대인과 아랍인들이 참석한 기쁨 가득한 결혼 예식이었고, 복음이 아랍어, 히브리어, 영어로 선포되었다. 우리는 그 결혼식을 "두 진영이 함께하는 춤"이라고 불렀다. 에릭과 소피아는 현재 승리의 집 맨 위층 아파트에서 살고 있고, 에릭은 부대표로 섬기고 있다. 최근 둘은 첫 아이 샤론 로즈를 출산했다.

주님께서 신실하고 탁월한 외국인 봉사자들을 보내 주셨음에도, 해외에서 온 봉사자들을 데리고 상주형 프로그램을 유지하기는 점차 어려워졌다. 일부 스태프는 3개월 만 있다가 떠나기도 했기 때문이었다. 우리에겐 영구적으로 함께할 현지 스태프가 간절히 필요했다.

놓임 받은 마약 및 알코올 중독자들에게는 상당한 재활의 시간이 필요하다. 이들이 사회에서 어떠한 역할을 할 수 있다는 소망이 있으려면 훈육된 생활 방식을 배워야만 한다. 가장 성공적인 마약 재활 프로그램의 기간은 최소 1년이고, 2년인 것도 있다. 우리에겐 2단계 훈련이 없었기 때문에 하나의 거대한 건물이라는 제한된 환경 속에서 중독자들을 훈육하려 했다.

하지만 주님께서는 이미 우리의 필요를 알고 계셨다. 카렌과 나는 핀란드의 오순절파 교회에서 사역하도록 초청을 받았다. 우리는 그들의 연례 교단 콘퍼런스에 참석했다. 우리는 또한 농구 경기장에서 사역했으며, 핀란드 전역의 20개 교회 집회를 돌았다. 핀란드 신자들은 이스라엘을 향한 큰 책임감을 갖고 있었다. 실업률이

20%에 달했지만 많은 핀란드 사람들은 아주 넉넉했다. 어떤 이들은 러시아로 가서 특별히 러시아 유대인들에게 의복, 이불, 성경을 전달했다. 우리는 그곳에서 귀한 친구들을 많이 사귀었다.

핀란드에 있는 동안 우리는 사진 기자인 친구와 점심을 같이했는데 그녀는 핀란드 복음주의 단체인 국제 파트모스 선교회 대표였다. 그들은 데이비드 윌커슨 목사님의 책과 소식지를 핀란드어로 번역하고 러시아, 아프리카, 중동의 사역을 후원하고 있었다. 그들은 이미 승리의 집 사역을 후원하겠다고 아주 후한 서약을 했었다. 우리의 친구인 피르코는 우리에게 가장 필요한 것이 무엇인지 물었다. 나는 우리에게 전임으로 일할 수 있는 또 한 명의 이스라엘인 스태프가 필요하다고 말했다. 그녀는 마음에 두고 있는 사람이 있냐고 내게 물었다. "네, 다니엘 사야그라는 분이에요." 나는 대답했다.

다니엘은 군대에서 이사야 53장을 읽다가 주님을 만난 젊은 이스라엘인이다. 그와 미국인 아내 루앤은 1990년에 성결에 대한 성경 공부를 시작하자고 내게 요청한 부부들 중 하나였다. 그리고 그 모임에서 카르멜 공동체가 탄생한 것이었다. 그는 현재 우리 교회 집사이고 루앤은 미국 교원 자격을 갖고 있는 사람으로 우리 샤밧 학교에서 가르치며 예배 팀에서 노래를 하고 있다. 다니엘은 신자들이 소유하고 경영하는 티베리아스와 하이파 소재의 모토롤라 안테나 회사인 갤트로닉스의 관리자로 일했다. 나는 피르코에게 그에게 사역으로의 부르심이 있다고 말했다. 그녀는 파트모스의 다른 리더들과 그를 후원하는 것을 의논해 보겠다고 말했다.

다음 날, 워싱턴 DC에서 열리는 콘퍼런스로 떠나기 직전, 피르코가 우리에게 전화했다. 그녀는 다니엘이 파트모스에서 즉시 일을 시작할 수 있도록 한 달 치 월급을 소급해서 후원하기로 결정했다는 말을 했다.

이스라엘로 돌아왔을 때, 카렌과 나는 작은 집에 살고 있는 다니엘과 루앤, 그리고 그들의 두 딸을 만났다. 나는 그에게 갤트로닉스에서 얼마나 일할 것 같냐고 물어보았다. 그는 그리 오래 더 있지 않을 것 같은 느낌이라고 했다. 루앤도 남편이 언젠가 사역을 하게 될 것이라고 생각한다는 말을 했다. 한 달 후, 다니엘은 승리의 집 스태프가 되었다. 주님께서는 내게 이사야서 58장 12절의 말씀으로 그에 대해 들려주셨다. "네게서 날 자들이 오래 황폐된 곳들을 다시 세울 것이며 너는 역대의 파괴된 기초를 쌓으리니" 주님께서는 일꾼들을 공급하셨고 우리는 이제 주님의 축복을 기대하고 있었다.

집은 금세 여덟 명의 아랍인과 유대인으로 가득 찼다. 6개월간 나는 그들에게 사도행전을 가르쳤고, 에릭과 다니엘은 다른 성경 공부를 인도했다. 그들은 주님 안에서 성장했고 믿음의 뿌리를 점차 깊이 내리게 되었다.

엘리아스라는 또 다른 남성이 도착했다. 예루살렘 바로 북쪽의, 소위 서안 지구라고 불리는 유대 지역의 아랍 마을 라말라에서 고아로 자란 사람이었다. 하이파로 이사하기 전 어렸을 때 그는 이스라엘 중심부에서 독일 신자들과 함께 살았다. 거기서 그는 어머니가 유대인임을 알게 됐다.

하나님을 몰랐던 엘리아스는 이스라엘 군대에서 복무하며 하나님의 은혜를 체험했다. 레바논에서 복무 할때 그와 함께 있던 3명의 동료가 수류탄에 맞아 죽었음에도 엘리아스는 다치지 않았다.

한번은 가자의 버스 정류장에서 테러리스트가 군복을 입고 서 있는 엘리아스를 칼로 찔렀다. 아직도 심장 바로 아래에 있는 크고 흉한 상처가 하나님의 은혜의 증거다. 하지만 군 복무를 마친 뒤 엘리아스는 마약 중독이 되었다.

예수님께서는 승리의 집에서 엘리아스에게 자유를 주셨다. 그의 아내도 주님께 생명을 드렸고 물세례도 받았다. 어느 날 밤, 승리의 집에서 그들은 결혼 서약을 새로이 했다.

하나님의 사랑과 은혜가 얼마나 강력한지를 보여 주는 많은 승리의 이야기들이 있다. 다니엘은 48세의 나이에 우리에게 왔는데, 이미 알코올 중독으로 30년을 지낸 상태였다. 그는 70% 실명한 상태여서 카세트테이프로 히브리어 성경을 들었다. 다니엘은 처음 도착했을 때 수척했었다. 그는 15분만 있다가 갈 생각이었다고 나중에 내게 이야기했다. 그는 1년을 지냈다. 처음으로 텔아비브에 돌아갔을 때, 그의 옛 친구 여럿은 그를 알아보지 못했다. 현재 다니엘은 텔아비브의 한 교회에서 아웃리치 사역을 하고 있다. 그는 우리에게 알코올 및 다른 중독자들을 보내 주고 때로는 승리의 집에 와서 함께 섬기기도 한다.

여섯 자녀와 여섯 손주를 둔 하이파 출신의 48세 된 아랍인이 우리에게 온 적도 있다. 그는 28년간 중독자로 살았지만 성공적으로 프로그램을 마쳤다. 그는 나를 만날 때마다 선물을 준다. 지난번에는 갓 짠 올리브유 한 병을 주었다.

라자는 예루살렘 올드시티에 살고 있었다. 내가 처음으로 이스라엘의 마약 문제에 대해 듣게 되었던 프리다의 집에서 멀지 않은 곳이었다. 승리의 집에 왔을 때 그는 31세로 결혼을 해 여섯 자녀를 두고 있었다. 때로 그는 아이들의 푼돈을 훔쳐 마약을 샀고 올드시티에서는 위험하고 구제 불능인 중독자로 알려져 있었다. 우리와 함께한 첫 번째 밤, 나는 예배 시간에 그가 우는 것을 보았다. 라자에게 금단 증상이 두려워서 우는 거냐고 물었다. "아니요. 유대인들과 함께 잠을 자 본 적이 없어요." 나는 우리와 수개월을 함께한 유대인 탈중독자와 같은 방에 그를 두었다. 후에 라자는 그날 밤에 창문에서 뛰어내리고 싶었지만 한 유대인 형제가 예수님 때문에 자신을 사랑한다고 말하며 기도해 주었다고 했다.

라자는 성경을 사랑했고 하나님의 말씀에 목말라 있었다. 그는 우리 프로그램을 1년간 함께한 뒤 신학교에 갔다. 현재 그는 올드시티에서 네덜란드 신자들과 함께 다른 중독자들을 대상으로 사역하고 있다. 때로 그는 중독자들을 우리에게 보내 주기도 한다. 어느 날, 승리의 집에서 온 한 그룹이 라자를 방문한 후 몇몇 이웃들은 히브리어로 말하던 그 유대인들이 누구였는지 알고 싶다고 했다.

"제 형제들이에요." 라자가 그들에게 말했다.

이브라힘도 우리 프로그램에 함께했던, 올드시티 출신의 아랍인이었다. 그는 우리에게 팔레스타인 당국(PA)의 새로운 특별 경찰부대 "포스 17"에 대해 말해 주었다. 이 팔레스타인 경찰관들은 최근 예루살렘 올드시티 내에 "공포 정치"를 도입한 상태였다. 이 PA 경찰들은 마약 중독자들의 다리를 부러뜨려 불구로 만들어 놓겠다고 위협했다. 또 일상처럼 그들을 올드시티에서 데려다가 예리코의 구치소에 집어넣었다. 2년 전, 이스라엘 경찰은 중독자들이 예리코에서 고문받고 있는 것을 발견했다. 지금 이곳은 팔레스타인의 영토가 된 상태이다.

현재 예루살렘 올드시티에서 건설 회사를 시작한 이들이 있다. 이들은 전에 마약 중독자였지만 현재는 거듭난 신앙인으로 살아가고 있다. 최근 이 탈중독자들은 복음을 공개적으로 전하다가 오래된 교회와 팔레스타인 당국으로부터 압박과 위협을 받았다. 이들은 거짓 고소를 당해 이스라엘 측으로 보내졌다. 그러나 이스라엘 경찰은 이들을 그냥 보내 주며 이렇게 말했다. "20년 동안 우리는 마약 중독자들을 도와주려고 애쓰고 있어요. 이 사람들은 깨끗합니다!"

예수님을 발견한 또 다른 중독자는 대니였다. 31세의 유대인인 그는 결혼하여 두 자녀를 두고 있었다. 우리에게 왔을 때 그는 10년간 중독된 상태였다. 대니는 우리 프로그램을 마치며 이렇게 말했다. "저는 눈에 띄는 범죄자였어요. 이제는 뛰어난 하나님의 사람이 되고 싶어요." 그는 현재 텔아비브의 한 교회에서 가정 모임 리더를 맡고 있다. 최근에는 그의 남동생 고넨이 마약 과다 복용으로 죽었다. 그도 승리의 집에 있었지만, 프로그램을 마치지 못하고 떠났다. 동생의 무덤에 선 대니는 장례식에 온 승리의 집 학생들에게 복음을 전하며, 계속해서 예슈아를 따라야만 한다고 경고했다.

승리의 집 사역이 하이파에서 자리를 잡자, 주님께서는 자파를 위해 기도해야 할 사명을 주셨다. 텔아비브 근처의 오랜 역사가 있는 도시 자파도 이스라엘의 마약 본거지였다. 아랍인과 유대인 마약 중독자들로 들끓고 있는 도시지만 그곳에도 메시아닉 교회가 있다. 베이트 임마누엘 교회의 담임 목사는 마약 중독에서 탈출한 사람으로, 유대인과 아랍인들을 향해 나아가야 한다는 부담을 갖고 있었다. 우리는 팀을 이끌고 자파로 가서 그와 함께 기도했고 주님께서 올드자파에 아웃리치를 위해 사용할 건물을 갖고 계시다는 강력한 느낌을 주셨다.

십여 명이 기도하고 올드자파 거리를 걸으며 전도했다. 그때 우리는 한 상인에게 문을 닫은 작은 점포를 하나 소유한 사람을 아는지 물었다. 우리는 그 주인이 베이트 임마누엘 교인이라는 사실에 충격을 받았다! 우리는 그 문 닫은 가게에 손을 얹고 중독자들을 위한 아웃리치로 쓰임 받을 수 있게 되기를 기도했다. 그리고 즉시 우리는 가게 앞에서 두 명의 마약 중독자를 만나 그들을 위해 기도해 주었다.

작은 점포는 올드자파로 가는 입구(혹은 관문)에 위치해 있다. 우리는 그곳을 임차하여 리노베이션을 마치고 샤아르 니짜혼(승리의 문)이라고 이름도 붙였다. 매주 우리는 작은 팀을 보내 자파에서 중독자들에게 전도를 하도록 했다. 수많은 중독자들이 이 사역을 통해 승리의 집으로 왔다.

하이파에서 우리는 고통 속에 있는 여성들에게 더 나은 공간을 제공하기 위해 시설을 확장해야 할 필요를 느꼈다. 점차 커져 가는 이 필요에 부응하고자 여성 상담가 탄너켄이 남아프리카 공화국에서 온 르네와 함께 아파트를 임차했다. 그렇게 승리의 집의 자매 사역인 "소망의 집"이 탄생했다.

주님께서는 탄너켄과 르네와 함께 살 고통 속의 여인들을 보내오기 시작하셨다. 첫해에 이들은 매춘부들, 매 맞는 아내들, 마약 중독자들과 학대 피해자들을 대상으로 사역했다. 이들의 문제는 감정 장애로부터 거식증, 폭식증 등 섭식 장애, 자살 경향에 이르기까지 다양했다. 우리는 주님께서 이 사역을 확장하기를 갈망하신다고 믿으며 더 많은 일꾼을 보내 주시길 기도하고 있다.

1994년 봄, 우리는 키리얏 쉬모나의 한 형제가 거기서 아웃리치를 하고 싶어 한다는 이야기를 들었다. 우리는 그를 위해, 그리고 그 동네의 마약 문제를 두고 기도하기 시작했다. 키리얏 쉬모나는 레바논에서 15km가량 떨어져 있는 곳으로 레바논 국경에서 이스라엘 쪽으로 일상처럼 마약 봉지가 울타리 너머로 던져져 들어온다. 우리가 그 마을을 위한 기도를 시작하고 이틀 뒤, 그곳에서 가정 모임을 인도하고 있는 유대인 신자 토니가 내게 전화를 해 왔다. 그는 어려움에 빠져 있는 11세와 13세의 형제를 찾았다고 말했다. 형제의 아버지는 알코올 중독이고 어머니는 오랜 시간 정신병을 앓다가 입원했다는 것이었다.

형제는 거리를 방황하며 학교에도 잘 다니지 않고 있었다. 아버지는 매일 실신할 때까지 술을 마시고 있었다. 그래서 형제는 매일 집에 늦게 와 밤새도록 TV를 보는 것이었다. 토니가 전화를 했을 때 그 집엔 전기가 끊겨 있었고 들쥐와 생쥐들이 돌아다니고 있었다. 정부는 이 아이들을 키부츠에 두려 했지만, 이들은 거부했다. 나는 토니에게 승리의 집이 두 아이들에게 최적의 장소가 아닐지도 모른다고 했다. 그곳에는 마약과 알코올을 끊고자 하는 나이든 남자들만이 스태프와 살고 있었기 때문이었다. 하지만 나는 함께 기도해 보고 그들과 이야기를 나누기로 했다.

토니는 아이들을 태워 하이파에 왔고 나는 승리의 집 밖에서 그들을 만났다. 예슈룬(애칭은 론)과 다비드는 모두 이스라엘 출생이었다. 부모는 몇 년 전에 이스라엘로 온 미국인들이었기 때문에, 아이들은 영어와 히브리어 모두 유창했다. 나는 아이들에게 이곳이 마약 및 알코올 중독자들을 위한 주거형 센터라고 설명하며, 몇몇 사람들을 손가락으로 가리켰다. "아랍인과 유대인들이 여기 살고 있어." 나는 말했다. "성경을 가르치고 예수가 메시아라고 믿지. 여기 오게 된다면 너희는 매일 오전 6시에 일어나 이부자리를 정리하고 기도한 뒤, 7시에 아침 식사를 해야 돼. 아니면 아침은 못 먹는 거야." 나는 아이들에게 도전했다. "저쪽에 인상이 거친 일꾼 보이지?" 내가 물었다.

"네." 아이들은 대답했다.

"저분은 중독에서 탈출하신 분인데, 뉴욕의 해병대 출신이야." 내가 분명히 밝혔다. "강한 분이지. 시간 맞춰 일어나지 않으면, 찬물을 한 바가지 너희한테 부어 줄 걸. 여긴 신병 훈련소 같은 곳이야. 마약 중독자들을 위한 기본 훈련을 하지. 여기 산다면 너희를 매일 학교에 보낼 거고 숙제도 해야 할 거야. 그리고 가장 안 좋은 건, 여기 사는 사람들은 모두 설거지를 해야 한다는 거지. 거기엔 너희도 포함돼. 어때, 여기 살기 싫지?" 나는 아이들의 대답을 기다렸다.

둘은 나를 응시했다. 그리고 동생인 다비드가 말했다. "할 수 있어요!"

"네, 우린 할 수 있어요." 론도 대답했다.

내 마음은 녹아내렸다. 나는 귀중한 이 두 소년을 돕고 싶었다.

나는 우리 시설을 구경시켜 주고 여러 스태프에게 이들을 소개시켜 주었다. 아이들에게 생각해 보라고 하고, 나도 스태프와 의논해 본 뒤 다시 연락하겠다고 했다.

집에 돌아왔을 때 카렌은 내게 아이들에 대해 물었다. 나는 목이 메어 울기 시작했다. 마침내 나는 이렇게 말했다. "아이들을 데려와야 해. 아이들 인생에 너무나 중요한 시기야. 주님께서 늦기 전에 이들을 구출하길 원하셔."

"그런데 그 아이들이 다른 어른들과 같이 산다고요?" 카렌이 내게 따졌다. "여보, 그게 정말 하나님의 음성인 것 같나요?" 그녀는 물었다.

"그래, 확실해. 스태프들은 아이들에게 큰형 같을 거야." 내가 설득했다. "이 아이들에겐 가족이 필요하고 우리도 가족이 되려는 거잖아, 그치?"

나는 스태프들을 만나 내가 주님의 뜻이라고 생각하는 바를 나눴다. "청소년들을 어떻게 대해야 하는지는 전혀 모르겠네요." 한 사람이 말했다.

"저도 몰라요." 내가 대답했다. "주님께서 보여 주실 거에요."

우리의 요리사이자 여성 상담가인 탄너켄은 이것이 아이들을 위한 최선일지 확신하지 못했다. 나는 다시 이사야서 58장 7절을 인용해 우리가 "집 없는 가난한 이들을 집에 들여야" 한다고 말했다. 우리는 함께 기도했고 난 키리얏 쉬모나의 토니에게 전화했다. "토니, 론과 다비드를 승리의 집에 데려와 주세요. 이번에는 그냥 주님을 믿어 봅시다."

이스라엘의 독립 기념일인 욤 하아츠마우트에 토니 가족은 론과 다비드를 승리의 집으로 데려왔다. 그날 우리는 스태프, 학생들과 함께 바베큐를 먹었고 아이들은 아무래도 우리가 매일 그렇게 사는 줄 생각했던 것 같다! 아이들은 작은 방으로 들어왔고 자신들에게 열린 새로운 세상에 적응해 가기 시작했다.

다니엘 사야그는 론과 다비드의 "삼촌"으로서 동네 학교에 등록시켜 주었다.

승리의 집에 사는 개 에디는 론이 학교에서 돌아오길 매일 문 앞에서 기다렸다. 두 아이는 스태프들과 숙제를 했고 프로그램 수강 중인 학생들도 아이들을 돕기 시작했다. 집안의 모든 이들과 마찬가지로 아이들도 맡은 일이 있었다. 자신들의 차례가 되면 그렇게 싫어했던 설거지도 했다. 물론 그들은 스태프 및 학생들과 축구, 농구를 하는 레크리에이션 데이를 특히 좋아했다.

론과 다비드는 집에서 또 스텔라 카르멜에서 열리는 기도 모임과 예배에 참석하기 시작했다. 우리 교회의 진도인인 버드 싱이와 아내 팸은 아이들에게 예수님께 삶을 드릴 것을 독려했다. 아이들은 자신들이 듣는 설교와 가르침이 진리임을 깨달았다. 승리의 집으로 들어온 지 몇 주 후 아이들은 하이파 해변에서 세례를 받았다. 다비드에게 왜 세례받기를 원하는지 물어보았더니 이렇게 대답했다. "형을 더 사랑하고 싶어서요."

7월에 아이들은 예수 전도단(YWAM)의 "왕의 자녀들" 캠프에 한 달간 참석했다. 스위스에서 온 의사 부부가 그 프로그램을 이스라엘에 들여왔고 30명 가량의 아랍인, 유대인, 유럽인 청소년들이 스텔라 카르멜에서 함께 시간을 보냈다. 그들은 매일 아침 주님과 "경건의 시간"을 보내는 법, 다른 사람들과 팀으로 일하는 법을 배웠다. 왕의 자녀들은 여러 경배와 찬양 곡들을 배웠고 그에 맞춰 율동도 했다. 준비가 되었을 때 청소년들로 구성된 팀이 갈릴리의 아랍 교회들과 학교들, 하이파, 티베리아스, 자파, 예루살렘의 메시아닉 교회들에서 공연하고 주님을 증거하게 되었다.

론과 다비드가 왕의 자녀들로 떠나기 직전 우리는 승리의 집에서 10분가량 떨어진 우리 집에서 주말을 함께하도록 아이들을 초대했다. 그날 밤 늦게 아이들이 작은 손님방에서 잠들었는데 카렌과 나는 잠이 들질 못했다. 곧 더 많은 중독자들이 승리의 집에 들어올 것이고 아이들 방의 침대가 필요하게 될 것이기 때문이었다. 우리는 아이들의 상황에 대해 깊은 우려를 갖고 있었고, 아이들에게 필요한 것은 안전함과 가정이라는 것을 알고 있었다. 침대에 누운 우리는 서로를 바라보았다. 우리는 심령 가운데 주님께서 뭐라고 말씀하시는지 알았다. 우리는 한번도 자녀를 갖지 못했던 것이다. 그러나 이제 우리는 주님께서 이 두 아이를 우리에게 주시는 것이고, 우리가 그들의 엄마 아빠가 될 것이라고 말씀하심을 믿었다.

그 다음 주 스텔라 카르멜에서 샤밧 모임을 마친 뒤, 카렌과 나는 갈릴리가 내다보이는 베란다에 론, 다비드와 함께 앉았다. 나는 아이들에게 긴히 상의하고 싶은 게 있다고 말했다.

"애들아." 나는 그렇게 시작했다. "우리는 너희 상황을 두고 기도해 왔어. 너희가 승리의 집에 사는 건 최선이라고 보이진 않아. 주님께서 우리가 너희의 부모로 섬기길 원하신다고 믿어." 아이들은 가만히 우릴 쳐다보았다. "왕의 자녀들이 끝나면 우리는 새로운 아파트로 이사 갈 거야. 이사도 도와주고 와서 함께 살아도 돼. 새 학기가 시작하기 전에 가족으로 새롭게 시작할 수 있어. 어떤 것 같니?"

아이들은 우릴 쳐다보더니 또 서로를 쳐다보았다. 다비드는 론에게 말했다. "뭐, 제가 항상 뭐라고 했는지 아시잖아요."

"네가 항상 뭐라고 했었지?" 내가 물었다.

"형이 가는 곳은 어디든 간다고요." 다비드가 형을 향해 고개를 끄덕이며 대답했다.

"이렇게 하자." 내가 말했다. "너희 둘이 이야기도 해 보고 기도도 해 봐. 다음 샤밧 때 다시 만나서 주님께서 어떻게 인도하시는지 보기로 하자. 오케이?"

"좋아요." 아이들은 그러기로 했다. 그리고 우리는 주님께서 당신의 완벽한 뜻을 보여 주시고 우리 모두가 그대로 따를 수 있도록 도와주시기를 함께 기도했다.

주중에 나는 스텔라 카르멜에 갔다가 론과 마주쳤다. 어떻게 지내냐고 물었다. 론은 미소를 지었다. "하나님께서 마음의 준비를 시켜 주고 계세요." 이렇게 말했다.

다음 샤밧 때 우리는 아이들과 다시 만났다. "하나님의 음성이 있었니?" 내가 아이들에게 물었다.

둘 다 고개를 끄덕였다. "네, 들었어요." 아이들이 말했다. 우리 넷이 서로를 쳐다보는 가운데 오랜 정적이 흘렀다.

"자, 뭐라고 하셨지?" 카렌이 마침내 말을 꺼냈다. 또 다시 정적이 흘렀다.

그리고 아주 천천히, 다비드가 대답했다. "하나님께서 그러라~고 하셨어요." 우리는 서로를 껴안고 함께 기도했다. 하나님께서는 우리가 상상도 하지 못한 방법으로 우리를 축복하고 계셨다!

왕의 자녀들 캠프가 끝났을 때, 론과 다비드는 새로 임차한 우리 집으로 들어왔다. 아이들이 우리와 함께 하룻밤을 보냈던 옛 아파트에서 아주 가까운 곳이었다. 아이들에게도 따로 큰 방을 줄 수 있었다. 거실에는 자연 보호 구역을 가로질러 바다까지 굉장한 경치가 보이는 창이 있었다. 매일 저녁 우리는 영광스러운 일몰로 대접받았다. 카렌은 우리 침실에 붙어 있는 작은 기도실을 썼는데, 주님께서 필요를 아시고 허락하신 것이었다. 나는 작은 공부방을 썼는데, 싱글 침대를 하나 두어 방문자가 머물 수 있게 했다. 예술적 재능이 있는 론은 카렌을 도와 그림들을 걸고 집 꾸미는 일을 함께했다.

우리의 생활은 급격히 변했다. 하루아침에 우리는 사생활을 끔찍이 생각하는 부부에서 활동적이고 성장하고 있지만, 상처가 있는 두 소년의 부모가 되었다. 나는 아내가 사랑과 이해심이 많은 유대인 어머니로 꽃피우는 모습을 지켜보았다. 한편 주님께서는 승리의 집 사무실에서 일할 두 여성을 보내 주셨다. 카렌이 사무실의 틀을 잡고 관리했었지만, 이제는 어머니 역할에 충실하기 위해 내려놓았다. 주님께서는 내가 이 아이들의 아버지 역할을 감당할 때 우리 교회를 친히 돌보아 주실 것임을 보여 주셨다. 주님께서는 단순한 교사들을 원하시는 게 아니라, 자녀들에게 하나님을 닮은 본보기가 될 수 있는 아비들이 되기를 원하셨다. 나는 목사로 만들어 주시기를 기도했었다. 이제 나는 아비로 만들어 달라는 기도를 하게 됐다. 그리고 그 둘이 본질상 동일한 역할임을 배워 가고 있었다.

아이들이 집에 들어오고 얼마 지나지 않아 우리는 법적인 위탁 부모가 되었다. 론과 다비드를 담당했던 사회 복지사들은 우리에 대해 더 알아보고자 궁금증을 안고 승리의 집에 찾아왔다. 어느 날 아침, 유대인 여성 둘과 아랍인 여성 한 명으로 이루어진 세 명의 사회 복지사가 우리 스태프와 학생들을 만났다. 여러 사람이 수년간 마약이나 알코올에 묶여 살았던 이야기를 했다. 각 사람의 스토리는 달랐지만 모두 한 가지 공통점을 갖고 있었다. 이제 그들은 예슈아를 구원자로 믿고 회개했으며, 성령을 받았다는 것이었다. 그들은 우리 프로그램이 성경 공부와 기도라고 설명했다. 사회 복지사 한 명은 우리가 중독자들의 부모, 아내, 자녀들과 가족 상담을 했냐고 질문했다. 나는 그랬다고 대답을 했다. "어떻게 상담을 하시나요?" 그녀가 물었다.

"저희는 그분들이 하나님의 말씀인 성경의 원리들을 이해하도록 도와드려요." 나는 대답했다. "결혼과 가족에 대해 성경이 가르치는 바를 설명하고요."

아랍인 사회 복지사는 우리 유대인 학생 한 명에게 물었다. "예수를 믿는데 유대인이라고요? 그런 건 들어 본 적이 없는데요."

"예수님은 유대인이셨어요." 다니엘이 대답했다. "그분은 우리 민족의 메시아세요."

프로그램에 참여 중인 아랍인 라자는 승리의 집에서 유대인을 사랑하는 법을 배웠다고 말했다. 또 자신이 주말에 집을 방문했을 때 설거지를 하는 것을 보고 아내가 충격을 받았다고 했다. 아랍 남자들은 설거지를 안 하기 때문이다. "우리 남편도 여기 보내야겠네요!" 아랍인 사회 복지사가 웃으며 말했다.

다른 복지사는 우리가 음악 치료를 하냐고 물었다. "네, 합니다." 다니엘 사야그가 이렇게 대답하며 히브리어로 노래를 시작했다.

"여호와께 감사하라 그는 선하시며 그의 인자하심이 영원함이로다(시 118:1)"

곧 우리는 유대인, 아랍인 할 것 없이 함께 노래하고 있었다. 성령의 다정한 임재가 방 안을 가득 채웠다. 가장 높은 사회 복지사가 카렌에게 속삭였다. 정통 유대교인인 자신의 아버지가 가정에 필요한 것은 하나님의 임재라고 항상 이야기했다고. 그래서 카렌이 대답했다. "하나님께서 이곳에 계세요."

사회 복지사들의 방문이 있고 얼마 후, 하이파시 사회 복지과에서는 위탁 부모의 필요가 점점 커지고 있다는 것을 시민들에게 알리기 위한 캠페인을 개시했다. 배포될 포스터와 전단지의 디자인을 시작하면서, 그들은 다른 여러 가정들과 함께 우리를 인터뷰할 수 있냐고 물었고 우린 좋다고 했다. 너무나 놀랍게도 포스터와 전단지에 실린 유일한 컬러 사진은 카렌과 나였고, 거기엔 히브리어로 이런 문구가 들어 있었다. "우린 위탁 가정입니다. 여러분은요?" 이 거대한 풀 컬러 포스터들이 하이파의 쇼핑몰, 병원, 회당 곳곳에 걸렸다. 사람들은 이제 포스터를 통해 우리를 알아보았다. 그 결과 우리가 주님을 증거할 수 있는 많은 문들이 열렸다.

카렌과 나는 핀란드, 스위스, 독일, 잉글랜드에서 함께 사역할 수 있는 축복을 받았다. 우리는 승리의 집 프로그램을 가능하게 해 준 이 나라들의 소중한 신자들의 지속적 후원을 인해 하나님께 감사드린다.

1995년 우리는 또 네덜란드 전역의 교회들을 다니며 사역했는데, "엘리야의 영과 능력"이라는 제목으로 설교를 했다. 암스테르담에서 나는 복음주의 방송국의 TV 쇼 제작자와 만나 이스라엘에서 하는 우리 사역에 대한 이야기를 했다. 제작자는 이스라엘로 팀을 보내 승리의 집에 대한 영상을 만들기로 결정했다.

그 영상에서 카렌과 나는 마약 문제를 처음 듣게 된 예루살렘 올드시티 프리다의 문까지 우리의 발자취를 되짚어 보았다. 우리 프로그램의 졸업생들은 하나님의 은혜와 변화시키는 능력에 대한 간증을 했다. 이 프로그램이 네덜란드에서 방송되자 제작자는 아주 반응이 좋았다고 전화를 해 왔다. 사실 그들은 이 영상의 성공으로 두 번째 프로그램도 만들기를 원했다. 두 번째 영상에서는 데이비드 윌커슨 목사님께서 우리 사역을 지지하는 이야기를 담았다. 네덜란드 TV를 통해 두 영상을 본 시청자들은 승리의 집을 후원하였고 우리는 두 대의 신형 밴과 컴퓨터 한 대, 팩스 한 대 그리고 회의실과 사무실을 위한 가구들을 마련할 수 있었다. 영상은 현재 영어와 독일어로도 볼 수 있다.

우리는 하나님의 "갑절의 축복"을 감당할 수 없을 지경이었다. 하나님께서는 시작하신 일을 반드시 책임지셨다.

> "여호와 하나님은 해요 방패이시라 여호와께서 은혜와 영화를 주시며 정직하게 행하는 자에게 좋은 것을 아끼지 아니하실 것임이니이다 (시 84:11)"

246 카르멜로 가는 길

CHAPTER
14

엘리야의 영과 능력

CHAPTER
14

엘리야의 영과 능력

카르멜산에서 주님의 일을 계속하는 가운데, 나는 "엘리야의 영"에 대해 자주 가르쳤다. 놀랍게도 하나님의 목적에 맞서서 엘리야를 공격했던 옛 원수가 지금도 살아 기승을 부리고 있었다. 원수는 승리의 집과 카르멜 공동체의 탄생을 막지 못하자 또 다른 고대 전술을 시도했다. 그것은 잠입이었다. "추수하시는 주님"께서 일꾼들을 보내 달라고 열심히 기도했던 우리에게 응답하사 우리와 동역할 귀중한 이들을 몇 명 보내 주셨다. 하지만 카르멜산에 온 이들 가운데에는 하나님께서 보내지 않으신 이들도 분명 있었다. 많은 이들의 가면이 벗겨진 이후, 나는 이들에게 세 가지 공통점이 있음을 깨달았다. 첫째, 누구도 지역 교회로부터 성경적인 파송을 받지 않았다. 둘째, 우리와 함께 일하긴 했지만 그들은 결코 우리 교회의 책임감 있는 일원이 되지 않았다. 마지막으로 여러 부부들의 케이스와 마찬가지로, 여자가 보통 결혼 생활의 주도권을 장악하고 있었다. 엘리야의 때와 같이 우리는 이세벨이라는 통제의 영의 악랄하고 전면적인 공격을 받았다. 여기엔 유약한 배우자 아합의 방조와 사주가 있었다.

메시아의 몸에 대한 이러한 공격은 새로울 것이 없다. 교회의 탄생 이래 이어져 온 것이다. 바울은 에베소 교회 리더에게 경고했다. "여러분은 자기를 위하여 또는 온 양 떼를 위하여 삼가라 성령이 그들 가운데 여러분을 감독자로 삼고 하나님이 자기 피로 사신 교회를 보살피게 하셨느니라 내가 떠난 후에 사나운 이리가 여러분에게 들어와서 그 양 떼를 아끼지 아니할 줄을… 내가 아노라(행 20:28-30 참조)" 바울은 하나님께서 지명하신 리더들에게 이 사람들이 "여러분 중에서" 일어나 "제자들을 끌어 자기를 따르게" 할 것이라고 말했다(행 20:30). "양의 가죽을 쓴 이리"들 가운데 몇몇이 하려는 일은 바로 이런 것이다.

"불꽃 같은 눈을 지니신 하나님의 아들" 예수께서도 친히 두아디라의 교회를 꾸짖으시며, 편지 가운데 책망할 것이 하나 있다고 경고로 말씀하셨다. "자칭 선지자라 하는 여자 이세벨을 네가 용납함이니 그가 내 종들을 가르쳐 꾀어 행음하게 하고 우상의 제물을 먹게 하는도다 또 내가 그에게 회개할 기회를 주었으되 자기의 음행을 회개하고자 하지 아니하는도다(계 2:20-21)"

이 사람들 중 일부는 아주 친절하고 다정해 보여, 처음에 우리는 하나님께서 이들을 보내셨다고 생각할 정도로 속았다. 우리를 찾아오는 모든 어려운 이들 때문에 우리에겐 도움이 간절했고 이것이 우리를 눈멀게 했다. 이후 그들의 삶 가운데 썩은 열매가 드러났다. 한 여성은 자신의 "사역"이 유명한 하나님의 사람들에게 그 사역의 잘못된 점을 알려 주는 것이라고 말했다. 그녀는 말을 멈추지 않은 반면 그녀의 남편은 목석처럼 조용했다. 처음 왔을 때 그녀는 목에 염증이 있는 것 같다면서 내게 기도해 달라고 했다. 그러겠다고 하고 나는 그녀에게 손을 얹었다. 조금 후 나는 그러지 말아야 했음을 깨달았다. 그녀에게 있던 영이 무엇인지 몰랐지만 나를 공격했기 때문이었다. 내 의자로 다시 돌아가려는데 거의 넘어질 뻔했다. 그녀는 치유를 받았지만 다음 날 내가 말을 거의 할 수 없게 됐다. 나는 결국 통증 때문에 병원에 입원해 웅크리고 있었다.

"도와주겠다."고 온 이 부부가 하나님의 사역을 장악하려고 하고 있는 상황인데 말이다. 의사들은 내 통증의 원인을 밝혀내지 못했지만 나는 알았다. 우리가 "이세벨의 영"에 부딪히게 된 것이었다. 엘리야도 이세벨의 영으로부터 도망처야만 목숨을 구릴 수 있었다.

이 "이세벨"들은 많은 가면을 썼다. 한 부부는 노골적으로 종교적인 영을 갖고 있었다. "선지자"라고 하는 아내는 한 부부에게 악랄한 거짓의 말을 하여, 심한 상처를 입혔다. 그 점을 지적했지만 그 여인은 회개할 생각이 없었다.

다양한 사람들이 다양한 기술을 사용했다. 한 영리한 속임수는 다른 사람의 "기도 짝"이 되는 것이었다. 아주 좋은 이야기처럼 들린다. 기도한다는 데에 누가 반대하겠는가? 하지만 순진한 사람은 이세벨이 쏟아 내는 온갖 독에 귀를 열게 된다. 그것은 둘 다를 전염시키게 되고 질병은 확산된다.

한 "착한" 자매는 거의 모두에게 할 "말"이 있는 듯 보였다. 그녀는 사람들의 뒤에서 쭈뼛쭈뼛 다가가 손에 조그마한 쪽지를 건네줬다. 그러면서 미소 지으며 애교스럽게 말하는 것이었다. "하나님께서 이걸 주라고 하셨어요." 하지만 이 "말"들은 거의 완전 틀린 말이었고 종종 성령께서 당신의 양 떼에게 전하고 계신 진짜 의도와 정면충돌하는 것이었다.

뉴욕을 떠나기 1년 전, 주님께서는 우리가 타임 스퀘어 교회에서 이스라엘을 위해 만든 기도 모임의 귀중한 중보 시간을 크게 축복해 주셨다. 하지만 두 여인이 모임에 들어왔을 때, 그들의 동기가 순결하지 않다는 것이 내겐 분명히 보였다. 그들은 개인적인 야망이 있었다. 둘 다 카렌에게 거슬리는 메시지를 전했는데, 그중 어떤 것들은 이스라엘로 가려는 우리의 계획을 좌절시키려는 의도가 보였다. 어느 날 밤 예배 후, 나는 네덜랜더 극장 무대에 가까이 있었다. 통로를 지나 극장 뒤쪽을 향하여 걸어가기 시작했는데, 겉으로 보기에 다정하고 온유한 이 여인들이 통로 끝에 어깨동무를 하고 서서 내게 미소를 지어 보이는 것이었다. 나는 이들이 극장을 돌아다니면서 사람들을 실제로 치는 것을 본 적이 있었다. 이제 내가 서서히 다가가는 상황에서 나는 불현듯 환상 가운데 이 둘이 흉측하고 끈적끈적한, 검은 비단뱀으로 보였다. 나는 한 좌석으로 가서 무릎을 꿇고 기도를 시작했다. 얼마 후 나는 일어났고 여인들은 사라진 상태였다. 이후 나는 두 사람에게 맞섰고, 카렌에게는 이들의 전화를 받는 것을 더 이상 허락하지 않았다. 몇 달 후, 이 중 한 여인이 다른 여인의 사역을 빼앗으려고 했다. 다른 여인은 과거 하나님께 크게 쓰임 받았던 남자와 결혼을 했는데 그는 현재 사역을 하고 있지 않다.

"이세벨"은 항상 하나님께서 세우신 "지도자"를 쫓아다닌다. 이들은 하나님께서 새로운 일을 일으키기 위해 세우신 사람들이다. 이 영은 이세벨과 같이 참된 예언적 소명과 사역을 미워한다. 하나님께서 친히 "그 원하시는 대로 지체를 각각 몸에 두셨"으며 "교회 중에 몇을 세우셨으니 첫째는 사도요 둘째는 선지자요 셋째는 교사…(고전 12:18, 28)"라는 것을 받아들이지 못한다. 주님께서 하이파에 새로운 일들을 심고 이끌어 가는 데에 쓰려고 선택하신 그릇이 우리였기 때문에, 카렌과 나는 원수가 반격하는 데에 주요 표적이 되었던 것이다. 일관되게 비난해 오는 흐름은 이런 것이었다. "저들이 전하는 성결의 메시지는 너무 어렵다." 그들은 우리가 전하는 회개의 메시지를 듣지 말라고 했다.

한번은 우리가 승리의 집 학생이었던 한 여자에게 우리 교회의 한 부부와 주말을 함께 보내라고 했다. 이 유대인 여자는 수년간의 헤로인 중독에서 놓임 받아 믿음에 이르렀다. 그녀의 까칠한 성격은 부드럽게 변해 가고 있었다. 수년간의 비인간적인 생활 방식으로 인해 파괴된 상태에서 치유되는 과정 동안에 그녀는 아주 예민했다. 그녀의 어려운 성격으로 이미 다섯 명의 여자 상담사가 탈진한 상황이었다. 그녀가 이 부부를 방문했을 때, 연약한 자신의 남편 위에 군림하고 있던 아내는 우리 모르게 "선지자" 친구를 불러 그녀에게 "사역"을 하도록 했다.

돌아왔을 때 이 여자는 쓴 뿌리와 분노, 용서 못 함이라는 단단한 껍데기 속으로 다시 퇴보한 모습이었다. 그녀의 오랜 파괴적 태도와 행동 양식이 되살아난 것이었다. 그녀는 우리와 우리 스태프의 말을 듣지 말라고 얘기를 들었던 것이다. 삶이 위험에 놓였을 때 자신을 받아 준 사람들의 말을 말이다. 우리는 수개월 동안 그녀를 먹이고 입히고, 사랑했고 가르쳤고 우리를 쏟아부었다. 그러나 오히려 그녀는 "외로운 늑대"에게 기만당하여 "이세벨의 상"에서 만찬을 나눴다. "엉성한 아가페"가 가득 담긴 그릇들로 차려진, 거짓 예언이라는 유독한 음식을 먹은 것이다. 그녀는 과거의 자기 파괴적 방식을 이어 가라는 격려를 받았다. 육적인 연민을 그녀에게 바침으로, 그들은 그녀가 자신의 행동 양식에 갇혀 있도록 "만들어" 주었다.

예수께서는 당신의 양 떼가 길을 잃어 떨어지도록 만드는 자들에 대한 엄숙한 말씀을 하셨다.

> "누구든지 나를 믿는 이 작은 자 중 하나를 실족하게 하면 차라리 연자 맷돌이 그 목에 달려서 깊은 바다에 빠뜨려지는 것이 나으니라 (마 18:6)"

이세벨/아합의 패턴은 또한 우리가 아는 목회자 부부에게서도 나타났다. 이 부부의 청소년 모임에 속한 어떤 젊은이들이 성적 부도덕을 행하고 있었는데, 교회의 많은 이들이 그에 대해 알게 된 것이었다. 그 목회자는 그곳에서 사역하도록 나를 초대했고 나를 포함해 최소 세 명의 목격자들로부터 상황에 대한 지적을 받았다. 나는 자기 진 내의 죄를 다루지 않으면 아들들을 꾸짖지 않은 엘리 제사장처럼 될 것이라고 말했다. 엘리의 아들들은 회막 문에서 성적인 죄를 저질렀던 것이다(삼상 2:22 참조). 그 목회자는 일어난 일에 대해 인정하는 것조차 거부했으며 내가 비판하는 것을 비난했다. 이 부부는 현재 이스라엘에 있지 않다. 이러한 상황은 하나님께서 타협하는 리더십을 없애신다는 경고로 우리에게 나타났다.

나는 이세벨의 영에 대해 육으로 반응하는 것이 아니라, 그저 주님께 기도로 나아가야 함을 배우고 있었다. 통제의 영들은 영의 세계에서 다뤄져야만 한다. 우리가 이곳에서 사역을 한 처음 몇 년 동안 "이세벨"과 관련된 에피소드가 열 개가 넘게 있었다. 매번 나는 이렇게 기도했다. "주님, 저들이 회개하지 않는다면 없애 주세요. 주님의 말씀은 저들을 용납하지 말라고 하십니다. 저들이 아무 해를 끼치지 않을 곳으로 옮겨 주세요." 수차례 영적 압박감이 위협적이고 숨막힐 듯해서 엘리야와 같이 포기하고 싶은 마음이었다. 그러나 그때마다 주님께서 신실하심으로 나를 건져 주셨다.

1996년 봄, 나는 "이스라엘을 위해 기도하라" 콘퍼런스 겸 사역 투어로 영국에 초대받았다. 내가 갈릴리, 카르멜산, 레바논에 다가올 미래의 부흥을 어떻게 보는지를 "큰 비 소리(왕상 18:41)"라는 제목으로 전해 달라는 요청이었다. 그곳에 갔을 때 주님께서는 우리가 "이세벨의 영"을 용납하지 않은 것을 기뻐하신다는 감동을 주셨지만 이제는 이스라엘 북부에 약속하신 주님의 부흥에 대한 다른 열쇠를 보여 주고자 하셨다. 주님의 메시지는 간단히 "아합에 맞서라."는 것이었다.

나는 이 악한 왕이 어떤 캐릭터인지 연구하기 시작했다. 열왕기상 18장 1절에서 주님은 엘리야에게 이렇게 말씀하신다. "너는 가서 아합에게 보이라 내가 비를 지면에 내리리라" 길르앗 출신의 객(순례자)인 엘리야는 용기 있게 아합과 맞섰다. "그는 그 이전의 이스라엘의 모든 왕보다 심히 이스라엘 하나님 여호와를 노하시게(왕상 16:33)" 한 자였다.

아합은 거짓 신 바알에 대한 가증한 숭배 행위를 대중화하고 조장한 책임이 있었다. 그는 유아 제사, 성전 매춘, 동성애, 자연 숭배에 대해 공식적으로 정부 승인을 한 왕이었다. 이 모든 것이 이스라엘 북부와 카르멜산에 뿌리를 내렸던 것이다. 그는 오컬트를 행하는 여사제 이세벨과 결혼했는데, 그녀는 하나님의 참선지자들을 조직적으로 학살할 작정을 한 사람이었다. 이세벨은 자신만의 거짓 종교 체제를 세웠고, 아합은 그녀를 위해 사마리아(소위 서안 지구)에 성전을 세워 줬다.

이 연약하고 타락한 남편이자 아버지, 지도자의 발언과 행위들을 연구하면서, 나는 하나님께서 왜 그에게 그토록 화가 나셨는지 이해가 되기 시작했다. 아합은 육욕, 타협, 탐욕, 영적 겁쟁이의 냄새를 풍겼다.

이 에너지 넘치고 대중적이며 성공적인 전사는 육신의 사람의 전형이었다. 계속적으로 그는 자신의 느낌, 두려움, 혼의 갈망에 따라 움직였다. "육신의 생각은 하나님과 원수가 되나니(롬 8:7)" 이 하나님의 원수는 쉽게 유혹을 당했고 대중들의 인정을 갈구했다. 아합은 왕복을 입거나 갑옷을 착용했을 때는 인상적이었을지도 모르지만, 내면에는 야망 가득하고 유혹하는 힘을 가진 아내에게 조종당하는 영적인 약골이 자리하고 있었다.

"아합들"은 하나님께서 주시고 명령하신 남편, 아버지 혹은 지도자로서의 책임을 거부한다. 아합의 영은 세상에 침투하며 그리스도의 몸을 뚫고 들어온다. 아합들은 가정을 위해 기도하는 것이 책무인 제사장으로서의 자신의 자리를 회피한다. 이들은 영적 리더십을 아내에게 그릇되게 떠넘긴다. 이 남자들은 "아비 없는 세대"의 건축가들이며 전 세계 이혼과 낙태의 풍조에 상당한 책임이 있다.

아합들은 경건한 아내에게 재앙이다. 그들의 생각은 하나님의 거룩한 말씀을 열심으로 연구하고 적용하는 게 아니라 세상의 것들에 매여 있다. 내가 아는 어떤 이들은 사소한 것들에 목매기를 아주 좋아한다. 이들은 주변적이고 일시적인 교리에 흥분하고 달려들지, 경건한 인품을 개발하는 데에 집중하지 못한다. 어떤 이들은 말씀의 단단한 음식을 먹지 못하여 성장이 전혀 없다. 반대로 미성숙하고 유치한 상태로 유지되는 것이다. 이는 "어린아이와 같은" 것과는 다르다. 변화를 거부할 때 이들은 안 좋은 쪽으로 자라 갈 수밖에 없다.

아합은 육적인 사람이었기 때문에 그의 영적 생활은 타락했다. 아합은 본질상 혼합의 사람이다. 그는 거룩함과 속됨의 구별을 거부하고, 자신의 옛 본성으로 거룩하지 않은 동맹을 빈틈없이 지킨다. 아합과 같은 남자들은 감정 혹은 지성이라는 혼의 영역으로 움직이며, 결국 자신들이 성령으로 움직인다는 기만에 빠진다. 아합은 실상 자신이 문제였음에도 엘리야가 이스라엘에 문제를 일으키는 자라는 판단 착오를 범했다.

이 연약한 남자들은 복음의 변화시키는 능력을 부인하고 십자가와 거기서 발견되는 생명의 메시지를 거부한다. 이들은 기초가 휘청거려 불안정하고, 바람에 나는 겨와 같이 이리저리 휩쓸린다. 이들은 모든 "교리의 바람"에 따라 왔다 갔다 하는 갈대다. 아합들은 완고하며 자신들의 옛 육적 정체성이라는 거짓 안전감을 두려움 속에 꼭 붙든다. 이들은 그리스도와 같은 인격으로 천천히, 꾸준히 이뤄져 가는 값을 치르기를 원하지 않는다. 그것은 우리의 옛 본성이 매일 죽고 하나님의 말씀에 지속적으로 순종함으로만 얻어질 수 있기 때문이다.

이미 부를 소유했음에도 아합은 결코 만족함이 없었다. 그는 이웃의 포도원, 다른 사람의 유산을 탐했다. 이는 하나님의 말씀에 대한 노골적인 저항이었다. 경건한 나봇이 자신의 합법적 소유물을 왕에게 주지 않으려 하자 아합은 어린아이처럼 뾰로통해졌다. 이세벨이 말로 남편의 남성성을 공격했고, 이후 그녀와 그녀의 "종교적인" 패거리가 쇼를 시작한다. 아합의 이름으로 편지를 써서, 금식을 선포하고 거짓 증인들을 데려온 것이다. 먼저 이세벨은 나봇의 인격을 저격했다. 그러고는 실제로 그를 죽였다. 종교적 열심이라는 미명하에 말이다.

나는 종교적 악이 거룩하신 하나님께 가장 불쾌감, 불명예, 혐오감을 드리는 죄라고 본다. 예수님께서는 종교적 위선자들에게 의로운 분개로 반응하셨고 그 종교인들이 질투심으로 말미암아 예수님을 죽였다. 누군가를 질투할 때 그 사람의 소유를 탐하는 것은 그것이 포도원이든, 돈이든, 사역이든, 그 사람의 기름 부음받음이든, 실제로는 그 사람이 내 앞에서 사라지기를 원한다는 의미다. 진실로 질투는 살인적이다. "시기와 다툼이 있는 곳에는 혼란과 모든 악한 일이 있음이라(약 3:16)" 권세에 불안감이 섞여 든 아합과 같은 리더들에게 그 섞임은 재앙을 일으킨다. 그들의 결정은 결코 건전하거나 일관될 수 없다. 오히려 혼돈 가운데 행한다. "하나님은 무질서의 하나님이 아니시요(고전 14:33)"

하나님께서는 타협과 탐심 가득한 아합에게 어떻게 반응하셨는가? 당신의 사람 엘리야를 보내사 아합이 이제 소유했다고 생각한 바로 그 포도원에서 그의 죄를 지적하게 하셨다. 엘리야는 사람을 죽인 그 도둑에게 조금도 말을 둘러서 하지 않았다. 엘리야 선지자는 그 포도원에서 "개들이 나봇의 피를 핥은 곳에서 개들이 네 피곧 네 몸의 피도 핥으리라… 네가 네 자신을 팔아 여호와 보시기에 악을 행하였으므로(왕상 21:19-20)"라고 말했다(아합과 이세벨이 조장했던 거짓 종교는 개들을 숭배했다. 개의 침에 치유하는 힘이 있다고 믿어 개들로 하여금 인간의 상처를 핥게 했다!).

아합의 자녀들도 아버지의 죄 때문에 죽었다. 그는 자녀들을 공의로 훈련시키지 않고 자신의 우상 숭배로 오염시켰다. 개탄스러운 그의 인생은 우리 모두에게 불경건의 강력한 예가 되어 준다. 하나님의 편에 서기를 거부하는 타협에 지배받는 연약한 남편이요, 아버지요, 지도자였던 것이다.

아합의 육욕과 타협은 또한 그를 겁쟁이로 만들었다. 시리아와의 전쟁에서 그는 여호사밧왕과 불경건한 동맹을 맺었다. 그는 여호사밧에게 이렇게 말했다. "나는 변장하고 전쟁터로 들어가려 하노니 당신은 왕복을 입으소서(왕상 22:30)" 여호사밧은 전투에서 거의 죽을 뻔했지만 하나님께서는 그가 기도하자 구해 주셨다. 하지만 아합은 변장했음에도 그날 죽었다. 그리고 개들이 나봇의 포도원에서 그의 피를 핥았다.

아합들은 공정한 싸움을 하지 않는다. 이들은 교활하고 비밀스러우며, 빛을 피해 숨는다. 하지만 아합의 영에 대한 해결책이 있다.

아합과 이세벨에 반대되는 영은 "엘리야의 영"이다. 많은 이들이 엘리야의 영은 엘리야가 카르멜(갈멜)산에서 그랬던 것처럼 하나님의 심판의 불을 불러오는 거칠고 늙은 선지자가 되는 것이라 생각한다. 하지만 "우레의 아들들" 야고보와 요한이 예수님을 영접하지 않는 사마리아 마을에서 "불을 명하여 하늘로부터 내려 저들을 멸하라 하기를" 원했을 때 주님께서는 "돌아보시며 꾸짖으시고(눅 9:55)" 말씀하셨다. '너는 어떤 영으로 네가 말미암는지 모른다. 인자는 사람을 멸하러 온 것이 아니라 구하러 왔노라.' 성경을 공부하면서 나는 "엘리야의 영"이 야고보와 요한이 처음에 생각했던 것과는 상당히 다름을 발견했다.

2천 년 전, 나이가 많고 독실하지만 무자한 제사장이 예루살렘 성전에 들어가 기도 시간에 분향했다. 놀랍게도 이 제사장 사가랴는 여호와의 천사가 그와 아내 엘리사벳이 아들을 낳을 것이고 그를 요한이라 이름하라고 하시는 말씀을 듣게 된다. 천사는 이렇게 말했다.

"이는 그가 주 앞에 큰 자가 되며 포도주나 독한 술을 마시지 아니하며 모태로부터 성령의 충만함을 받아 이스라엘 자손을 주 곧 그들의 하나님께로 많이 돌아오게 하겠음이라 그가 또 엘리야의 심령과 능력으로 주 앞에 먼저 와서 아버지의 마음을 자식에게, 거스르는 자를 의인의 슬기에 돌아오게 하고 주를 위하여 세운 백성을 준비하리라 (눅 1:15-17)"

카르멜산에서 우리를 부르신 것은 "이스라엘 자손들을 그들의 하나님 여호와께로 돌이키고 주의 길을 예비할 백성을 만들기" 위한 것이었다. 엘리야와 "엘리야의 영과 능력"으로 행한 세례 요한은 오늘날 우리의 모본이다.

"엘리야의 영"으로 온 세례 요한은 자신이 보기에가 아니라 "주님이 보시기에 큰 자"였다. 제사장과 레위인들이 요한이 일으킨 요르단강 부흥의 현장으로 몰려들었을 때, 그들은 이렇게 물었다. "네가 누구냐? 네가 엘리야 선지자냐? 그리스도(메시아)냐?" 그는 그저 이렇게 대답했다. "나는 주의 길을 곧게 하라고 광야에서 외치는 자의 소리로라(요 1:19-23 참조)."

요한은 지위나 사람이 보기에 위대해지는 것에는 관심이 없었다. 그에겐 직함이 필요 없었다. 요한은 이렇게 말한 사람이다. "만일 하늘에서 주신 바 아니면 사람이 아무 것도 받을 수 없느니라(요 3:27)" 그는 스스로를 "신랑의 음성을 듣는 친구(요 3:29)"라고 칭했다. 또 이런 말도 했다. "그는 흥하여야 하겠고 나는 쇠하여야 하리라(요 3:30)" 겸손한 이 선지자는 메시아를 기대하며 자신을 둘러싸고 모여든 군중들에게 이렇게 발표했다. "나는 물로 너희에게 세례를 베풀거니와 나보다 능력이 많으신 이가 오시나니 나는 그의 신발끈을 풀기도 감당하지 못하겠노라 그는 성령과 불로 너희에게 세례를 베푸실 것이요.(눅 3:16)"

400년의 침묵 끝에 하나님께서 말씀하기 시작하신 것이다. 요한은 이스라엘의 비극적 역사 속 가장 어두운 시간에 하나님의 목소리로 광야에서 터져 나왔다.

엘리야의 어두운 때에 아합에 앞서 반세기 동안 이어진 여섯 명의 악한 왕들의 우상 숭배가 있었다. 부패한 지도자들과 타락한 제사장들, 역겨운 죄악을 정부가 공식 인정해 주는 가운데 악의 순환은 그 정점에 달해 있었다. 이러한 무대 속으로 발을 들여놓은 사람은 자기 하나님을 아는 자였다. 그의 첫마디는 그의 성격을 결정적으로 보여 준다. "…내가 섬기는 이스라엘의 하나님 여호와께서 살아 계심을 두고 맹세하노니(왕상 17:1)" 엘리야("**여호와는 나의 하나님**"이라는 **의미**)는 자기 하나님을 위해 공의로 섰다.

엘리야가 이스라엘 땅에 끔찍한 가뭄이라는 심판을 예언한 뒤, 주님께서는 이렇게 말씀하셨다. "동쪽으로 가서 요단 앞 그릿 시냇가에 숨고(왕상 17:3)" 1년 내내 선지자는 자기 하나님과 성찬을 나눴다. 하나님께서 매일 초자연적으로 공급하시는 빵과 고기를 먹으며 주님의 성령의 시내에서 물을 떠먹었다. 아합의 군대가 엘리야를 찾는 가운데 그는 스스로를 낮추고 겸손히 주님을 기다렸다. 전적으로 주님의 보호와 공급에 의지했던 것이다. 하나님께서는 겸손한 자에게, 어린아이와 같은 믿음으로 행하는 낮은 자들에게 은혜를 주신다. 하나님께서는 아합의 육적이고 타협적인 영에 맞서 당신의 거룩한 기준을 높이는 데에 이들을 쓰신다.

시내가 말랐을 때 여호와께서는 아주 분명하게 엘리야에게 말씀하셨다. "너는 일어나 시돈에 속한 사르밧으로 가서 거기 머물라 내가 그 곳 과부에게 명령하여 네게 음식을 주게 하였느니라(왕상 17:9)" 사르밧이라는 히브리 단어는 "정련"을 의미한다. 여호와께서는 당신의 선지자를 순결하게 만드시되 그의 인격으로부터 찌꺼기와 혼합물을 씻어 내고 싶으셨던 것이다. 그뿐만 아니라 하나님께서는 그에게 중동 전체 오컬트의 중심지인 이세벨의 고향으로 가라고 명하신다. 유대인 엘리야에게 이방인 과부와 함께 살라고 하신 것이다. 우리라면 어떻게 했을까? 핑계를 댔을까, 하나님께 대들었을까? 어쩌면 "왜?"라고 주님께 물었을 것이다. 엘리야는 그렇지 않았다. 두 가지 동사가 이 사람의 성품을 보여 준다. 그는 "일어나서", "갔다(왕상 17:10 참조)." 즉각적인 순종을 보여 준 것이다. 아무런 주장이 없었고 그저 순종했다. 정련의 장소로 기꺼이 나아간 것이다.

엘리야의 영, 그의 내면 가장 깊은 존재는 "하나님 안에 그리스도와 함께 숨겨져" 있었다.

유대인 선지자 엘리야는 이방 마을의 이방 가정으로 갔고, 주님께서는 그의 마음을 준비시키는 또 다른 시절을 통과하게 하셨다. 이스라엘에서 긴급 수배 중인 사람이 마귀의 문지방에 살고 있었던 것이다. 2년간 그는 매일, 매주, 매달 한 과부와 그의 아들과 살아냈다. 하나님께서는 매일 이들의 필요를 일관되게, 그리고 기적적으로 공급하셨다. 하나님의 성품이 이 사람을 통해 역사하고 있었던 것이다. 나는 그의 겸손의 영이 하나님께서 그를 통해 풀어놓고자 하신 능력에 대한 열쇠가 된다고 믿는다. 하나님께서는 신뢰하실 수 있는 사람을 찾아 빚으신 것이다.

그때 비극이 닥쳐왔다. "이 일 후에 그 집 주인 되는 여인의 아들이 병들어 증세가 심히 위중하다가 숨이 끊어진지라(왕상 17:17)" 과부는 비통해하며 엘리야를 원망했다. 엘리야 선지자는 어떻게 반응했을까?

> "엘리야가 그에게 그의 아들을 달라 하여 그를 그 여인의 품에서 받아 안고 자기가 거처하는 다락에 올라가서 자기 침상에 누이고 그 아이 위에 몸을 세 번 펴서 엎드리고 여호와께 부르짖어 이르되 내 하나님 여호와여 원하건대 이 아이의 혼으로 그의 몸에 돌아오게 하옵소서 하니 (왕상 17:19, 21)"

엘리야는 자기 자신의 육체가 아닌 개인의 고통과 죽음에 동일시하기 위해 몸을 펴서 엎드린 것이다. 그는 자신이 경험해 보지 못한 중보의 자리로 기꺼이 "몸을 펴서" 들어간 것이다.

주님께서 카렌과 나에게 존귀한 두 위탁 아들들을 주셨을 때 주님께서는 "선지자보다 더 나은 자(마 11:9)"를 원하신다고 아주 구체적으로 말씀하셨다. 세례 요한을 묘사하는 데에 예수님께서 쓰셨던 말이었다. 첫째 아들 론의 원래 이름은 "예슈룬"으로 성경에서 이스라엘을 칭하는 이름 중 하나다. 주님께서는 론이 이스라엘 백성을 나타낸다고 하셨다. 내가 이 상처받은 젊은이를 사랑하여 사역할 수 없다면 당신의 백성 이스라엘에게 사역할 수 없다는 것이었다. 엘리야의 영은 "아비의 마음을 자녀에게로" 돌이키는 것이다.

엘리야는 어린아이와 같은 믿음으로 간단한 기도를 했다. "여호와께서 엘리야의 소리를 들으시므로 그 아이의 혼이 몸으로 돌아오고 살아난지라(왕상 17:22)" 한 경건한 사람의 중보를 통해 죽음에서 다시 살아난 것이었다. 선지자는 아이를 들고 계단을 내려갔다. 엘리야가 아이를 건네주며 "네 아들이 살아났느니라(왕상 17:23)"고 했을 때 이 어머니의 표정이 어땠을까 상상해 보라. 나는 죽음 같은 마약의 손아귀에서 풀려난 아들들을 바라본 어머니들의 얼굴이 얼마나 눈물로 번지는지를 보았다. "엘리야의 영"은 선한 사마리아인의 영이다. 다른 이들을 위해 스스로를 쏟아붓는 사람의 영, 예수님의 영인 것이다.

증명되고 시험받은 엘리야 선지자는 이제 산꼭대기에서 과제를 부여받을 준비가 되었다. 거짓 종교와 공개적으로 맞서는 것이다.

다시금 그는 아합에게 나아가 대면하여 이렇게 말했다.

> "... 이는 여호와의 명령을 버렸고 당신이 바알들을 따랐음이라 그런즉 사람을 보내 온 이스라엘과 이세벨의 상에서 먹는 바알의 선지자 사백오십 명과 아세라의 선지자 사백 명을 갈멜 산으로 모아 내게로 나아오게 하소서 (왕상 18:18-19)"

카르멜산 꼭대기에서 이스라엘 전역에서 온 여러 가문들이 아합의 번쩍이는 군대와 요란한 종교 용품들로 무장한 850명의 거짓 선지자들의 편에 섰을 때 얼마나 장관이었을까. 바로 그때 외로이 한 사람이 등장한다. 허리춤엔 가죽띠를 차고 어깨엔 북슬북슬한 선지자의 망토를 걸친 사람. 엘리야는 당대 사회와 용감하게 맞서면서 유일하게 중요한 질문을 백성들에게 던진다. "너희가 어느 때까지 둘 사이에서 머뭇머뭇 하려느냐 여호와가 만일 하나님이면 그를 따르고 바알이 만일 하나님이면 그를 따를지니라 (왕상 18:21)" 엘리야가 무리를 쳐다보고 있는데, 산꼭대기에 거대한 정적이 흘렀다. 단 한 사람도 감히 대답하지 못했다. 선지자 엘리야의 마음은 얼마나 아팠을까. 단 한 사람도 아브라함과 이삭과 야곱의 하나님을 따르기로 선택하지 않다니!

엘리야는 바알의 선지자와 자신 간에 시합을 제안했다. 바알의 선지자들에게 소를 잘라 제단 위 나무에 올려놓고 그들의 신의 이름을 부르라고 했다. 자신도 그와 같이 하되 여호와의 이름을 부르겠다는 것이었다. 그리고 이렇게 말했다.

> "이에 불로 응답하는 신 그가 하나님이니라 백성이 다 대답하되 그 말이 옳도다 하니라 (왕상 18:24)"

경합은 하루 종일 진행되었는데, 거짓 선지자들이 소리치고 방방 뛰며, 자신들이 만든 제단 주변에서 춤을 췄기 때문이었다. 이들이 칼로 몸을 베고 광란하며 "예언"하는 가운데 소음과 난동은 더 거칠어졌다.

"아무 소리도 없고 응답하는 자나 돌아보는 자가 아무도 없더라 (왕상 18:29)"

마침내 "엘리야가 모든 백성을 향하여 이르되 내게로 가까이 오라 백성이 다 그에게 가까이 가매 그가 무너진 여호와의 제단을 수축하되 (왕상 18:30)" 천천히 그는 이스라엘 열두 지파의 회복과 연합, 완성을 나타내는 열두 돌을 가져와 참유일신 하나님께 바치는 제단을 재건했다. 그는 나무를 벌이고 소의 각을 떠, 나무 위에 올려놨다. 이들은 제단 전체에 세 번 물을 흠씬 부었다. 엘리야가 제단에 가까이 가서 자기 하나님께 이렇게 이야기할 때 사람들은 숨죽이고 기대하며 바라보았다.

"저녁 소제 드릴 때에 이르러 선지자 엘리야가 나아가서 말하되 아브라함과 이삭과 이스라엘의 하나님 여호와여 주께서 이스라엘 중에서 하나님이신 것과 내가 주의 종인 것과 내가 주의 말씀대로 이 모든 일을 행하는 것을 오늘 알게 하옵소서 여호와여 내게 응답하옵소서 내게 응답하옵소서 이 백성에게 주 여호와는 하나님이신 것과 주는 그들의 마음을 되돌이키심을 알게 하옵소서 하매 이에 여호와의 불이 내려서 번제물과 나무와 돌과 흙을 태우고 또 도랑의 물을 핥은지라 (왕상 18:36-38)"

하나님께서 그 제물을 받으신 것이다! 거룩한 불이 내려왔다!

맨 위부터 밑바닥까지 모든 것이 탔다! 돌까지도 전소되었다! 이제 사람들은 어떤 반응을 보였을까?

> "모든 백성이 보고 엎드려 말하되 여호와 그는 하나님이시로다 여호와 그는 하나님이시로다 하니 (왕상 18:39)"

거짓 선지자들이 극적으로 패하고 진멸된 뒤, 아합과 그의 무리들은 전통을 따라 제사 후 식사 및 잔치에 탐닉했지만 엘리야는 그렇지 않았다. 그의 일은 끝난 것이 아니었다. "아합이 먹고 마시러 올라가니라 엘리야가 갈멜 산 꼭대기로 올라가서 땅에 꿇어 엎드려 그의 얼굴을 무릎 사이에 넣고 (왕상 18:42)" 자신이 숭배하는 신이 무가치하고 거짓됨이 드러나고서도 바로 잔치를 벌이고 흥청거리는 종교적이고 자기 의가 가득한 사람과 엘리야는 얼마나 대조적이었을까.

여기서 우리는 두 종류의 신자들에 대한 강렬한 그림을 보게 된다. 아합의 무리는 여호와가 하나님이시라고 방금 고백하고도 바로 "일상 습관"으로 돌아가 버렸다. 하나님의 사람 엘리야는 자기 하나님과 교제하기 위해 엎드려 있었다. 오직 그만 주님께서 어떤 일을 행하시려는지 들었다. 그만 "큰 비 소리 (왕상 18:41)"가 다가오는 것을 들었다. 다른 이들은 아합과 이세벨의 상에 앉아 먹으며 육욕과 타협, 혼돈의 소음만 듣고 있었다.

엘리야는 자신의 사환에게 올라가 바다 쪽을 보라고 했다. 그는 아무것도 보이지 않는다고 보고해 왔다. 엘리야는 사환에게 일곱 번을 가서 보라고 하고, 자신은 계속 엎드린 채 하나님께 중보하고 있었다. 그는 무저갱을 향해 파티만 벌이고 있는 아합의 타락한 세상으로부터 스스로를 구별했다. 육체를 따라가는 탐욕적 분위기는 언제나 영적인 생활에 치명적이다.

예수께서는 말씀하셨다. "너는 기도할 때에 네 골방에 들어가 문을 닫고(즉 핸드폰과 TV를 끄고) 은밀한 중에 계신 네 아버지께 기도하라 은밀한 중에 보시는 네 아버지께서 갚으시리라(마 6:6)" 엘리야는 "은밀한 곳"에서 하나님께서 약속하신 비를 위해 간절히 기도했다.

약속된 비를 향한 그의 기도는 구체적이고 끈기 있었다. 끈기는 저항을 파한다. (완성을 의미하는) 일곱 번째로 사환이 올라가서 보았을 때, "바다에서 사람의 손 만한 작은 구름이 일어났다(왕상 18:44 참조)!" 구름으로 번역된 히브리 단어는 여기서 "사람의 손바닥"이라는 뜻이다. 엘리야는 하나님의 뜻과 약속에 따라, 자기 백성을 위해 간구하는 심령으로 손바닥을 들고 있었던 것이다. 그 결과, 3년 반의 가뭄이 끝나고 비가 쏟아지게 된다.

신약은 이에 대해 이렇게 주석한다.

> "엘리야는 우리와 성정이 같은 사람이로되 그가 비가 오지 않기를 간절히 기도한즉 삼 년 육 개월 동안 땅에 비가 오지 아니하고 다시 기도하니 하늘이 비를 주고 땅이 열매를 맺었느니라(약 5:17-18)"

"엘리야의 영"은 일관되게 중보하며 주님의 임재 가운데로 "나아가고" 응답이 임할 때까지 하나님을 놓지 않는 이들에게 임한다. "의인의 간구는 역사하는 힘이 큼이니라(약 5:16)" 이 말씀은 내가 믿기 시작한 초반에 암송한 구절 중 하나인데, 이 구절의 절반을 제쳐 뒀었다. "그러므로 너희 죄를 서로 고백하며 병이 낫기를 위하여 서로 기도하라" 우리 모두는 매일의 회개와 책임을 피하고 싶어 하지만, "엘리야의 영"으로 행하기를 갈망한다면 우리는 하나님 앞에 정결해야 한다. 우리의 기도에 응답해 주시겠다는 주님의 약속은 조건적이다.

> "무엇이든지 구하는 바를 그에게서 받나니 이는 우리가 그의 계명을 지키고 그 앞에서 기뻐하시는 것을 행함이라 (요일 3:22)"

최근에 비 오는 소리를 들어 본 적 있는가? 겸손으로 스스로를 주님께 구별하고 있는가? "은밀한 곳"으로 계속해서 "나아가"는가? 주님의 말씀에 순종하여 주님께서 기뻐하시는 것을 행하는가? 우리의 보이는 사역은 우리가 은밀히 행하는 기도 생활에 비례하여 힘을 발한다. 이것이 "엘리야의 영과 능력"이다.

엘리야가 남긴 영속적 유산은 산에 불이 내려오게 하는 것도 아니고, 비가 오도록 기도하는 것도, 심지어 죽은 아이를 살려 내는 것도 아니다. 이 기적적 행위들은 궁극적으로 이스라엘 백성이 자기 하나님께 돌아오도록 하지 못했다.

카르멜산에서 주님의 위대한 승리가 있은 뒤 엘리야는 이세벨을 피해 도망했다. 성경은 분명히 말씀한다. "그가 이 형편을 보고 일어나 자기의 생명을 위해 도망하여 (왕상 19:3)" 여기서 "생명"이라고 번역된 히브리 단어는 나프쇼 즉 "그의 혼"이다. 나는 이 위대한 사람이 지치고 실망하여, 흔들림 가운데 영으로 기능하지 못하고 혼의 영역으로 움직이기 시작했다고 본다. 하나님께서는 그에게 두려움의 영을 주시지 않았다. 그는 "여호와의 능력이 엘리야에게 임한 (왕상 18:46 참조)" 바로 그 이스르엘에서 이세벨에 맞섰어야 했다. 그럼에도 불구하고 여호와께서는 자비 가운데 낙망한 선지자를 먹이시고 그를 동굴로 데려가 그에게 말씀하신다. 엘리야는 동굴 앞에서 자신의 옛 선지자 망토(이 단어의 히브리어 어근은 "영광" 혹은 "위엄"을 뜻한다.)를 뒤집어쓰고 있다가 주님의 음성을 다시 듣는다. 하나님께서는 그에게 예후를 왕으로 기름 붓고, 또 자신을 대체할 선지자 엘리사에게 기름을 부으라고 말씀하신다(왕상 19:16 참조). 이 두 사람이 엘리야가 시작한 일을 끝낼 것이었다. 그리고 정말로 예후는 이세벨을 멸하게 된다.

엘리야는 여호와께 순종하여 엘리사("내 하나님께서 구원하신다")를 찾았고 젊은 엘리사에게 자신의 선지자 망토를 던져 주었다. 엘리사는 엘리야를 따라다니며 함께 사역하고 섬기기 시작했다. 약 7년 동안 늙은 선지자는 하나님께서 주신 영적 아들 엘리사에게 자신을 쏟아부어 그가 주님의 일을 완성할 수 있도록 도왔다. 둘은 함께 카르멜산에 선지자 학교를 세웠고, 벧엘과 길갈, 여리고에도 세웠다. 엘리야가 남기고 간 유산은 이 학교에서 발견되는데, 그 제자들이 주변의 어둠 가운데 소금이요 빛이 되었기 때문이다. 주님의 기준을 높이 듦으로써 이 제자들은 이스라엘에 대한 하나님의 의로운 심판을 수십 년간 막았다.

여호와께서 엘리야를 본향으로 데려가실 때가 되었을 때, 엘리사는 그의 곁을 떠나지 않았다. 스승과 불가분의 관계가 된 제자는 요단강을 건넜지만, 다른 이들은 뒤에 남았다. "선지자의 제자 오십 명이 가서 멀리 서서 바라보매 그 두 사람이 요단 가에 서 있더니(왕하 2:7)" 엘리야가 망토로 요단강을 치자 강이 열려 두 사람은 마른 땅 위로 건널 수 있게 됐다. 그때 엘리사가 엘리야의 영의 갑절을 달라고 구했다. 엘리야는 이렇게 대답했다. "네가 어려운 일을 구하는도다 그러나 나를 네게서 데려가시는 것을 네가 보면 그 일이 네게 이루어지려니와 그렇지 아니하면 이루어지지 아니하리라 (왕하 2:10)" 그리고 둘은 함께 걸으며 이야기했다. 나는 이 아버지와 아들이 어떤 이야기를 나눴을까 자주 궁금해진다. 뒤에 남은 50명은 엘리사가 누린 친밀함을 놓쳤다. 그는 엘리야와 함께 요단을 건넌 유일한 사람이 된 것이다.

불현듯 엘리야는 돌풍에 휩싸여 하늘로 올라가게 된다. 엘리사가 아버지를 빼앗기게 된 것이다. "엘리사가 보고 소리 지르되 내 아버지여 내 아버지여 이스라엘의 병거와 그 마병이여 하더니(왕하 2:12)" 엘리야는 사라졌다.

엘리사는 비통함에 옷을 찢었다. 통곡하는 가운데 그는 땅에 놓여 있는 무언가를 보았다. 엘리야에게서 떨어진 그의 망토였다. 엘리사는 겸손하게 그 낡은 털북숭이 망토를 주웠다. 마침내 그는 요단강으로 걸어 돌아갔다. 자신의 망토를 취해 "물을 치매 물이 이리 저리 갈라지고 엘리사가 건넜다(왕하 2:14 참조)." 선지자의 다른 50명의 아들들은 바라보며 말했다. "엘리야의 성령이 하시는 역사가 엘리사 위에 머물렀다(왕하 2:15)"

"갑절의 축복"은 장자에게 주어진 유산이다. 또한 예수께 완전히 내어 드리고자 하는 모든 사람들에게 예비해 두신, 정결한 불멸의 유산이다.

"성령이 친히 우리의 영과 더불어 우리가 하나님의 자녀인 것을 증언하시나니 자녀이면 또한 상속자 곧 하나님의 상속자요 그리스도와 함께 한 상속자니 우리가 그와 함께 영광을 받기 위하여 고난도 함께 받아야 할 것이니라(롬 8:16-17)"

CHAPTER
15

여호와의 제단을 회복하며

CHAPTER
15

여호와의 제단을 회복하며

수년 전, 나는 새로 지어진 극장 두 곳의 예술 감독으로 섬겼고 또 내가 일하던 대학교의 새 극장을 설계하는 일에도 관여했다. 새 극장은 오랜 시간 내 꿈이었지만 실제로 건축되진 못했다. 이제 주님께서는 카르멜산 꼭대기에 예배하는 집을 세우라고 우리를 부르고 계셨다. 주님께서는 이 과업을 위해 나를 준비시키셨고, 내 마음에 이러한 갈망을 주고 계셨다. "또 여호와를 기뻐하라 그가 네 마음의 소원을 네게 이루어 주시리로다(시 37:4)"

연극 감독으로서 나는 수개월간 연극을 연구하며, 그 가장 깊은 의미 즉 본질을 파악하려 했다. 그래서 나는 배경, 조명, 의상, 음향 디자이너 등 예술가들을 고용해 팀을 이뤘다. 우리는 함께 모여 대본의 의미와 이미지를 논했고, 그 다음으로는 우리의 기술과 상상력을 합쳐서 그 연극에 대한 우리의 비전을 만들려 했다. 나는 연극과 TV를 위해 25년 동안 수천 번의 제작 회의에 참여해야 했다.

예배하는 공동체의 집을 짓는 것 그 자체로는 영감이 없었지만, 우리는 주님께서 영감을 주실 비전을 만들려면 적합한 팀이 필요하다는 것을 알았다. 우리는 주님께서 믿는 자들의 건축 팀을 만들어 주시기를 기도하기 시작했다. 메시아닉 유대인인 필립이 우리의 건축가로 선택되었고 나사렛 출신의 아랍 기독교인 리지크는 건축 기사로 채용되었다. 우리 공동체 소속으로 건축 회사를 소유한 유대인 신자 마이크는 건축 관리자가 되었다. 미국에서 온 하나님의 성회 출신 건축업자 제럴드와 그의 아내 제인은 당시에 "우연히도" 이스라엘에서 일하며 카르멜 공동체에 나오고 있었다. 제럴드는 전 세계 여러 곳에 하나님의 성회 건물들을 지어 본 경험이 있었다. 그의 교단은 고맙게도 우리 건축 프로젝트 감독으로 섬길 수 있게 그를 "빌려"주었다. 주님께서는 또한 메시아닉 유대인 테레사를 보내 주셔서 워십 센터의 건축 기간 동안 재정 관리를 하게 하셨다.

건축 팀은 프로젝트를 두고 논의하며 기도하는 모임을 갖기 시작했다. 주님의 집을 위한 그분의 계획을 구하는 가운데, 우리는 열왕기상 18장의 말씀을 공부하게 됐다. 우리는 엘리야가 "무너진 여호와의 제단을 수축하되 야곱의 아들들의 지파의 수효를 따라 엘리야가 돌 열두 개를 취하니 이 야곱은 옛적에 여호와의 말씀이 임하여 이르시기를 네 이름을 이스라엘이라 하리라 하신 자더라(왕상 18:30-31)"는 말씀에서 엘리야 사역의 열쇠를 발견했다. "원시적인", "친밀한", "장엄한" 세 단어가 우리 논의의 요점이 되었다.

많은 회의와 기도 끝에 필립은 우리 모두에게 만족이 되는 설계도를 완성했다. 새로운 건물은 열두 개의 거친 대형 카르멜산 돌들로 둘러싸인 둥근 중앙 강단이 있는 그리스 극장 형태였다. 높이가 높은 무대 주변으로 회중들은 가까이 둘러앉을 것이었다. 머리 위에 있는 채광창에서는 수직으로 내려오는 빛이 예배당을 뚫고 들어와 중앙 플랫폼을 밝혀 줄 것이었다. 열 개의 캔틸레버식 기둥들이 높은 천장을 지탱하여, 1단계에 지정된 400석 모두에서 플랫폼이 막힘없이 보이도록 해 줄 것이었다.

성전 벽들은 스텔라 카르멜과 중동의 기존 건축 양식을 반영하기 위해 일단의 대형 아치 창문으로 설계되었다. 이 벽들은 추가로 450명의 좌석을 제공하는 열린 형태가 될 것이었다. 성전 외부 주변에는 대형 반원 베란다가 있을 것이었다. 지붕에서 우리는 서쪽으로 지중해와 동쪽으로 갈릴리의 웅장한 파노라마 뷰를 볼 수 있을 것이었다. 이곳이 카르멜산의 최고 지점이며 기도하기에 최직의 장소다. 교실들과 사무실들, 필수인 대형 방공호는 성전 아래 층에 자리할 것이었다.

새 건물에 대해 우리가 주님께로부터 받은 비전은 이곳이 기도, 찬양, 이스라엘과 중동, 열방을 향한 복음 선포의 집이 되리라는 것이었다.

"내가 곧 그들을 나의 성산으로 인도하여 기도하는 내 집에서 그들을 기쁘게 할 것이며 그들의 번제와 희생을 나의 제단에서 기꺼이 받게 되리니 이는 내 집은 만민이 기도하는 집이라 일컬음이 될 것임이라 이스라엘의 쫓겨난 자를 모으시는 주 여호와가 말하노니 내가 이미 모은 백성 외에 또 모아 그에게 속하게 하리라 하셨느니라 (사 56:7-8)"

이사야는 메시아 예슈아를 통해 유대인과 이방인이 "한 새 사람"으로 등장할 것에 대해 분명히 선포한 최초의 선지자였다. 이 비전으로부터 유대인과 아랍인이 함께 살며 예배하는 카르멜 공동체와 승리의 집의 "한 새 사람"이 탄생한 것이었다. 주님께서는 우리를 이스라엘과 주변 이슬람 국가들을 위해 중보하는 화해의 사역이 되도록 부르셨다.

우리 건물이 완성되기 전에도 기도의 비전은 성취되기 시작했다. 1995년 11월, 스텔라 카르멜에서 첫 번째 "기도 정상 회담(summit)"이 개최되었다. 30명의 유대인, 아랍인, 이방인 리더들이 갈릴리와 카르멜 지역에서 왔고 이들은 3일 동안 함께 예슈아의 얼굴을 구했다. 그때부터 우리는 갈릴리의 여러 지역에서 주기적으로 모여 서로의 짐을 지고 부흥을 위해 기도했다. 우리는 1996년 11월에 두 번째 "정상 회담"을 가졌다. 유럽, 영국, 호주, 뉴질랜드, 캐나다, 짐바브웨, 남아프리카 공화국, 핀란드, 미국에서 온 중보자들과 기도 모임들은 카르멜산에 모여 우리와 함께 중보하자는 요청을 들었다.

땅에 대한 계약이 체결되고 건물 설계가 완성된 후, 수개월이 지나갔다. 우리는 건축 허가증을 받기 위해서는 또 한번의 기도 전투를 해야 함을 알게 됐다. 우리는 부패의 문제가 있음을 감지하고 주님께서 우리에게 허가증을 발급하도록 결정을 내리는 정부 당국에 정직한 사람을 허락하시기를 기도했다.

그 와중에 세 번째 목회자 에이탄 쉬쉬코프가 우리 리더십 팀에 합류했다. 그는 러시아어를 쓰는 이민자들에게 나아가고자 하는 소명이 있었다. 1995년 말쯤, 우리는 에이탄과 그의 가족, 그리고 우리 공동체 소속의 10여 가정에게 하이파에 새로운 공동체를 개척하도록 의뢰했다. 그들은 하이파 항구 근처 변두리에 물류 창고를 임차했는데, 우리가 5년 동안 기도해 온 지역이었다. 새로운 사역의 이름은 오할레이 라하밈 즉 "자비의 장막"이었다.

1995년 12월 중순, 나는 타임 스퀘어 교회에서 공연되는 연례 절기 뮤지컬 <이사야>에 참여했다. 또 나는 "엘리야의 영"이라는 메시지를 전하며 공동체에 카르멜산에서 우리가 건축 허가증을 받을 수 있도록 기도해 달라고 요청했다. 약 2천 명의 사람들이 하나님께 부르짖었다. 다음 날 내가 교회 사무실에 있었는데 바바라 매커리가 내게 팩스 한 장을 가져다 주었다. 이런 내용이었다. "여보, 우리 방금 건축 허가증을 받았어요. 사랑해요." 며칠 후 이 극적인 기도 응답을 타임 스퀘어 교회 주간 기도 모임에서 전했을 때, 회중으로부터 감사와 찬양의 큰 소리가 울려 퍼졌다.

1996년 1월 27일, 나는 카르멜산 꼭대기의 땅에 금색이 칠해진 첫 삽을 떴다. 카렌이 유대인, 아랍인, 해외에서 온 신자들을 인도해 주님께 찬양과 감사를 올려 드렸다.

우리는 건물 건축에 자원 인력들을 쓰기로 결정했다. 착공을 한 날, 미국에서 온 첫 인력들이 막 도착했다. 며칠 후, 깊은 기초가 튼튼한 기반으로 다져지는 가운데 남녀 일꾼들이 뼈대에 철골을 대기 시작했다. 곧 콘크리트를 한 트럭 부었다.

주님께서는 당신의 일을 위해 계속해서 적절한 사람들을 공급해 주셨다. 단기 봉사자들의 팀은 건축 일을 하는 동안 재활 센터에 머물렀다. 라스베이거스에서 온 한 미국인은 주님께서 완공될 때까지 와서 일하라고 말씀하셨다고 했다. 그는 건축 현장 옆의 숲 한가운데 작은 통나무집을 지었다. 이제 철야 "파수꾼"이 생긴 것이었다.

몇몇 장기 봉사자들이 도착했을 때, 우리는 대형 아파트를 임차했다. 금세 스위스, 프랑스, 잉글랜드, 핀란드 등의 국가에서 온 일꾼들로 가득 찼다. 핀란드의 국제 파트모스 선교회는 우리에게 너무나 필요했던 목재와 공구들, 그리고 수백 권의 러시아어 성경이 담긴 적하물을 보내왔다. 우리는 또 스웨덴의 한 신자로부터 상당한 양의 목재를 선물로 받았다.

프로젝트가 진행되고 9개월이 지났을 때, 20개 국가, 그리고 다양한 교단에서 온 봉사자들이 건축 일을 돕고 있었다. 타임 스퀘어 교회도 주기적으로 팀을 보냈고 후에는 주님께서 카르멜산에 행하고 계신 일에 대한 현장 보고서를 뉴욕으로 가져갔다. 일꾼들은 매일 묵상과 기도 시간을 가졌고, 주님께서는 함께 노동하는 이들 가운데 깊은 일들을 행하셨다. 유대인과 아랍인, 중독으로부터 놓임 받은 이들이 나란히 일하고 외국 봉사자들과 기도하는 가운데, 우리는 당신의 집을 향한 하나님의 비전이 성취되기 시작하는 것을 목격했다. "한 새 사람 연합"이 주님의 집을 짓고 있는 것이었!

건물의 기초가 놓이면서 주님께서는 동시에 우리 공동체 식구들 가운데 깊은 역사를 행하기 시작하셨다. 그 시작은 리더들과 사모들이었다. 새로운 길로 인도하시겠다는 예언적 말씀이 선포되었다.

"너희가 이전에 이 길을 지나보지 못하였음이니라... 너희는 자신을 성결하게 하라 여호와께서 내일 너희 가운데에 기이한 일들을 행하시리라 (수 3:4-5)"

우리는 가정들을 소집했고, 수개월 내지 수년 동안 억눌려 있었던 옛 상처들을 풀어놓고 껄끄러운 관계들을 고치는 데에 초점을 둔 모임을 가졌다. 일부 관계는 가족 안팎으로 모두 소통이 단절되어 있었다. 사람들은 서로를 찾아가 용서를 구했다. 이들은 서로를 향한 사랑을 확인했다. 주님께서는 당신의 "산 돌들"을 치유하기 시작하셨다. 나는 미가 7장 14절이 문자 그대로 성취되고 있는 것을 느꼈다.

"원하건대 주는 주의 지팡이로 주의 백성 곧 갈멜(카르멜) 속 삼림에 홀로 거주하는 주의 기업의 양 떼를 먹이시되"

성령께서 하나님의 집을 정돈하는 법을 보여 주셔서 우리는 르우벤 로스를 세 번째 리더로 세우게 됐다. 르우벤은 유대인 신자로 아내 야니트와 함께 예루살렘에서 몇 년 동안 살고 있었다. 둘은 또한 여러 나라에서 국제적으로 가르치는 사역을 해 왔다.

그보다 2년 반 앞서 르우벤과 야니트는 멕시코의 몬테레이에서 리더 콘퍼런스를 진행했다. 어느 날 멕시코인들을 위한 깊은 중보의 시간을 가지고 있는 중에 르우벤에게 갑자기 카렌과 나를 향한 애통하는 영이 임하였다. 우리를 거의 알지 못하는 상태였는데 말이다. 수개월 후 예루살렘에서 열린 기도 콘퍼런스에서 만났을 때 그는 나를 위해 기도해 왔다고 하며, 카르멜 공동체와 승리의 집을 보러 하이파에 가도 되겠냐고 물었다.

1994년, 많은 기도 끝에 르우벤과 야니트는 하이파로 이사하여 우리와 함께 일하게 됐다. 야니트는 은사가 있는 성경적 상담가였다. 부부는 우리 공동체 내의 남녀 소그룹들과 함께 제자 훈련을 위한 주님의 비전을 전수해 주고 있다. 또한 싱글들 가운데서 열매 맺는 사역을 하며 그것을 주제로 <홀로 날기: 더 높이 바라보는 싱글 라이프 Flying Solo: A Higher View of the Single Life>라는 책도 출간했다. 우리는 이들이 새로운 건물에서 너무나 필요한 카운슬링 센터를 이끌어 가게 될 거라 믿는다.

공동체의 남성들과 가족들을 영적으로 강화하기 위해 나는 매달 남자들을 위한 "제사 시리즈"를 가르치기 시작했다. 그러면서 "여러분 가정엔 제사장이 있나요?"라고 물었다. 이 강의에 자극이 된 것은 여호수아가 이스라엘 백성들을 지휘하면서 한 말이었다. "오직 나와 내 집은 여호와를 섬기겠노라(수 24:15)" 아버지이자 남편인 여호수아는 하나님, 아내 그리고 자녀들과 바른 관계에 있는 사람이었다. 나는 많은 경우 가정의 영적 리더가 되어야 하는 남성들이 전혀 그렇지 않게 살아가고 있음을 보았다. 그리스도의 몸이 연약한 주요 원인이 각 가정에서 제사장으로 섬기라는, 하나님께서 주신 책임을 태만히 하는 남편과 아버지들이라고 나는 믿는다. 많은 가정들이 상처를 입었고 공격에 무방비한 상태가 되었다. 남성들이 가정에서 경건한 리더십을 발휘하지 못하고 있기 때문이다. 우리는 계속해서 매월 모이며, 주님과 서로에 대해 더욱 책임감을 갖게 되었다.

주님께서는 하나님의 목적에 반대하도록 이 산에 머무는 어둠의 세력들에 맞서 기도 전쟁을 벌이도록 우리를 부르셨다. "카르멜"은 "하나님의 풍성한 열매" 혹은 "하나님의 포도원"이라는 뜻이지만, 오늘날은 거짓 종교와 뉴에이지 컬트가 카르멜을 가득 메우고 있다. 새로 지은 예배 센터에서 산을 조금만 내려가면 예술가 마을이 있는데, 거기엔 온갖 뉴에이지, 주술, 카발라(유대 신비주의) 기술을 행하는 예술가들이 살고 있다. 한번은 카렌과 내가 그곳에 초대를 받았는데, 우리 둘다 예술가이며 "영적인 사람들"로 인식되고 있었기 때문이다. 한 여자 조각가가 우리에게 "영들"이 전 세계 각처에서 이 창조적인 사람들을 소환해 카르멜산에 살게 하고 있다고 말했다. 우린 분명히 이 말씀을 떠올렸다.

> "우리의 씨름은 혈과 육을 상대하는 것이 아니요 통치자들과 권세들과 이 어둠의 세상 주관자들과 하늘에 있는 악의 영들을 상대함이라 (엡 6:12)"

견고한 진을 무너뜨리는 데에 사용되는 기도, 금식이라는 영적 무기(고후 10:4 참조)에 더해, 카르멜산에서 우리가 하는 전쟁의 필수적인 측면은 주 예슈아 즉 "아도나이 쩨바오트(만군의 여호와)"를 찬양하고 선포하는 것이다. 주님께서는 공격적 자세를 취하고, 흑암의 세력에 대해 공세적으로 주님의 승리를 선포하도록 전략상 우리를 이 산 위에 두셨다.

공동체의 예배 인도자로서 카렌은 우리의 찬양과 경배에 관해 주님께 비전과 방향을 구했다. 주님께서 카렌에게 주신 하나의 열쇠가 된 본문은 이사야 42장 11-13절이었다.

"광야와 거기에 있는 성읍들과 게달 사람이 사는 마을들은 소리를 높이라 셀라의 주민들은 노래하며 산 꼭대기에서 즐거이 부르라 여호와께 영광을 돌리며 섬들 중에서 그의 찬송을 전할지어다 여호와께서 용사 같이 나가시며 전사 같이 분발하여 외쳐 크게 부르시며 그 대적을 크게 치시리로다"

주님께서는 공동체원들을 통해 히브리어로 새로운 예언적 노래를 풀어놓고 계신데, 그 목적은 우리로 "즐거운 소리로 하나님께 외치(시 47:1 참조)도록" 무장시키시려는 것이다. 우리는 주님께서 만왕의 왕, 만주의 주시라는 그 말씀 위에 서는 것이다. 우리는 주님께서 용사같이 전진하시며 원수들을 무찌르실 때, 당신의 영광이 카르멜산 위에 나타나고 다시금 불이 내려오는 그날이 올 것이라 믿는다. 엘리야와 같이 우리의 기도도 주님께서 이스라엘에서 하나님 되심을 아는 것이며, 그들이 과거와 같이 이렇게 말하는 것이다. "여호와 그는 하나님이시로다! 여호와 그는 하나님이시로다(왕상 18:37-39 참조)!"

카렌과 그녀의 음악적 파트너인 조이 그리피스는 계속해서 히브리어와 영어로 새 노래를 쓰는데, 그중 다수가 현재 녹음되어 앨범이 전 세계에 출시되었다.

우리가 하는 기도와 찬양, 선포의 큰 초점은 갈릴리와 카르멜에 임할 진정한 부흥이다. 성경에 그렇게 약속되어 있기 때문이다. 이사야 9장의 첫 부분은 구체적으로 "이방의 갈릴리"를 언급하고 있다.

"흑암에 행하던 백성이 큰 빛을 보고 사망의 그늘진 땅에 거주하던 자에게 빛이 비치도다(사 9:2)"

우리는 예수께서 갈릴리에서 살며 사역하셨을 때 이 구절이 성취되었음을 안다. 왜냐하면 마태복음 4장 14-16절이 그렇게 말하고 있기 때문이다. 그러나 나는 이제 그 다음에 오는 구절들이 성취되고 있다고 믿는다.

> "주께서 이 나라를 창성하게 하시며 그 즐거움을 더하게 하셨으므로 추수하는 즐거움과 탈취물을 나눌 때의 즐거움 같이 그들이 주 앞에서 즐거워하오니 이는 그들이 무겁게 멘 멍에와 그들의 어깨의 채찍과 그 압제자의 막대기를 주께서 꺾으시되 미디안의 날과 같이 하셨음이니이다(사 9:3-4)"

지난 5년 동안 하나님께서는 "이 나라를 창성하게" 하셨다. 갈릴리와 하이파를 구소련과 에티오피아에서 온 수천 명의 이민자들로 가득하게 하셨다. 현재 갈릴리에 기름을 넣으러 주유소에 가면 러시아어를 쓰는 로켓 과학자나 의사가 주유를 도와줄지도 모른다. 이 나라의 영적 기상도는 급진적으로 달라지고 있다. 이 이민자들은 억압받아 왔으며, 영적으로 갈급하여 진리에 열려 있고 목말라 있다. "미디안의 날"은 기드온의 300 용사가 겪은 갈릴리의 부흥을 가리킨다. 기드온의 작은 군대 일원들이 "각기 제자리에 서서 그 진영을 에워싸고" 쇼파르를 불었을 때 모든 적들이 도망갔다(삿 7:21-22 참조).

갈릴리에 약속된 부흥뿐만 아니라 카르멜(갈멜)산에 약속된 부흥도 그렇다.

> "마침내 위에서부터 영을 우리에게 부어 주시리니 광야가 아름

다운 밭이 되며 아름다운 밭을 숲으로 여기게 되리라(사 32:15)"

"아름다운 밭"이라는 것은 카르멜의 히브리어 표현으로, 하나님의 풍성한 열매를 의미한다. 이 구절은 우리가 사는 곳 근처 카르멜 중심부에 있는 최대 규모 회당에 히브리어로 새겨져 있다. 그곳 랍비들은 부흥이 다가오고 있음을 안다. 다만 그것이 예슈아를 통해 임할 것임을 아직 모를 뿐이다. 우리는 다시 불이 떨어져, 또 하나의 카르멜산 기적이 일어나기를 간절히 기다린다.

주님께서는 에스겔에게 "이스라엘의 산들에게 예언하여" 이르기를 "여호와의 말씀을 들으라… 내 백성 이스라엘 그들이 올 때가 가까이 이르렀음이라… 내가 또 사람을 너희 위에 많게 하리니 이들은 이스라엘 온 족속이라(겔 36:1-10 참조)" 선지자들이 수천 년 전에 예언했던 날들에 이스라엘의 산들 중 한 곳에서 주님을 섬긴다는 것은 얼마나 대단한 특권이요, 책임인가!

하나님께서는 당신의 위대한 이름의 거룩함을 입증하실 때에 "내가 너희를 여러 나라 가운데에서 인도하여 내고 여러 민족 가운데에서 모아 데리고 고국 땅에 들어가서 맑은 물을 너희에게 뿌려서 너희로 정결하게 하되 곧 너희 모든 더러운 것에서와 모든 우상 숭배에서 너희를 정결하게 할 것이며 또 새 영을 너희 속에 두고 새 마음을 너희에게 주되 너희 육신에서 굳은 마음을 제거하고 부드러운 마음을 줄 것이며 또 내 영을 너희 속에 두어 너희로 내 율례를 행하게 하리니 너희가 내 규례를 지켜 행할지라 너희 사방에 남은 이방 사람이 나 여호와가 무너진 곳을 건축하며 황폐한 자리에 심은 줄을 알리라 나 여호와가 말하였으니 이루리라(겔 36:24-27, 36)"

주님께서는 당신의 선지자에게 마른 뼈가 가득한 골짜기에다가 예언하라고 하셨다. 에스겔은 순종했다. 그리고 "그들이 곧 살아나서 일어나 서는데 극히 큰 군대더라 또 내게 이르시되 인자야 이 뼈들은 이스라엘 온 족속이라(겔 37:10-11)" 부흥이 이스라엘에 임하고 있다. 하나님께서 그리 말씀하셨다. 그러므로 이루실 것이다.

카렌과 결혼했을 때 나는 그녀가 유대인이고 내가 이방인이라는 것에 얼마나 큰 의미가 있는지를 온전히 인식하지 못했다. 우리가 이스라엘에 부르심을 받으면서 성령께서는 우리 안에 "한 새 사람"이라는 비전을 시작하셨다.

> "그는 우리의 화평이신지라 둘로 하나를 만드사 원수 된 것 곧 중간에 막힌 담을 자기 육체로 허시고 법조문으로 된 계명의 율법을 폐하셨으니 이는 이 둘로 자기 안에서 한 새 사람을 지어 화평하게 하시고 또 십자가로 이 둘을 한 몸으로 하나님과 화목하게 하려 하심이라 원수 된 것을 십자가로 소멸하시고(엡 2:14-16)"

이 말씀 중 한 새 사람이라는 단어에서 "한(one)"이라고 번역된 히브리 단어 에하드는 하나 됨 내의 다양성을 인정하면서도 연합을 강조한다. 예컨대 아담과 하와는 "한(창 2:24)" 몸이 되어야 했다. 또 하나의 예로 이스라엘 백성들은 "한(에하드)(출 24:3)" 소리로 대답했다. 에하드의 용법 중 가장 잘 알려진 것은 유대교 신앙의 핵심 고백인 셰마다. "이스라엘아 들으라 우리 하나님 여호와는 오직 유일한 여호와이시니(신 6:4)" 우리가 구현하고자 하는 "한 새 사람"이라는 비전은 구성원이 모두 순응하는 하나 됨이 아니라 유대인과 이방인으로 구성된 다양성 가운데의 연합이다.

에베소서 2장, 한 새 사람에 등장하는 "새(new)"라고 번역된 헬라어 단어는 카이노스다. 이는 "신선한, 참신한, 사용된 적 없는, 독특한"이라는 의미다. 시간적으로 새로운 것이 아니라 형태와 질의 측면에서 새롭다는 것이다. 또 다른 성질에 있어서 이 "새로움"은 "오램"에 대조적인 것이다. 다른 본질과 영을 담은 것이다. 바울 사도는 우리가 "새로운(카이노스) 피조물(고후 5:17)"이라고 했다. 새로운 기초와 형상을 가진 사람들이라는 것이다. 이 피조물은 유대인과 이방인이 하나님의 아들의 본성과 삶 자체를 취할 때 나타난다. "하나님을 따라 의와 진리의 거룩함으로 지으심을 받은 새(카이노스) 사람을 입으라(엡 4:24)"

예수께서는 십자가를 통해 우리를 한 육체로 화목케 하셨다. 십자가는 이 새로운 정체성이 얻어질 수 있는 유일한 장소다. 우리는 예슈아의 피로, 새로운("갓 도살된") 그리고 살아 있는 방식으로 성소에 들어갈 수 있는 접근 권한을 함께 받는다. 그분께서 십자가상에서 그 개시를 알리신 것이다(히 10:20 참조).

이 "한 새 사람"은 항상 하나님의 심장에 있었다.

> "하나님이 우리를 구원하사 거룩하신 소명으로 부르심은 우리의 행위대로 하심이 아니요 오직 자기의 뜻과 영원 전부터 그리스도 예수 안에서 우리에게 주신 은혜대로 하심이라(딤후 1:9)"

이스라엘에는 선의를 가지고 주님께서 당신의 백성으로 하여금 모세의 율법을 다시 붙드는 길로 돌아가게 함으로 그들을 "회복"하길 원하신다고 믿는 유대인 형제들이 있다. 이들은 "회복"이 이전의 상태로 돌이키는 것이라고 믿는다. 하지만 하나님께서 누군가, 혹은 무언가를 회복시키실 때 성경적 원칙은 사람이나 상황이 항상 증가되고 배가되며 새로워져, 이후의 상태가 현저히 그리고 급진적이며 초자연적으로 더 나아지게 되는 것이다. 엠마오로 가는 길에서 두 제자는 부활하신 예수님을 알아보지 못했는데, 이는 "혼에 묶인" 상태였기 때문이다. 그로 인해 그들은 근시가 되었던 것이다. 하나님께서는 결코 후퇴하지 않으신다. 사람들만 그렇다.

에베소 교인들(유대인과 이방인 모두)에게 쓴 바울의 서신은 지상에 있는 하나님의 몸을 향한 당신의 영원한 목적에 담긴 "신비"를 성경의 다른 어떤 부분보다 소상히 밝혀 준다. 하나님의 은밀한 의도, 주님의 마음에 가장 깊은 갈망이 계시되는 것이다. 곧 유대인과 이방인이 메시아 안에서 하나로 재창조되어 "한 몸과 한 영(엡 4:4 참조)"을 이루는 것이다. "주도 한 분이시요 믿음도 하나요 세례도 하나요 하나님도 한 분이시니 곧 만유의 아버지시라(엡 4:5-6)" 이 계시는 너무나 급진적이라 바울 사도는 새로운 용어를 소개해야만 했다. 이 새로운 하나님의 백성을 묘사하기 위해 "한 새 사람"이라는 말을 쓴 것이다.

우리는 유대인이 유대인, 아랍인이 아랍인, 이방인이 이방인 될 수 있는 하나 됨(**다양함 속의 연합**)을 정의하고 표현하기를 갈구하는 영적 공동체의 돌들이다. 하지만 우리는 본질과 특성, 형태 면에서 "하나"이고 "새롭"도록 부르심 받았다. 하나님의 성령이 카르멜산 위에 심으신 "새로운 피조물"인 것이다. 우리는 누구도 가 본 적이 없는 길을 가고 있고, 이 여정은 이제 시작되었을 뿐이다.

에필로그

최근 나는 승리의 집 리더십 팀과 모여 설교에 대한 이야기를 나눴다. "하나님의 계시를 받은 자"가 되는 것은 거룩한 부르심이며 오로지 주님께 받은 것만 진실되게 전해야 한다고 설명했다. 단지에서 운전해 나오다가 나는 잠시 멈추어 낡은 옛 건물과 봄꽃들이 만개한 아름다운 정원을 바라보았다. 6년 전, 걸프 전쟁이 막 끝났을 때 사역이 시작되었다. 나는 우리 "한 새 사람" 스태프를 인해 하나님께 감사드렸다. 아랍인과 결혼한 이방인 에릭, 이방인과 결혼한 유대인 다니엘, 레바논 출신의 여인과 결혼한 아랍인 요세프. 승리의 집엔 질서가 있었다.

나는 카르멜산 북서쪽 끝으로 난 지중해 옆의 해안 도로로 쭉 내려갔다. 얼마를 갔을까, 나는 돌아서 산으로 향하는 길로 들어가 우리 건축 팀과 회의를 했던 꼭대기까지 올라갔다. 유월절 전 나흘 동안 했던 기도에 대해 생각했다. 유럽, 아메리카, 싱가포르, 호주에서 100명이 넘는 중보자들이 우리와 함께 "이스라엘 집의 잃어버린 양들"을 위해 울었다. 우리는 유월절 어린양께서 당신을 계시해 주시기를 열심으로 기도했다. 유월절 만찬식장에는 200명이 넘게 모였다. 아마 십수 명의 유대인들이 처음으로 복음을 들었던 것 같다. 전날 감옥에 있다가 온 한 유대인 마약 중독자는 내게 예슈아를 메시아로 영접하는 기도를 해 달라고 요청했다.

바다에서부터 카르멜산 서부로 가는 길은 낡았고 좁았다. 한번에 차 한 대만 건너갈 수 있는 다리가 하나 있다. 길은 외롭고 다니는 차가 많지 않다. 바위가 많은 지형으로 원시적인 자연 보호 구역이다. 올리브나무들이 아주 많다. 카르멜산으로 가는 길은 하나님의 풍성한 열매로 가는 길, 주님의 포도원으로 향하는 길이다. 인생 가운데 하나님의 최고봉을 갈망하는 이들을 위한 오르막길이다. 이들은 바울 사도와 같이 진정으로 이렇게 말할 수 있는 사람들이다.

"오직 한 일 즉 뒤에 있는 것은 잊어버리고 앞에 있는 것을 잡으려고 푯대를 향하여 그리스도 예수 안에서 하나님이 위에서 부르신 부름의 상을 위하여 달려가노라(빌 3:13-14)"

카르멜산에서 샬롬을 전하며,
1997년 유월절에

카르멜 공동체 예배 센터

1. 1978년 "메이플라워호" 촬영 중에 데이비드와 앤소니 홉킨스

2. 카르멜산에 위치한 승리의 집 재활 센터

3. 1987년 뉴욕 결혼식에서 카렌과 데이비드의 모습

4. 1997년 카르멜 공동체의 유월절 예배를 인도하는 카렌

5. 워십 센터를 신축 중이던 카르멜산 꼭대기에서 바라본 갈릴리

6. 1997년 봄 데이비스 가족의 모습

7. 승리의 집 스태프, 왼쪽부터 이반, 라울, 에릭, 대니, 조세프(1996)

8. 카르멜산 꼭대기에 위치한 카르멜 공동체 예배 센터. 30개국 이상에서 400명이 넘는 봉사자들이 와서 이곳에서 일했다(1997년 9월)

9. 킹스 키즈 캠프를 위해 승리의 집을 떠나는 데이비드와 론(1994년 여름)